老特拉福德有一个看台以我的名字命名。他们没有提前告知我,但这事令我无比骄傲。

博比·罗布森拥有超凡个人魅力。1981年联盟杯,我的阿伯丁遇上了他的伊普斯维奇,赛后我们轮流接受媒体采访。

左图:我在欧洲赛场上的重大突破——1983年优胜者杯决赛,阿伯丁击败皇家马德里。

上图:瑞典哥德堡,我们的球员兴奋庆祝着面对足球巨人的胜利。

我和乔克·斯坦一起担任苏格兰队助教。

1990年足总杯决赛重赛对水晶宫队的胜利挽救了我的曼联主帅生涯？我不这样认为，即便没能赢球，我还是会留任的。照片左边的诺曼·戴维斯是装备管理员，也是我的好友，很遗憾他已经离开了我们。

在赢下第一座奖杯前那段黑暗的日子里，曼联主席马丁·爱德华兹始终支持我。

瑞恩·吉格斯在队中深受爱戴。照片中,少年时代的他从温布尔登队的华伦·巴顿身旁闪过。

保罗·斯科尔斯比保罗·加斯科因更强。当他还是个小男孩时,我对他的初印象是"太瘦小了",我错了。

永远的92班:教练埃里克·哈里森和最强曼联的核心天才少年(左起):吉格斯、巴特、贝克汉姆、加里·内维尔、菲尔·内维尔、斯科尔斯和特里·库克。

史蒂文·布鲁斯和加里·帕里斯特总爱互开玩笑,但他们是最好的中卫搭档之一。

埃里克·坎通纳能用艺术家般的想象力主宰比赛,1996年足总杯决赛,我们能赢全靠他奉献的绝杀。

彼得·舒梅切尔是个强大的门将。初到曼联,"狂帮"温布尔登队曾试图击溃他,但铩羽而归。

2001年对阵热刺，在0∶3落后的局面下我们最终以5∶3逆转，图中的里贝隆刚为我们打进第四个进球。

贝克汉姆永远都是自信的。他体能无限，同时也是个进攻好手。

曼联再夺联赛冠军。2003年5月，贝克汉姆踢完了个人曼联生涯的最后一场比赛。他为了重振职业生涯付出的努力值得一切赞美。

来自巴西的"外星人"罗纳尔多在老特拉福德上演帽子戏法,引来全场的起立鼓掌。曼联球迷在他身上看到了何谓"天赋"。

欧战焦点战比赛日是对心理素质的一大考验。2003年欧冠与皇家马德里的比赛,我们始终被紧张情绪环绕。

左图：里奥·费迪南德即将面对药检风波听证会，罗伊·基恩退场时在他身边给他支持。

下图：严苛的裁决，里奥被处以8个月禁赛。但俱乐部不会放弃他。

球场上的罗伊·基恩替我承担了一部分主帅的执教任务。职业生涯末期，伤病让他很难狂奔于禁区之间。

C罗对方面面都精益求精,甚至是头球。我们赢下的2004年足总杯决赛里,看看他的弹跳!

致敬球迷。当时我们刚以3:0战胜米尔沃尔,赢得2004年足总杯决赛,米凯尔·西尔维斯特就在我身边。

胜利后的庆祝。击败米尔沃尔后所摄的照片中,C罗看上去还那么年轻。

永远的对手。阿尔塞纳·温格和我是永远的对手,我们之间有过争执,但其实我们的相似之处要比矛盾更多。

2004年10月,我们终结了阿森纳的49场不败,阿尔塞纳赛后大发雷霆。

路德·范尼斯特鲁伊首开纪录,我们阻止了阿森纳的连续第50场不败。梦幻般的一天。

拉法·贝尼特斯总拿我们之间的对抗当作私人恩怨，但我不太在意。

当何塞·穆里尼奥开始执教切尔西时，我想："这个新来的家伙，还挺自信。"新挑战到来了。

我与偶像丹尼斯·劳和好友博比·罗布森共享午餐，庆祝我在曼联执教20周年。球员生涯的我渴望成为丹尼斯。

C罗是个模范生,而卡洛斯·奎罗斯对他的成长起了至关重要的作用。

奥莱·冈纳尔·索尔斯克亚是天生的射手。从曼联的前锋们身上,我总能看到自己的影子。

弗格森时间——我指向手表,让对手感到恐慌,大家都知道曼联十分擅长在最后关头进球。

迈克尔·卡里克的射门瞬间。2007年我们在老特拉福德7∶1大胜罗马，奉献了一场近乎完美的表演。

C罗和鲁尼，一对好搭档。在7∶1击败罗马的比赛里，C罗打入两球，鲁尼也有一球入账。

莫斯科，罗曼·阿布拉莫维奇的家乡，成为我们2008年欧冠决赛痛击切尔西的舞台。吉格斯在点球大战中一蹴而就。

我执教生涯中的点球大战成绩并不美妙，当埃德温·范德萨扑出尼古拉·阿内尔卡的点球，我一时间还不相信我们是获胜的。

载誉而归，在曼彻斯特机场停机坪，吉格斯和费迪南德分别抱着2008年的英超奖杯和欧冠奖杯与我一同出现在人们眼前。

格雷泽家族从一开始就对我大力支持,这让我的工作开展更为顺利。图中记录的是我与艾弗拉姆(左)、乔尔和布莱恩在葡萄牙的韦尔都勒博见面。

赛马是我的减压方式之一。合伙人盖德·梅森和我在安特利碗的赛事上庆祝胜利。

鲁比·沃尔什为我讲述他是如何驾驭赛马获得胜利的。我很享受和骑师们在一起的时光。

维迪奇和费迪南德是球队基石。对阵国际米兰的欧冠比赛中,维迪奇取得进球,弗迪南德兴奋地跳到他背上。

优质左后卫凤毛麟角,但我们拥有其中最好的人选——天生的赢家帕特里斯·埃弗拉。

我执教曼联期间，最伟大的进球是在2011年2月对阵曼城时鲁尼的倒挂金钩。

我们非常细致地备战在温布利大球场对阵巴萨的2011年欧冠决赛，可惜计划并非总能奏效。

我面对过最伟大的球队是2011年欧冠决赛的那支巴萨。

对我而言，比博·查尔顿是一位忠诚而睿智的朋友。还有比他更好的盟友吗？

这不是老旧的公交车站，这是1999年停用的克利夫训练基地。我和斯科尔斯、吉格斯一起故地重游。

琳恩·拉芬是我不可或缺的私人助理,她帮助我处理每天堆积如山的行政工作。

大卫·吉尔是和我合作过的最优秀的首席执行官,坦率、懂球并且永远忠诚。

我们的媒体主管菲尔·汤森,他读完所有报纸,正在告诉我当天报纸上的内容。

在我26年半的曼联生涯里，工作人员来来往往，我珍视他们中的每一个人，这是我和洗衣房的工作人员在一起。

装备管理员阿尔伯特·摩根，一位幽默风趣的朋友。这是2011年8月我俩在老特拉福德的更衣室里的合影。

埃德温·范德萨是近30年来最伟大的门将之一，我应该更早签下他的。

年轻门将大卫·德赫亚，从西班牙转会到曼联后，他的成长有目共睹。

2011年8月在老特拉福德，我穿过充满爱的通道踏上球场。

老特拉福德曾经的"曼联国王"——埃里克·坎通纳，2011年夏天他回来参加保罗·斯科尔斯的纪念赛。

迈克·费兰和雷内·穆伦斯汀是我执教生涯尾声深为信任的助手。我对所有与我共事过的教练组成员无法道尽感谢。

保罗·斯科尔斯、瑞恩·吉格斯和加里·内维尔。

2011年11月，我的执教25周年晚宴。曼联的一些外援恐怕觉得我的苏格兰裙非常奇怪。

 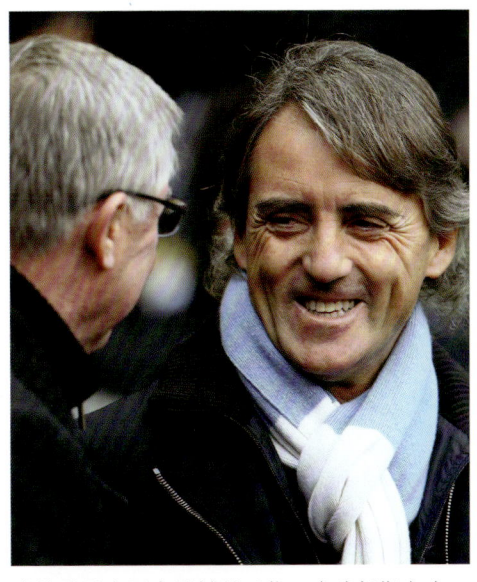

这场曼市德比,我告诉罗伯托·曼奇尼,他对第四官员太过指手画脚。一次转瞬即逝的小冲突。

我尊重曼奇尼在曼城的工作。在我任期之内,目睹了数任曼城主帅下课。

2012年9月,在安菲尔德球场举行的希尔斯堡惨案纪念仪式,两家俱乐部通力合作,让现场的呈现相当得体。图中,博比·查尔顿爵士和伊恩·拉什双手紧握。

媒体送我的临别礼物是一块吹风机造型的蛋糕。新闻发布会上的我并不好打交道，但也留下了不少欢声笑语。

2013年2月大卫·莫耶斯带领埃弗顿做客老特拉福德。他是我的继任者，拍这张照片的时候我还不知道这一点。

最后的冠军拼图，罗宾·范佩西对阵阿斯顿维拉上演帽子戏法为我们锁定了2012/2013赛季联赛冠军。超值的签约。

我无法想象大卫·吉尔究竟如何说服凯茜来为我的塑像揭幕,她不太容易被说动了。

我对球队的掌控力来源于成功,每赢得一座奖杯,我就立即开始思考如何去赢得下一座。

塑像揭幕时，我开玩笑说："我已经超越了死亡。"这真是莫大的荣耀。

2012/2013赛季的英超冠军奖杯在老特拉福德的球场上等着我们,我的执教工作已接近尾声。

2013年5月,老特拉福德,球迷们让我体验了特别的一天。我的执教生涯已行至终点。

凯茜很少来现场,但于我而言,她始终在那里。这是最后一次夺冠后我们与英超冠军奖杯合影。

直到最后都充满戏剧性。在西布罗姆维奇,我执教的最后一场比赛前,我向家人挥手致意,这场比赛最终以5∶5结束。

告别晚会上可爱的晚辈们,他们都是弗格森家族的下一代。

亚历克斯·弗格森
我的自传 MY AUTOBIOGRAPHY
ALEX FERGUSON

/ 全新修订版 /

[英]亚历克斯·弗格森 / 著
颜强 田地 / 译

金城出版社
GOLD WALL PRESS
中国·北京

图书在版编目（CIP）数据

亚历克斯·弗格森：我的自传 /（英）亚历克斯·弗格森著；颜强，田地译. — 北京：金城出版社有限公司，2023.6
书名原文：ALEX FERGUSON My Autobiography: The autobiography of the legendary Manchester United manager
ISBN 978-7-5155-1862-6

Ⅰ. ①亚… Ⅱ. ①亚… ②颜… ③田… Ⅲ. ①亚历克斯·弗格森－自传 Ⅳ. ①K835.615.47

中国版本图书馆CIP数据核字(2022)第151844号

First published in Great Britain in 2013 by Hodder & Stoughton
An Hachette UK company
Copyright © Sir Alex Ferguson 2013
The right of Sir Alex Ferguson to be identified as the Author of the Work has been asserted by him in accordance with the Copyright, Designs and Patents Act 1988.
All rights reserved. No part of this publication may be reproduced, stored in a retrieval system, or transmitted, in any form or by any means without the prior written permission of the publisher, nor be otherwise circulated in any form of binding or cover other than that in which it is published and without a similar condition being imposed on the subsequent purchaser.
Endpapers © Sean Pollock, © Phil Richards/Mirrorpix (front, b & w) and © Man Utd/Getty Images (back, b & w)

亚历克斯·弗格森：我的自传
YALIKESI · FUGESEN : WO DE ZIZHUAN

作　　　者	[英] 亚历克斯·弗格森
译　　　者	颜　强　田　地
责任编辑	王思硕
责任校对	高　虹
责任印制	李仕杰
开　　　本	710毫米×1000毫米　1/16
印　　　张	25
字　　　数	350千字
版　　　次	2023年6月第1版
印　　　次	2023年6月第1次印刷
印　　　刷	鑫艺佳利（天津）印刷有限公司
书　　　号	ISBN 978-7-5155-1862-6
定　　　价	99.80元

出版发行	金城出版社有限公司 北京市朝阳区利泽东二路3号　邮编：100102
发 行 部	(010) 84254364
编 辑 部	(010) 64391966
总 编 室	(010) 64228516
网　　址	http://www.jccb.com.cn
电子邮箱	jinchengchuban@163.com
法律顾问	北京市植德律师事务所　18911105989

前　言

几年前，我开始构思这本书，在业余时间里做些笔记，准备讲述一个足球行业内外的人都感兴趣的故事。

我的退休让整个行业都感到意外，但写这本自传的念头已经在我脑海里萦绕了多年。它对我的上一本书《我是曼联教头》（Managing My Life）来说是一个补充。因此，在简要回顾我在格拉斯哥度过青春时光、在阿伯丁结交挚友的同时，这本书再现了我在曼彻斯特度过的神奇岁月。我就是酷爱读书的人，渴望写一本书，向大家分享和讲述我工作中不为人知的事情。

在长达一生的足球生涯中，你会经历低谷、低潮、失败和失望。在阿伯丁和曼联的执教早期，我就明白这个道理，那就是如果你想赢得球员们的信任和忠诚，你首先必须给予他们信任和忠诚。这是一支伟大的球队能够繁荣发展的基础。有些人走进一个房间却什么也没注意到，但我不是，我的观察力很强，这对我帮助很大。只要利用好你的双眼，所有的东西就显而易见了。于是乎，我用这个技巧评估球员的训练习惯、情绪和行为模式。

当然，我也会想念更衣室里的愉快时光，还有在俱乐部遇到的所有竞争者们——那些在我1986年转战曼联时结识的足坛老江湖们，他们都曾是足球界响当当的人物，非常了不起。罗恩·阿特金森离开俱乐部后没有表现出任何怨恨，他对我们只有祝福和赞美。吉姆·史密斯是一个性格鲜明的人，同时也是我的好朋友，他对朋友的热情会让你想在他那里待上一整夜。当我从他那里回到家的时候，衬衫上全是雪茄烟灰。

执教考文垂的大个子约翰·西莱特是另一位伟大的伙伴。此外，我永远不会忘记已故的约翰·莱尔，他在我早年的生活中一直非常耐心地引导我。1981年，我第一次遇见博比·罗布森爵士，当时阿伯丁在联盟杯上淘汰了伊普斯维奇。赛后他走进我们的更衣室，和每个球员握手，他的绅士风度和给予的宝贵友谊我永远不会忘记，他的离去是我们生命中的一大损失。

还有一些老家伙仍活跃在足坛上，因为他们有一种让人不得不敬佩的职业精神。如果我去看一场预备队的比赛，约翰·鲁奇和伦尼·劳伦斯也一定会在现场。同时还有行业中的一位大人物，我指的是大个子乔·罗伊尔，他所在的奥德汉姆队总能给我带来那种无法取代的新鲜感。奥德汉姆队也曾给我们制造一些可怕的时刻。是的，我会想念这些的。哈里·雷德克纳普和托尼·普利斯也是我们这一代的伟大人物，此外当然包括山姆·阿勒代斯，他同样也是我的好朋友。

我很庆幸自己在曼联工作时遇到如此优秀、忠诚的员工。有些人为我工作了20多年。我的私人助理琳恩·拉芬，一直追随我，直到我退休，现在她仍然是我的私人助理，在我的新办公室工作。前台的卡斯·菲普斯现在还在老特拉福德负责我的赛后休息室，她已经在曼联工作了40多年。我的弟弟马丁·弗格森，已经在国外当了17年球探（这是一项非常艰巨的工作）。还有莱斯·科尔肖、戴夫·布歇尔、托尼·惠兰、保罗·麦吉尼斯、布莱恩·麦克莱尔，以及目前已经退休的吉姆·瑞恩这些老伙计。

无法忘记的还有诺曼·戴维斯。他是一个伟大的人，可惜这位忠诚的朋友几年前去世了。接替他管理球衣工作的阿尔伯特·摩根也是一个伟大的、

前言

从不改变忠诚度的人。

我们的队医史蒂夫·麦克奈利,首席理疗师罗伯·斯维尔以及他的医疗团队中的托尼·斯特鲁德维克,他们都是充满活力的运动科学家。

我们的洗衣女工和所有的厨房员工,还有约翰·亚历山大、安妮·怀利和所有女孩们组成的总务处,吉姆·劳勒和他的球探团队,门将教练埃里克·斯蒂尔,视频分析团队的西蒙·威尔斯以及史蒂夫·布朗,由乔·彭博顿和托尼·辛克莱尔领衔的地勤团队,我们的场地维护团队中的斯图尔特、格拉汉姆和托尼……他们都是尽职尽责的人。我可能会遗漏了一两个人,但我相信他们都知道我对他们非常尊重。

这些年来,助教团队给予我很大的帮助。阿尔奇·诺克斯,我早年间的真正盟友,还有布莱恩·基德和诺比·斯泰尔斯。当然我不能忘记埃里克·哈里森,他是真正出色的青训教练。史蒂夫·麦克拉伦,是非常有创造力和充满活力的教练。卡洛斯·奎罗斯和雷内·穆伦斯汀,也是伟大的教练。最后,我的助理教练米克·费兰,一位非常精明、敏锐的真正的足球人。

我在曼联能够执教这么长时间,要归功于博比·查尔顿爵士和马丁·爱德华兹,他们给我的最好的礼物就是时间,他们给我足够的时间去打造一支足球俱乐部,而不是简单的足球队。从那以后,我与大卫·吉尔在过去10年中也结下了深厚的友谊。

本书有很多事情要讲,我希望你们能够和我一起,享受着我回顾这些年一路走来留下的足迹。

目　录

序　章 —————————————————————— 001

第一章　回　首 ————————————————— 003
第二章　格拉斯哥的烙印 ——————————— 013
第三章　退休急转弯 ————————————— 029
第四章　全新的开始 ————————————— 043
第五章　贝克汉姆 —————————————— 055
第六章　里奥·费迪南德 ——————————— 065
第七章　低谷时期 —————————————— 075
第八章　C罗 ————————————————— 091
第九章　罗伊·基恩 ————————————— 101
第十章　业余爱好 —————————————— 113
第十一章　范尼 ——————————————— 125
第十二章　"特殊"的对手：穆里尼奥 ————— 133
第十三章　与温格的较量 ——————————— 145
第十四章　92班 ——————————————— 155

第十五章　利物浦——伟大的传统 ——————— 165

第十六章　天才遍布的世界 ————————— 179

第十七章　莫斯科之夜 ——————————— 197

第十八章　心理战术 ———————————— 205

第十九章　灵动华丽的巴塞罗那（2009—2011）——— 213

第二十章　媒　体 ————————————— 225

第二十一章　第十九个冠军 ————————— 235

第二十二章　曼城夺冠 ——————————— 245

第二十三章　家　庭 ———————————— 259

第二十四章　鲁　尼 ———————————— 265

第二十五章　最后一个赛季 ————————— 275

第二十六章　回望与前行 —————————— 287

第二十七章　过渡中的曼联 ————————— 297

附录1　生涯记录 —————————————— 307

附录2　弗格森麾下的曼联球员 ———————— 353

序　章

　　从此刻向前回溯30年，我穿过那条球员通道走到球场上，迎来自己执教曼联的首个主场比赛，暴露在球迷焦灼目光之下的我感到紧张。我向斯特雷福德球场看台的球迷挥手致意，并站在中圈以曼联新任主帅的身份亮相。而现在，我满怀信心地踏上同样的道路，向他们挥手道别。

　　我对曼联拥有高度的控制权，这是其他教练难以企及的。1986年秋天，我从阿伯丁南下，尽管当时我对自己的能力深信不疑，但我绝没想到事情会如此顺利。

　　在2013年5月的告别战之后，那些关键的时刻总是浮现在我的脑海中。例如，在1990年1月足总杯第三轮，对阵诺丁汉森林的比赛，马克·罗宾斯的进球让我们进入决赛。当时我的帅位已经岌岌可危——球队已经整整一个月没有赢过一场比赛，这使我丧失了信心。

　　如果不是在我上任四年后的足总杯决赛中战胜水晶宫队，人们会对我是否适合这份工作产生严重怀疑。你们永远不会知道我离被解雇有多近，因为曼联的董事会从来没有做出这样的决定。但是，如果没有在温布利的胜利，球迷们将会丧失信心，他们的不满情绪可能席卷整个俱乐部。

　　博比·查尔顿爵士反对任何解雇我的提议，他知道我所做的工作，我们在青训发展方面所倾注的心血，还有我在足球运作改革上付出的努力和时间。主席马丁·爱德华兹也知道这一点，这两个人在那些黑暗的日子里不遗余力地支持我，尽管他们收到了许多携带怒火的信件，要求把我开除。

赢得1990年足总杯冠军让我们有了喘息的机会，也让我认定曼联是一支可以赢得任何奖杯的伟大俱乐部。在温布利球场获得足总杯冠军开启了一段美好的时光。但在我们获胜后的那个早晨，一家报纸宣称："好吧，你已经证明了你可以赢得足总杯，现在滚回苏格兰吧。"我从来没有忘记这件事。

第一章　回　首

如果让我选择一场比赛来体现曼联精神，我会选择西布朗5∶5踢平曼联——这是我执教曼联的第1500场比赛，也是我的谢幕之战——疯狂且美妙，充满偶然性，令人惊讶。

如果你在看曼联比赛的路上，那么等待你的将是进球和戏剧性的场面，你的心脏将会经受考验。对于我们在9分钟内从5∶2被追成5∶5，我毫无怨言。虽然我假装表达自己的不满，但球员们却能看穿我。我告诉他们："谢谢，孩子们，你们给予我多么精彩的告别仪式啊！"

当时大卫·莫耶斯已经被任命为曼联新帅，赛后我们坐在更衣室里，吉格斯打趣道："刚看完比赛之后，莫耶斯就辞职了。"

虽然那天我们防守糟糕，但我还是为能把这群优秀的球员和工作人员交给莫耶斯感到骄傲和欣慰。我的使命已经完成了，我的家人都在现场，在西布朗主场的贵宾套间里，马上我就将迎来一种新生活。

那是如梦般的一天，西布朗很有风度地处理了这件事，很好地照顾了我。后来，他们把双方球员签名的球员名单送给我。我的大多数家人都在场：三个儿子、八个孙子，还有一两个好朋友。他们能来和我一起经历最后的一段旅程，让我很高兴。我们全家人结伴而行，从球员通道走出去。

从西布朗球场外的球队大巴上走下来，我的目的是品味每一刻。放下对我来说并不困难，因为我知道时机已经成熟。在比赛的前一天晚上，球员们说，他们想做一个演讲纪念我的退休。因为1941年12月31日下午3点03分，我生于格拉斯哥。他们准备把一块1941年生产的漂亮的劳力士手表送给我，并把时间调在下午3点03分。他们还送给我一本相册，里面记录了我在曼联的时光，中间跨页是我的孙子和其他家人的合影。

这是手表发烧友里奥·费迪南德的主意。

他们把相册和手表交到我手上之后，掌声响彻更衣室。我注意到一些球员脸上有一种特别的表情。有些人不知道如何面对这样的时刻，不知道如何面对没有我的日子，因为他们习惯了有我在身边。有些人已经追随我20年了，有些球员只经历过我一位主帅。他们茫然的表情，似乎在说："接下来怎么办？"

在我退休前，曼联还有最后一场比赛要踢，我希望我们能妥善处理这场比赛。我们在半小时内就以3∶0领先，但是西布朗不打算让我轻松离去。1986年11月22日，约翰·西贝克打进了我执教曼联后球队的第一个进球，2013年5月19日，哈维尔·埃尔南德斯打进了我执教曼联生涯的最后一个进球。在5∶2领先的时候，我们本可以以20∶2的比分取胜。但在5∶5踢平的时候，我们也可能会以5∶20输掉比赛。防守上我们一团糟，西布朗在5分钟内打进3球，卢卡库上演了帽子戏法。

虽然最后时刻我们的球门前风声鹤唳，但更衣室却很轻松。终场哨声吹响后，我们留在场上向曼联球迷挥手致意。吉格斯把我向前推去，所有球员退后，我独自站在由笑脸组成的海洋前。我们的球迷们一整天都在歌唱和跳舞。我很想以5∶2的比分取胜，但在某种程度上来说，5∶5是一个恰当的结局，这是英超联赛历史上第一次出现5∶5平局，也是我执教生涯中首次出现5∶5平局，在我执教的最后90分钟里，我又一次创造了历史。

第一章 回　首

回到曼彻斯特之后，我收到了如潮水般涌来的邮件，几乎堆满办公室。皇家马德里送来一件漂亮的礼物——一个纯银的奇贝莱斯广场复制品。奇贝莱斯广场位于马德里，这是他们庆祝联赛冠军的喷泉所在地。除此之外，皇家马德里的主席弗洛伦蒂诺·佩雷斯还给我写了一封信。另一份礼物来自阿贾克斯，还有一份来自埃德温·范德萨。我的私人助理琳恩为处理邮件忙得焦头烂额。

此前一个周末主场对阵斯旺西的比赛，是我执教生涯的最后一场主场比赛，除了球员列队致敬之外，我不知道还会发生什么。那时候，我们已经度过了紧张的一周，我们用那一周的时间告诉家人、朋友、球员和工作人员关于我要退休并进入人生新阶段的决定。

我决定辞职的种子在2012年冬天已经埋下，大概在圣诞节前后，我的脑海里有了一个清晰的想法："我要退休了。"

我的妻子凯茜问道："你为什么要这么做呢？"

我回答："上赛季我们在收官战丢掉了联赛冠军，我无法再面对同样的事情。我只希望球队这一次能够赢得联赛冠军，并杀入欧冠或足总杯决赛，这将会是一个伟大的结局。"

凯茜在10月份失去了她的姐姐布丽姬特，当时她正努力接受丧亲之痛，很快，她便明白了我退休是正确的选择。她的观点是，如果我还想在生活中做其他事情，那我现在仍足够年轻。按照合同规定，我必须在3月31日之前通知俱乐部，我是否将在那个夏天退休。

巧合的是，大卫·吉尔在2月的一个周日给我打来电话，问他是否可以来我家看我。"周日下午大卫来家里看我。"我当时就对凯茜说道，"我敢打赌，他要辞去曼联首席执行官一职。"

凯茜回答："要么这样，要么是你要被曼联解雇了。"

大卫·吉尔给我传达的消息是，他想在赛季结束时辞去曼联首席执行官一职。我骂了一句"该死的,大卫",并告诉他我也做出了同样的决定。

在接下来几天里,大卫·吉尔打电话告诉我,格雷泽家族也会联系我。当我接到电话时,我和乔尔·格雷泽说,我的退休决定与大卫·吉尔的辞职无关。我告诉他,我在圣诞节就已经做出退休决定,并向他解释了我的理由。凯茜的姐姐10月去世改变了我们的生活,凯茜感到很孤独。乔尔理解我的苦衷,我们约定在纽约见面,他试图说服我不要退休。对于他为了挽留我而所做出的努力,我非常感激,并感谢他这些年来对我的支持,他也对我这些年为俱乐部所做的一切表示感谢。

由于我退休的想法没有改变的可能,因此讨论的话题转向谁接我的班,大家一致同意由大卫·莫耶斯来接任。莫耶斯来到我家讨论他执教曼联的可能性。对于格雷泽家族来说,重要的是当我正式退休时,曼联帅位不能长时间空悬,他们想在几天内就让新帅就位。

很多苏格兰人很较真,且有坚强的意志。当他们离开苏格兰时,往往只有一个原因,那就是去取得成功。苏格兰人不会为了逃避过去而离开,离开只为了让自己变得更好。你可以在世界各地,尤其是在美国和加拿大,看到这样的苏格兰人。离开故土会让人产生某种决心,这不是伪装,而是出于真正把事情做好的决心。别人所说的苏格兰人较真有时也适用于我。

国外的苏格兰人并不缺乏幽默感,大卫·莫耶斯也是同样富有智慧的人。然而,在工作中,苏格兰人对自己的工作是认真的,这是一种无价的品质。人们经常对我说:"我从来没见过你在比赛中微笑。"我会回答说:"我不是来微笑的,我是来赢得比赛的。"

大卫·莫耶斯有一些与我相似的特点。我了解他的家庭背景,他的父亲是德拉查普的教练,我曾经在那里踢过球。莫耶斯有一个好家庭,我并不是说这是聘用某人的理由,但你会希望看到身居如此高职位的人拥有良好的素养。我在1957年离开德拉查普时,莫耶斯还是个孩子,所以我们的人生没有

第一章 回首

直接交集，但我知道他们的故事。

格雷泽家族喜欢莫耶斯，双方见面后，莫耶斯给他们留下了深刻的印象。他们会注意到的第一点是，莫耶斯是一个直言不讳的人。坦率是一种美德。他们不用担心我会妨碍莫耶斯开展自己的工作，在当了27年的主教练之后，我为什么还要把自己牵扯上足球管理？它已经是我生命的过去时了。同样，莫耶斯在传承我们的传统时也不会有问题。在埃弗顿执教时，他就发掘了不少才华横溢的球员。当允许他签下更高级别的球员时，他也带队踢出了一些精彩的足球。

我告诉自己，退休后我不会后悔。这是不会改变的。在你70多岁的时候，无论身体上还是精神上，都已走下坡路。但从我离开的那一刻起，我就一直很忙碌，忙着在美国和其他地方承接工作项目。我没有退休危机感，我在寻找新的挑战。

在宣布我退休的那几天里，我们遇到了一个很大的麻烦，那就是不知道如何告诉卡灵顿基地的工作人员。我特别清楚地记得，当我提到了我生活中的变化和凯茜姐姐的离世，我听到一声同情的叹息，这声叹息深入到我的内心深处，我感到一阵真正的忧伤。

在官宣的前一天，关于我要退休的传闻就开始流传。那时候我甚至还没有把这个决定告诉我的兄弟马丁。对所有人保密是一件困难的事，尤其考虑到俱乐部在纽约证券交易所上市，所以泄露部分消息会让我与一些信任我的人之间的关系受到损害。

5月8日早上，我召集团队的所有人，包括工作人员、教练组成员还有球员们，并规定所有人都不许携带手机。我走进更衣室告诉他们，我们会通过俱乐部官网宣布这一消息。在我有机会告诉训练场的每个人之前，我不希望任何人传播这个消息。无风不起浪，他们知道肯定有大事要发生。

我对球员们说："我希望我没有让一些人失望，因为你们可能认为我会留下来。"

例如，我们之前曾告诉罗宾·范佩西和香川真司，称我不会很快退休，但我当时确实是这样想的。

"情况变了。"我继续对大家说道，"我妻子的姐姐去世是一个突发事件。同时，我想以赢家的身份离开，而事实也是如此。"

我能从他们的脸上看出震惊。我说道："今天去看赛马吧，好好享受，我们周四见。"我已经给球员放了半天假，让他们去切斯特看赛马。每个人都知道，这是我计划的一部分。我不希望别人认为我的队员没有良心，在我宣布退休那天去看赛马，这就是为什么我在一周之前就提出给他们放假。

然后，我上楼把自己退休的决定告诉其他工作人员，他们所有人都为我鼓掌，有一两人打趣道："很高兴，终于摆脱你了。"

在职员和球员两个主要群体当中，球员对我决定退休更加惊讶。在那种情况下，他们心里会想："新主帅会喜欢我吗？下个赛季我还能在这里吗？"教练组成员也会想："我在曼联的日子可能到头了。"在宣布和解释完自己的决定之后，该我离开并整理自己的想法了。

我事先打算在公布消息后直接回家，因为我知道媒体会有强烈的反应，我不想在一大群媒体记者的围追堵截和闪光灯中离开卡灵顿基地。

回家后，我把自己关在屋里。杰森（我的小儿子）、我的律师和助理琳恩在消息公布的第一时间给我发了短信，尤其是琳恩，她大概连续15分钟不停地给我发短信。她告诉我，全球已经有38家报纸在头版刊登了这一消息，其中包括《纽约时报》，而有的英国报纸甚至刊发10页和12页增刊。

对于我退休报道的广度和深度，让我受宠若惊。这些年来，我曾与媒体发生过冲突，但我从不记恨。我知道记者们压力很大，他们必须努力打败电视、互联网、脸书和推特等新媒体，而且他们还要面对主编的时刻施压，这是一个艰难的行业。

第一章 回　首

　　这些报道也证明了媒体没有记恨我，尽管我们之间发生过很多冲突。他们认可了我职业生涯的贡献，以及我为新闻发布会带来的东西。他们甚至给我送来礼物——一个上面放有吹风机的蛋糕，还有一瓶好葡萄酒。

　　在与斯旺西的比赛中，老特拉福德球场的播音员播放了法兰克·辛纳屈的《我的路》和纳京高的《难以忘怀》。那场比赛，我们的赢球方式和其他895场胜利中的大多数一样，凭借里奥·费迪南德在第87分钟的绝杀球取胜。

　　赛后我在球场中的演讲是完全即兴的，没有准备草稿。我只知道我不会单独赞扬任何一个人，因为这不是针对哪位高层主管、球迷或球员的，而是针对曼联足球俱乐部的演讲。

　　我叮嘱大家支持下一任主教练大卫·莫耶斯，我手执麦克风说道："我想提醒你们，我们曾有过低谷，但俱乐部支持我，所有职员支持我，球员支持我，所以你们现在的任务是支持我们的新任主教练，这非常重要。"

　　如果我没有提到莫耶斯，人们可能会问，"我想知道弗格森是否希望由莫耶斯接班自己"。我们需要对莫耶斯表示无条件的支持，俱乐部必须继续赢球，这种期望把我们联系在一起。我是俱乐部的董事，和其他人一样希望成功能够延续下去，现在我可以像博比·查尔顿爵士退休后那样享受比赛了。在一场胜利后，你会看到博比的眼中燃烧着火焰，搓着手，非常享受。我也想要这样，我想能去看曼联的欧冠比赛，并告诉人们："我为这支球队感到骄傲，这是一个伟大的俱乐部。"

　　在演讲的最后，我提到了保罗·斯科尔斯，他也要退休了。我知道保罗肯定不喜欢被提及，但我控制不住自己。我还祝愿达伦·弗莱彻能从结肠疾病中康复，毕竟那是一种非常罕见的疾病。

　　几天后，在机场，有一个人拿着一个信封走向我，并对我说道："我本打算寄给你的。"信封内是一家爱尔兰报纸刊发的一篇文章，文章说我是按照自己的方式离开俱乐部，就像我按照自己的方式管理俱乐部一样，作者表示这是典型的弗格森做法。我很喜欢这篇文章。我就是这样看待我在曼联的日子的，能看到人们以这样的方式描述我在曼联的时光，让我感到很骄傲。

我离开曼联后，莫耶斯带来三个助手，分别是史蒂夫·朗德、克里斯·伍兹和吉米·拉姆斯登。他还把吉格斯和菲尔·内维尔也纳入教练组，这意味着雷内·穆伦斯汀、米克·费兰和埃里克·斯蒂尔失去了工作。这是莫耶斯的决定，我对他说过，如果他能保留我的老部下，我会非常高兴，但我无权干涉或阻止他选谁做自己的助手。

吉米·拉姆斯登已经和莫耶斯合作了很长时间，我在格拉斯哥的时候就认识他。他出生的地方离我家大约一英里，就在戈万附近的一个区。他是一个好小伙，一个优秀的足球人。我只是对其他优秀的人才失去工作感到遗憾而已，这种事在足球界时有发生。不过，这些事情处理得很好，我告诉他们，我对于他们无法留下感到很抱歉。追随我20年的米克·费兰对我说没什么，并感谢我和他一起度过的美好时光。

当我回顾过去，我不仅关注胜利，也关注失败。我输掉了三场足总杯决赛，对手分别是埃弗顿、阿森纳和切尔西。我还在联赛杯决赛中输给谢菲尔德星期三、阿斯顿维拉和利物浦。此外，还有两次在欧冠决赛中输给巴塞罗那。失败后重整旗鼓也是曼联传统的一部分，我一直牢记，足球并不只有胜利和欢庆。当我们在1995年足总杯决赛中输给埃弗顿时，我说道，"我受够了，我要做出改变"，然后我们就做出了改变，我们提拔了年轻球员，那便是日后所谓的"92班"。我们不能再抑制他们的天赋，他们是一群特别的球员。

在曼联，输掉比赛的痛苦会一直萦绕在你身边。对我来说，考虑一段时间，然后以老方式继续干下去是绝对不可能的。当你输掉一场决赛，你会受到很大的影响，尤其是如果你有23次射正，而对手只有2次射正，或者你最终倒在点球大战中。我的第一个想法总是"快想想你应该做什么"。我一心想让球队进步，并从失利中重新振作起来，当别人还在沮丧的时候，我却能快速思考下一步该怎么做，这对我来说是一笔巨大的财富。

有时候，失败是最好的收获。对逆境做出反应是一种优秀的品质。即使在最低潮的时候，你也要彰显出力量，有一句名言是这么说的：这只是曼联历史上的又一天而已。换句话说，反击是我们存在意义的一部分，如果你对失败缺乏关注和热情，那么未来你肯定会遭遇更多的失败。在被对手逼平丢掉两分后，我们经常会在接下来的比赛中迎来一波六连胜或七连胜，这可不是巧合。

对球迷来说，主队周末比赛结果可能会影响他们周一上班的情绪。2010年1月一位球迷给我写信说道："请问您能把我周日购买球票的41英镑退给我吗？您答应过会为我带来快乐，但我在周日的比赛中没有感受到快乐。我能不能要回我的41英镑？"当时我想这样回信："这24年我给你们带来的快乐，还抵不上这41英镑吗？"

你刚刚赢得对阵尤文图斯和皇家马德里的比赛，而在经过一个稍微沉闷的周日之后，就有人要求退赔票款。这个世界上还有哪个俱乐部能比曼联给你带来更多惊心动魄的时刻？我总是会提醒球迷，如果在比赛进行70分钟时我们0∶1落后，那么请你回家吧，不然的话你可能会被抬出球场，最后激烈的反扑，可能会让你出现在曼彻斯特皇家医院里。

我希望当我说出不会有球迷被曼联欺骗时，所有人都会同意，曼联的比赛从来都不会沉闷乏味。

第二章　格拉斯哥的烙印

苏格兰弗格森家族的座右铭是："风雨过后见彩虹。"这种乐观精神让我在39年的执教生涯中受益匪浅。在那段时间里，从1974年短暂执教东斯特灵郡4个月，到2013年执教曼联26年退休，我看到了逆境背后的成功。年复一年地驾驭巨大变化，正是基于这样一种信念——我们能战胜任何挑战者。

几年前，我读到一篇关于我的文章，其中写道："尽管来自戈万这样的小地方，但弗格森在人生中取得了很大成就。"瞧瞧这轻蔑的口气。正是因为我出生在格拉斯哥的造船区，才成就了我在足球领域的成功。一个人的出身永远不会成为其取得成功的障碍。比起障碍，一个卑微的出身更可能是帮助。如果你研究一下成功人士的出身，研究一下他们的行为，寻找有关精力和动力的线索，你会发现，工人阶级背景对于许多最伟大的球员来说并不是障碍，相反，这往往是他们出类拔萃的原因之一。

在教练席上的那段时间，我经历了从执教周薪6英镑的东斯特灵郡球员，到把C罗以8000万英镑售向皇家马德里。当时我所在的圣米伦队每周工资只有15英镑，每到夏季休赛期，球员们不得不另谋出路，因为他们都是业余球员。在我执教阿伯丁的8年中，一线队球员的最高周薪为200英镑，这是俱乐部主席迪克·唐纳德设置的限额。随着时间推移，在近40年的时间里，我管理的数千名球员的周薪，从6英镑上涨到年薪600万英镑。

曾经有一个伙计给我写了一封信，这封信我至今仍然保存着。他说在1959年到1960年，他在戈万的船坞工作，并经常光顾一家酒吧。他记得有一个年轻的政治狂人带着一个募捐学徒罢工基金的罐子来到这里，发表了具有煽动性的演讲。他所知道的关于这个年轻人的唯一一件事，就是他为圣约翰斯通俱乐部效力。他的信以一个问题结尾："那个男孩是你吗？"

起初，我对这次政治活动没有任何印象，但那封信勾起了我的回忆，最后，我想起自己去我们地区的酒吧为罢工筹集资金的事。我并不是为了投身政治界，而把我的胡乱叫喊美化成"演讲"。我记得当我被问及要钱的理由时，我像个白痴一样咆哮着。每个人都很耐心且饶有兴致地听着那个年轻筹款人解释自己正在推进的事业。

在我早期的经历中，酒吧占了很大一部分。我最早的商业理念是用我微薄的收入来进入特许经营行业，来作为未来生活的保障。我的第一家店在戈万路和派斯利西路的交会处，很多码头工人在那里聚集。酒吧教会了我关于人、人们如何面对梦想和挫折，这在某种程度上增进了我对足球行业的理解。

例如，在我的一个酒吧里，我们有一个"温布利俱乐部"，顾客支付两年的费用，就可以去温布利大球场观看英格兰代表队对阵苏格兰代表队的比赛。而我要把这笔钱翻倍，让他们可以去伦敦待四五天，至少理论上是这样。我会在比赛当天加入他们的行列，我最好的朋友比利会在周四出发前往温布利，在七天后回来，不可避免的是，这意料之外的旅行延期会导致他和家人的争吵。

有一个周四，比利的妻子安娜往我家打电话，我妻子接电话。安娜说道："凯茜，去问问亚历克斯比利去哪儿了。"

温布利大球场上周六已经踢完比赛，我表示不知道。也许我们的40个客

第二章　格拉斯哥的烙印

户会去参观双子塔，但我真不知道比利为什么没有和家人请假。对于我们那一代的工人来说，观看一场大型足球比赛是神圣的朝圣活动。他们热爱这项运动，也热爱这种兄弟情谊。

布里奇顿大街上我们的酒吧，处于格拉斯哥最大的新教区。在奥兰治漫步活动的上周六，邮递员大个子塔姆会对我说："亚历克斯，大家都在问你下周六早上什么时候开门。这次游行我们要到阿德罗森（位于苏格兰西海岸）。公共汽车10点发车，届时所有的酒吧都会开门，你也得把门打开。"

我感到困惑："哦，我应该什么时候开门呢？"

塔姆说道："早上7点。"

因此，那天早上我6点15分就到了，和我的父亲以及兄弟马丁一起，还有一位我们雇用的身材矮小的意大利酒保。我们做了充分准备，因为塔姆告诉我："备好货，你需要准备大量的酒。"早上7点开门后，酒吧很快就挤满了嗓门洪亮的奥兰治兄弟会的人，警察从旁边走过，一句话也没有说。

从早上7点到9点半，仅两个半小时我就赚了4000英镑，大多数人都点了双份伏特加。我父亲坐在那直摇头。到了9点半，我们还在尽力为迎接其他顾客做准备，把酒吧打扫干净。尽管一片狼藉，但我们却足足挣了4000英镑。

经营酒吧是一项艰苦的工作，到了1978年，我已经准备好摆脱经营两间酒吧所带来的繁重压力。执教阿伯丁让我没有时间和精力去与酒客们角力，但那些年在我的记忆里留下了太多美好的故事，你甚至可以写一本只关于这些故事的书。码头工人会在周六早晨和妻子一起来到酒吧，他们周五晚刚领到工资，然后把钱交给我，再由我存到酒吧的保险箱里。在周五晚上，我觉得自己像个百万富翁，分不清保险箱里的钱是我的还是他们的。起初，凯茜会坐在地毯上清点这些钱，可周六早上这些人来取钱的时候，钱又被拿走了。我们有一个专门的账本记录这些交易。

一位名叫阿楠的老顾客特别在乎丈夫钱花在哪里，她说话的语气就像码头工人，盯着我问："你以为我们都是傻子吗？"

"什么？"我会这样回答，尝试争取时间。

她问："你认为我们都是傻子吗？我要看看那个账本。"

"不，你不能看账本。"我一边拖延一边思考如何应付，"这是机密，税务人员不会让你这么做的，他们每周都会查账，你不能看。"

这时候阿楠会转过身问她的丈夫："是这样吗？"

她的丈夫说："哦，我不清楚。"

"暴风雨"过去了，阿楠说道："如果我发现账本里面有我男人的名字，我就再也不来你们店了。"

这些深刻的记忆都是我年轻时留下的，当时我身边围绕着个性鲜明、彪悍和适应力强的人，跟他们打交道很难，有时候我会头破血流或黑着眼圈回到家。这就是酒吧的生活，当气氛变得剑拔弩张或发生打斗时，我不得不在混战中维持秩序。我会尝试分开打斗双方，但经常会在混乱中挨揍。然而，当我回首这段往事时，总会觉得那才是无比美好的生活。那些形形色色的人们，让我忍俊不禁。

我一直记得某一天，一个叫吉米·韦斯特沃特的人走进来，他呼吸困难，脸色灰暗。我问道："天啊，你没事吧？"吉米从码头偷了一大捆山东丝绸，为避免溜出来时被抓住，用丝绸把自己包裹起来。但他把自己裹得太紧了，几乎无法呼吸。

另一个叫吉米的是我的员工，负责酒吧的卫生。一天晚上，他打着领结出现在酒吧，一位老顾客对他这身装扮感到莫名其妙："在戈万这种地方还打领结？你肯定是在逗我。"

一个周五的晚上，我回来时发现有人在酒吧旁边卖成袋的鸟食。在格拉斯哥地区，每个人都养鸽子。

第二章　格拉斯哥的烙印

"这是什么？"我问道。

"鸟食啊。"那人给予我的简直是世界上最显而易见的答案。

一个名叫马丁·科里根的爱尔兰小伙子，吹嘘自己能满足任何人的需求，无论陶器、餐具还是冰箱，任何你喜欢的东西他都能找到。还有另一个家伙走进酒吧问："有人要双筒望远镜吗？我已经身无分文了。"他拿出一副用防油纸包裹的美丽的望远镜，"只卖5英镑。"

我说道："只要你在这里喝酒，我就花5英镑买下它，且不能去巴克斯特家的酒吧。"他是一个不错的人，只是有点口吃，于是我买下他的双筒望远镜，他立即在酒吧里消费3英镑。

当我把自己买的东西带回家里，凯茜会冲我发脾气。记得我曾带回一个漂亮的意大利花瓶，是我在酒吧花25英镑买的。后来凯茜在商店看到同款花瓶，才卖10英镑。还有一天，我带着一件看起来质量很好的羊皮夹克大摇大摆地走进家门。

凯茜问："多少钱？"

我得意扬扬地回答："7英镑。"然后把衣服整齐地挂好。

两周后，我们去凯茜的姐姐家参加一个小型聚会。我穿上那件夹克，站在镜子前欣赏它的款式。你知道人们整理衣服时都有拽两只袖子的习惯，我也有——结果两条衣袖被我拽下来。突然之间，我就穿着一件坎肩站在那里。

凯茜笑得在地上打滚，而我则大叫着："我要杀了那小子！"因为这件夹克甚至连里衬都没有。

在我的斯诺克室的墙上挂着一张比利的照片。比利连一杯茶都不会沏，但他是我最好的朋友，也是有趣的人。有一天我们外出吃饭后去他家里，我对他说："烧点儿水，给我泡杯茶。"他离开15分钟还没有回来，他到底去哪了？原来他在给妻子安娜打电话，询问怎么泡茶。

一天晚上，安娜把牛排派放在烤箱里，比利看电影《火烧摩天楼》。两小时后安娜回到家，发现厨房冒着烟。

"我的天啊，瞧这烟，你没有关掉烤箱吗？"安娜气呼呼地问。

"我以为是从电视里传出来的呢。"比利说道。他以为这是电影中摩天楼燃烧的特效。

大家都很喜欢聚集在比利家里，就像飞蛾聚集在灯泡下一样。不过，我们都叫他麦凯尼。他的两个儿子斯蒂芬和达伦是他和安娜的骄傲，且和我的儿子们至今仍保持着很亲密的关系。如今，比利已经不在人世了，但我仍然记得我们之间共同度过的欢乐时光。

我在格拉斯哥那段时间交了一群挚友，我与邓肯·彼得森、汤米·亨得利，还有4岁在托儿所认识的吉姆·麦克米兰。邓肯是一名水管工，在格兰杰默斯的英国化学工业公司工作，并且很早就退休了。他在佛罗里达的克利尔沃特有一个不错的小地方，他们一家人都喜欢旅游。汤米患有心脏病，他和吉姆都是工程师。第四个人是安格斯·肖，正在照顾他生病的妻子。我和约翰·格兰特关系也很亲密，他在20世纪60年代搬到南非，他的妻子和女儿经营一家批发公司。

当我离开哈莫尼街俱乐部前往德拉查普业余队踢球时，我和戈万的伙伴们产生了巨大的分歧，他们认为我离开的决定是错误的。哈莫尼街俱乐部的经理米克·麦高恩再也没有和我说过话，他是一个决不妥协的人。"独眼"米克·麦高恩是一个不可思议的哈莫尼街俱乐部的铁粉，所以我离开后，他就把我给忘了。但戈万的男孩们仍然会和我一起去跳舞，直到19岁或20岁，我们都是从那时候恋爱的。

然后我们就分开了，各奔前程。我和凯茜结婚，搬到西姆希尔。他们也都结婚了，我们之间的友谊看上去似乎破裂了，但实际上偶尔还有联系。1958年至1960年，约翰和邓肯曾与我在女王公园一起踢球。做教练之后，我

第二章 格拉斯哥的烙印

几乎没有时间做任何工作以外的事情，在圣米伦我就这样了。但我们的联系并没有完全断绝，大约在我1986年离开阿伯丁前的两个月，邓肯打来电话，说10月某天是他结婚25周年纪念日，问我和凯茜是否愿意参加宴会，我说我们很愿意去。这是我人生的转折点，当年所有的伙伴都到场了，这次宴会让我们重新聚到一起。我们都已成家，也都是成熟的男人，接下来的一个月我去了曼联，从那以后我们一直很亲密。

到了大约19到20岁的年纪，儿时的伙伴总会面临分别，但他们依然都待在一起，只有我离开过着一种不同的生活。这绝不是逃避，只是我的生活就是这样展开的。我经营过两家酒吧，还是圣米伦的主教练，1978年又执教阿伯丁。

这些友谊支撑着我在曼联的生活，他们都会来到我位于柴郡的家中吃自助餐、唱唱歌，我们会播放所有的老唱片。他们都是好歌手，轮到我献唱时，在红酒的作用下，我会对自己的唱功产生一种夸张的自信。我会认为自己与弗兰克·辛纳屈在歌唱水平上势均力敌，我毫不怀疑自己能够为来宾们演唱一首精彩的《月亮河》。唱了两句之后，我睁开眼睛发现房间里已经空无一人。我会抱怨道："你们来我家吃饭，我唱歌时你们却到隔壁房间看电视。"

他们会回答："别人唱歌要钱，你唱歌要命。"他们都是可靠的人，大多数婚龄超过40年了。天哪，他们经常调侃我，但我从不生气，因为他们太像我了。他们与我是同类人，我们一起长大。他们对我非常支持，当他们来到我这里时，曼联往往会赢得比赛。如果我们输了比赛，他们可能会同情地说"比赛真的很艰苦"，却从不会说"踢得真垃圾"，反而会鼓励我"你们已经很努力了"。

阿伯丁的朋友和我依然很亲密，我对苏格兰的了解是，越往北走，那里的人就越内敛。他们需要更长的时间建立友谊，一旦友谊建立起来，就会非常深厚。戈登·坎贝尔会和我们一起度假,还有我的律师莱斯·达尔加诺、艾伦·麦克雷、乔治·拉姆齐以及戈登·哈坎。

随着我在曼联的工作越来越稳定,我的社交生活减少了。我不再在周六晚上外出。足球使我筋疲力尽。下午3点开球后,我要到晚上8点45分才能回到家,这就是追求成功的代价,因为比赛结束后,会有7.6万人同时回家。我外出的冲动就这样减弱了,但我还是与一些人建立了牢固的友谊:阿尔德利埃奇酒店的经理艾哈迈德·库尔塞、索提里奥斯、米姆莫、马里乌斯、蒂姆、罗恩·伍德、彼得·当恩、杰克·汉森、帕特·墨菲和彼得·摩根、吉德·梅森,了不起的哈罗德·莱利,当然还有我的员工,他们都忠于我。詹姆斯·莫蒂默和威利·豪伊是我老乡,纽约的马丁·奥康纳和查理·斯蒂利塔诺,以及德国的埃克哈德·克劳特松,他们都是好人。当我们闲暇时,会与他们一起度过美妙的夜晚。

在曼彻斯特的头几年,我与时任曼城主教练梅尔·马钦成为好朋友,他带领球队5∶1击败我们不久后就被解雇了。我记得曼城老板当时给出的理由是他不喜欢笑,如果这种逻辑在曼联也适用的话,我早就被解雇了。西汉姆主教练约翰·莱尔在那些年里让我很有安全感。我不认识英格兰的全部球员,也不确定曼联的球探是否可靠。我经常给约翰打电话,他会给我提供球员报告,补充我手头上的资料。我可以信任他,并向他倾诉很多事情。他总会用"这不像是弗格森的球队"的说法,提醒我曼联踢得并不好。

脾气暴躁的前流浪者主教练乔克·华莱士有天晚上也在一家酒店对我说:"我在那支球队里看不到弗格森,你最好让弗格森回到队中。"这些人主动为我提出建议,因为他们知道这是建立友谊的基础,我愿意接受这最好的友谊。

当时,博比·罗布森爵士是英格兰国家队的主教练,所以一开始我们的关系很微妙,但后来我们也变得很亲密。伦尼·劳伦斯是我在那个时期结交的朋友，如今我们仍是好朋友。

博比·罗布森爵士和我在葡萄牙举行的尤西比奥纪念赛中重新建立了密切的联系，当时他在那里执教过波尔图和葡萄牙体育。坎通纳在那场比赛中完成首秀。我永远记得，博比来到我们的酒店，找到史蒂夫·布鲁斯，并当着所有球员的面对史蒂夫说道："史蒂夫，我在你身上犯了一个错误。当初我应该让你代表英格兰国家队上场，我想为此向你道歉。"

在职业生涯末期我懂得的许多道理都是在那段早年时光中学到的，当时我并没有意识到这些经验教训正在被我逐渐参悟，早在我南下曼联之前，生活就已经教会我如何了解人性。

其他人看待比赛或世界的方式和你不一样，有时你必须接受这种现实。戴维·坎贝尔是我在圣米伦执教时的球员，他能像鹿一样奔跑，但球商却不高。中场休息时，我正在批评他，突然之间更衣室的门被推开，他的父亲闯进来吼道："儿子，你踢得太棒了干得漂亮！"他的父亲吼完就离开了。

有一天，我带领东斯特灵郡在考登比斯踢比赛，我们犯了一个错误，没有注意天气。场地冻得像砖头一样硬。所以我们去镇上买了12双棒球鞋，要知道那时候我们没有橡胶鞋底。中场休息时，我们0∶3落后。在下半场，我感觉有人在我肩膀上轻轻拍了一下，那是我的前队友比利·伦顿。他说道："亚历克斯，我想向你介绍我的儿子。"

我说道："看在上帝的分上，比利，我们现在正0∶3落后呢。"

就在同一天，对方的主教练弗兰克·康纳，一个有魔鬼般脾气的可爱的人，看到裁判做出了不利于他们的判罚，气得直接把板凳扔到球场上。我说道："见鬼！弗兰克，你们现在3∶0领先呢。"

弗兰克回应道："这裁判简直是个耻辱。"这就是我当时生活的环境，充满激情。

我想起一个关于乔克·斯坦和吉米·约翰斯通斗争的故事。吉米是一名出色的球员，同时也是一个刺儿头。一天下午，乔克在比赛期间把吉米换下，作为他不愿意在一场欧战客场比赛中登场的惩罚。吉米下场后骂道："你这个跛脚的大混蛋！"并对教练席踢了一脚。吉米随后跑入球员通道，而乔克则在后面追，吉米就把自己反锁在更衣室里。

"把门打开！"乔克大喊。

"不，你会揍我的！"吉米回答。

"把门打开！"乔克重复道，"我警告你！"

吉米打开门，然后跳进浴缸。浴缸里的水是滚烫的。乔克喊道："快出来！"

"不，我不出来！"吉米说道。而此时，比赛仍在进行当中。

管理球队是一项永无止境的挑战，其中很多内容都是对人性弱点的研究。有一次，一些苏格兰球员喝了一晚上的酒后决定出去划船。小不点儿吉米·约翰斯通在唱着歌出发时，有人把桨拿走了，于是潮水把他冲了出去。当消息传回凯尔特公园时，乔克·斯坦被告知吉米已被海岸警卫队从克莱德湾的一艘划艇上救起。乔克开玩笑地说道："他就不能淹死吗？我们会给他举办一场纪念赛，会照顾好阿格尼斯，我的头发就不会愁得掉光了。"

乔克非常幽默，我们在苏格兰国家队共事时，我记得我们1985年5月在温布利以1∶0击败英格兰，然后我们飞到雷克雅未克和冰岛国家队比赛，那时我们对自己的表现非常满意。抵达雷克雅未克的那天晚上，员工们坐下来吃了一顿包括大虾、鲑鱼和鱼子酱的丰盛晚宴。乔克从不喝酒，但我靠在他身上，让他喝了一杯白葡萄酒，庆祝我们战胜了英格兰。

对阵冰岛的那场比赛，我们1∶0取胜，但球队的表现堪称灾难级。赛后乔克把怒火转移到我身上："看到没有？都怪你和你的白葡萄酒。"

尽管有这些经验可以利用，我在曼联的早期工作还是需要摸索着前进。暴脾气对工作很有帮助，因为如果我发脾气，我的个性就会显露出来。吉格

第二章　格拉斯哥的烙印

斯也有脾气，但他没那么暴躁。我的暴脾气是一个有用的工具，它帮助我维护权威，让球员和工作人员知道不能惹我。

总有一些人想要挑战我、藐视我。当我开始在东斯特灵郡执教时，我就和球队的中锋吉姆·米金发生了激烈的冲突，他是俱乐部董事之一鲍勃·肖的女婿。

吉姆告诉我，他全家人决定在9月的一个周末外出旅行，这是他家的传统。

我问："你是什么意思？"

他回答："你懂的，周六我就不踢比赛了。"

"好吧，"我说道，"那我告诉你，周六不上场，以后你也别上场了。"

于是他决定出场比赛，赛后他直接开车前往布莱克浦与家人会合。

周一我接到吉姆的电话："老板，我的车抛锚了，回不去了。"我想他现在肯定在卡莱尔，他认为我很蠢。我马上说道："我听不太清楚，把你的座机号码给我，我再打给你。"

一片死寂。

"你不用回来了。"我说道。

俱乐部董事鲍勃·肖对我非常不满意。这件事持续了好几个星期。当时主席对我说："亚历克斯，拜托你了，让鲍勃·肖别再烦我了，让吉姆归队踢球吧。"

我说："威利，这不行，他不能继续留在球队了。你是在告诉我，我的球员可以自由决定自己的休假时间吗？"

威利说道："我理解问题所在，但是已经三个星期了，还不够吗？"

第二周，威利跟我走进福弗尔球场的厕所，站在我旁边说道："求求你了，亚历克斯，如果你还是一个虔诚的基督徒。"

023

停了一会儿，我说道："好吧。"

他亲了我一口。我说道："你在干什么？你这傻老头子怎么能在公共厕所里亲我！"

1974年10月，我积累了一些执教经验后，去圣米伦执教。第一天，《派斯利快报》刊登了我上任的照片。在照片上，我注意到球队的队长在我背后做"V"字形手势。接下来的周一，我把他叫到办公室："如果你想踢球，可以自由转会离队，因为这里没有你的位置了，你不会得到上场机会。"

"为什么？"他问道。

"首先，在主教练身后摆出'V'形手势并不能向我说明你是有经验的球员，或是成熟的人。如果我需要一个队长，那么我要寻找具有成熟特质的人。你那种行为是小学生的把戏，你必须离队。"

我必须给我的球员留下深刻的印记，正如乔克对我说的那样——永远不要爱上球员，因为他们会背叛你。

在阿伯丁，我不得不处理球员各种各样的违规行为。我抓住很多违规的球员，但是他们的反应会让我笑得岔气。

"我？"他们会带着最委屈的表情问。

"是的，是你。"

"噢，我去见一个朋友。"

"噢，是吗？去了三个小时，结果喝醉了？"

马克·麦基和乔·哈珀最让头疼，还有圣米伦的弗兰克·麦克加维。1977年的一个星期天，我们带着1.5万名球迷去菲尔公园和马瑟威尔踢了一场杯赛，但1∶2输了。我还因为说裁判表现不够强硬而被举报到了苏格兰足总。

那个周日晚上，朋友约翰·多纳奇打电话对我说道："我不想在赛前告诉你这件事，因为我知道你会疯的，但周五晚上，我在酒吧看到麦克加维喝醉了。"随后我打电话到麦克加维家中，他的母亲接的电话。我问道："弗兰克在家吗？"

"不在。"她说道，"他到城里去了，有什么需要我帮忙的吗？"

我说道："他回来后，你能让他给我打个电话吗？我等他，我要和他谈过之后才能睡觉。"晚上11点45分，电话响了，电话那头有杂音，所以我知道他使用公用电话。弗兰克说道："我在家。"我说道："但我听到了杂音。"他回答："是的，我家有个公用电话。"这倒是真的，但我不相信他在家给我打的电话。

"星期五晚上你在哪里？"

"我不记得了。"他说道。

"好吧，那我告诉你。当时你在滑铁卢酒吧，你在我的球队永远不会有位置了，别回来了。我也会告诉苏格兰U21代表队，让他们不再征召你，你这辈子别想再踢球了。"然后我挂断了电话。

第二天早上，他母亲打来电话："我的弗兰克不喝酒，你认错人了。"我告诉她："我不这么认为。我知道每个母亲都认为她们的儿子非常优秀，你最好再去问问他。"

这次"终身停赛"持续了三周时间，球员们都在抱怨。

一场与克莱德班克的榜首大战临近了，我告诉助手大卫·普罗万："我需要弗兰克回来参加这场比赛。"在与克莱德班克比赛的前一周，俱乐部在佩斯利的市政厅举行活动。我和凯茜走进市政厅，弗兰克突然从一根柱子后面跳出来，乞求道："请您再给我一次机会吧。"这简直是上天赐予我的礼物。我还在思考如何不失颜面地把他带回球队，突然之间他就从一根柱子后面跳出来。我让凯茜先进去，然后用最严厉的口气对他说道："我告诉过你，你这辈子完了。"一直注视我们的队员托尼·菲茨帕特里克走上前说道："教练，再给他一次机会吧，我确保他能好好表现的。"

"明天早上再来跟我谈吧！"我大吼道，"现在不是时候。"我走进大厅找凯茜，内心得意洋洋。最终我们以3：1的比分赢得了与克莱德班克的比赛，弗兰克进了一球。

面对年轻人，你必须尝试传递一种责任感。如果他们能更多地关注自己的精力和才能，他们就能获得伟大的职业生涯。

刚开始做主教练时，我就有自主权。我从来不害怕做决定，即使在学生时代敲定球队阵容也一样。那时我就已经在指导球员，经常告诉他们"你踢这个位置，你踢那个位置"。我早期的主教练之一威利·坎宁汉会说道："你应该清楚，你真是个讨厌鬼。"我会对他谈战术，并问："你确定你知道自己在做什么吗？"

他会回答："烦人，你就是烦人。"

其他球员会坐在那里听我的讲话，并认为我即将因为不服从命令而被教练雪藏，但我总能做出决定。我不知道这一特质从何而来，但我知道自己从小就是一个组织者、一个教练、一个团队的决策者。我父亲是普通工人，他非常聪明，但不是任何类型的领袖，所以我没有遗传我的父母。

另一方面，我知道自己有一部分性格是孤傲的，与世隔绝的。15岁我为格拉斯哥学生队踢球，在对阵爱丁堡学生队的比赛中破门后，我回到家中。那是我生命中最伟大的一天，父亲对我说，有一支大俱乐部想要和我谈谈。我当时的回答让我俩都大吃一惊："我现在只想出去看电影。"

"你怎么了？"父亲问道。

我想将自己与这件事分离开来，却不知道为什么，直到今天我都不知道自己为什么要那样做。我就想独自静一静。父亲对于大俱乐部想和我谈谈感到非常自豪和开心，母亲高兴得跳起舞，说道："太棒了！儿子。"我奶奶也乐疯了。对阵爱丁堡学生队取得进球是一件大事，但我必须躲到自己的小空间里，你知道吗？

第二章　格拉斯哥的烙印

从那时到现在，恍如隔世。1986年我刚到曼联的时候，威利·麦克福尔是纽卡斯尔联队的主教练，曼城主帅是吉米·弗瑞泽尔，乔治·格雷厄姆掌管阿森纳。我喜欢乔治，他是一个好人、一个伟大的朋友。当我和马丁·爱德华兹在合同谈判上遇到问题时，罗兰·史密斯爵士是曼联公司的主席。曼联公司有时候会制造一些复杂的问题，你将不得不等待。一天，罗兰爵士建议我和马丁·爱德华兹以及俱乐部律师莫里斯·沃特金斯，一起到马恩岛敲定我的新合同。乔治当时在阿森纳的薪水是我的两倍，他对我说："如果愿意的话，我可以把我的合同让你看看。"

我说道："你确定你不介意吗？"

于是我带着乔治的合同来到马恩岛。马丁·爱德华兹对我而言，是一位好主席。他很强势，问题在于，他认为每一分钱都是他的，他想付给你多少就付给你多少。不仅对我，他对每个人都这样。

当我给他看乔治的合同时，他不愿意相信。我建议道："你可以给大卫·邓恩打电话。"他照做了，阿森纳俱乐部主席大卫·邓恩否认乔治的薪水有合同中那么高。这简直是一场闹剧，乔治给我的合同上都有他的签名。要不是莫里斯和罗兰·史密斯，我那天就离开曼联了，反正当时我也接近离队了。

这也是我的人生哲学，就像我在前线战斗的39年一样。你必须站起来捍卫自己的权益，坚持自己的立场，除此别无选择。

第三章　退休急转弯

2001年圣诞节的晚上，我坐在沙发上看电视时睡着了。厨房里正在酝酿着一场"叛乱"。在这个平时全家人一起坐下来吃饭的地方，正在进行一次将改变我们每个人生活的讨论。"叛乱"的带头人走进来，把我踢醒。我认出站在门口的三个人：我的三个儿子排着队，最大限度地挤在一起。

"我们刚才开了个会。"凯茜说道，"我们已经决定，你不能退休。"当我权衡凯茜的这番话时，毫无反抗的冲动。"第一，你的身体状况很好；第二，我可不想让你整天待在家里；第三，你现在退休还太早了。"凯茜包揽了第一段发言。三个儿子也支持她的说法，这伙"叛军"非常团结。"你这是做傻事，爸爸。"孩子七嘴八舌地说道，"别退休，你还有很多能量可以释放，你还可以打造一支全新的曼联队。"这件事让我意识到，瞌睡5分钟，就会让我再继续工作11年。

我当初决定离开曼联的原因之一，是对马丁·爱德华兹的言论做出的反应。1999年在巴塞罗那举行的欧冠决赛后，有人问马丁，我退休之后他是否会在俱乐部给我安排一个角色，他说道："我们不想出现马特·巴斯比的状况。"我对他的判断不满意。我和巴斯比是两码事。在我的时代，需要考虑经纪人、合同和大众媒体的利益冲突。任何明智的人一旦退休，都不想再卷入这些活动当中。我退休后，绝不再参与足球与关心任何事情。

还有什么让我想要退休呢？在巴塞罗那那个神奇之夜后，我总有一种感觉，那就是我已经达到事业顶峰。在此之前，我的球队在欧冠决赛中输过球，而我一直想带领球队登上欧洲足坛之巅。一旦你实现了自己的人生抱负，就会问自己是否能再次达到那样的高度。当马丁·爱德华兹说要避免马特·巴斯比现象时，我的第一反应是"胡说八道"，第二反应是"60岁是一个放下一切的最佳年龄"。

因此，我脑海中有三个因素促使我退休：首先是对马丁·爱德华兹提起马特·巴斯比感到失望；其次是我能否赢得第二座欧冠冠军杯；最后是那个数字——60，它有一种挥之不去的魔力。毕竟我从32岁起就当主教练了。

达到60岁可能会产生深远的影响，你会觉得自己进入了另一个阶段。50岁，年过半百，但你并没有感觉自己已知天命。在60岁时，你会说："天啊，我已是花甲之年了！"这是必须经历的，你会意识到这是一个概念上的改变，一个数字上的改变。现在我对年龄不这么看了。但那时候，60岁对我来说是一道坎，使我感觉自己不再年轻，它改变了我对身体和健康的看法。赢得欧冠冠军让我觉得自己已经实现了梦想，现在可以不留遗憾地离开了，这就是我想退休的催化剂。但是，当我看到马丁·爱德华兹把我当作新任主帅背后阴魂不散的讨厌幽灵时，我自言自语道："真是一个笑话。"

当然，对退休决定来一个彻底的急转弯，同样也是一种解脱，但我仍得与凯茜和孩子讨论一下可行性。

"我无法收回这个决定，因为我已经告诉俱乐部了。"

凯茜说道："你不觉得他们应该尊重你，允许你改变主意吗？"

"他们现在可能已经把帅位给别人了。"我说道。

凯茜仍坚持不懈："但是你做了那么多工作，难道他们卸磨杀驴？"

第二天我给毛里斯·沃特金斯打电话，告诉他我想收回退休决定，他笑了，说猎头公司已预定下周会见接替我的候选人。我认为斯文·约兰·埃里克森将成为曼联新主帅，无论如何，这都是我的预判。尽管毛里斯从未证实过这一说法。后来我问他："为什么要选埃里克森？"

毛里斯回答："也许你猜错了，也许你猜对了。"

记得有一天我问斯科尔斯："保罗，埃里克森有什么能耐？"斯科尔斯也无法解释。毛里斯的下一步行动是与当时曼联公司的主席罗兰·史密斯取得联系。当我们交谈时，罗兰的答复是："我没提醒你退休的想法很傻吗？我们需要坐下来讨论这个问题。"

罗兰是个聪明的老家伙，他过着丰富且完整的生活，经历过各种奇闻趣事，传奇故事信手拈来。罗兰曾给我们讲过一个关于玛格丽特·撒切尔与英国女王共进晚餐的故事。女王陛下希望翻新皇室的飞机，他当时经过女王身边，并注意到女王和撒切尔背向而坐。

"罗兰，"女王喊道，"你能告诉这个女人，我的飞机需要翻新吗？"

"夫人，"罗兰说道，"我马上去办。"

我希望他立即处理我的最新决定。我向他马上提供一份新合同，我现有的合同将在夏天到期。

在我宣布自己离开曼联的确切日期时，就知道自己犯了一个错误，其他人也知道。博比·罗布森爵士总是说："你千万别退休。"博比是一个很棒的人。

一天下午，我们正坐在家里，电话响了。

博比在电话里说道："亚历克斯，你在忙吗？"

我问："你在哪儿呢？"

"我在威尔姆斯洛。"

"好，你过来找我啊。"

"我就在你家门外。"博比说道。

博比真是一个有趣的人，70多岁还希望回到纽卡斯尔执教——他在2004/2005赛季初失去了这份工作。博比闲不住，他拒绝接受纽卡斯尔帅位之外的工作。这种拒绝服从的精神一直伴随着他到最后，这也证明了他是多么热爱这项运动。

　　当我决定要退休，就不再想球队的事。在我决定不退休的那一刻起，又开始思考如何打造球队。我告诉自己："我们需要一支新球队。"我又开始感觉到精力充沛。我对球探说道："让我们再次开始工作吧。"我们再次忙起来，感觉非常好。

　　我的身体适合高强度工作，但在管理球队方面，有时候却很脆弱，怀疑自己是否被重视。我记得朋友休·麦克伊凡尼制作的《竞技场》（Arena）电视纪录片三部曲，讲述斯坦·乔克、比尔·香克利和马特·巴斯比的故事。麦克伊凡尼认为这些人的影响力甚至大于他们所在的俱乐部，结果他们都以不同的方式被限制。我记得乔克和我说过关于俱乐部老板和董事们："记住，亚历克斯，我们不是他们，他们是老板，我们只是打工的。"乔克总是认为我们和他们是农奴和地主的关系。

　　凯尔特人队对乔克·斯坦所做的一切简直荒谬可笑，而且令人反感。乔克带领凯尔特人赢得25座奖杯后，他们居然让他管理游泳池。比尔·香克利从未被邀请加入利物浦董事会，因此他心中的怨恨与日俱增，甚至开始来看曼联或特兰梅尔流浪者的比赛。他还会出现在埃弗顿的训练基地和我们的老训练基地。

　　无论你的履历多么亮眼，但总有一些时候你会感到无力和无助。在我与大卫·吉尔共事的最后几年里，虽然工作平台一流，关系默契，但作为主教练，我总会害怕失败，又不能与他人说。为了不让自己胡思乱想，我甚至愿意付出任何代价。有时候我下午在办公室，没有人来敲我的门，因为他们都以为我很忙。但我真希望能听到敲门的声音，我希望米克·费兰或雷内·穆

第三章 退休急转弯

伦斯汀进来问我："你想喝杯茶吗？"我得去找个人谈谈话，进入他们的空间。在执教工作中，我必须面对这种孤独。我需要与外界交流，但他们认为我很忙，不敢打扰我。

下午1点左右，才会有源源不断的人来看我。青训营的工作人员，秘书肯·拉姆斯登，还有一线队的球员，这总是让我很欣慰。因为这意味着他们信任我，他们找我经常是因为家庭问题。我总是对那些信任我的球员报以积极的态度，即使他们是来请假缓解疲劳，或者想解决合同问题。

如果一个球员向我请一天假，一般都会有充分的理由，因为谁也不想错过一堂曼联的训练课。我总是会同意他们请假，我信任他们，因为如果你说"不，为什么你要请假呢"，而他们回答"因为我奶奶去世了"，那你就尴尬了。如果有问题，我总是会帮助他们找到解决方法。

我有些手下一看就是百分之百属于亚历克斯·弗格森的人，例如莱斯·科尔肖、吉姆·瑞恩和戴夫·布歇尔。1987年我把莱斯带到球队，他是我最出色的签约之一。我是在博比·查尔顿爵士的推荐下雇用他的，因为我当时对英格兰足坛不是很了解，博比的建议是无价的。莱斯曾在博比的足球学校工作过，并为水晶宫当过球探。他还与乔治·格拉厄姆和特里·维纳布尔斯合作过。博比认为莱斯会愿意为曼联工作，所以我就把他带到球队。他总是非常兴奋，充满热情，说起话来滔滔不绝。他会在每周日晚6点30分给我打电话，告诉我最新的球探报告。一小时后凯茜过来问："你还在和他打电话吗？"

莱斯还是曼彻斯特大学的化学教授，你一旦打断他，他就会加快语速。他是多么出色的员工。

戴夫·布歇尔是英格兰U15足球学校的校长，我在前青训主管乔·布朗退休时把他带到曼联。吉姆·瑞恩1991年就在曼联工作。米克·费兰曾在我手下踢过球，后来成为我的得力助手，他1995年曾离开球队并在2000年以教练身份回归。保罗·麦吉尼斯在我加入俱乐部的时候就追随我。他是前曼联球员兼主帅威尔夫·麦吉尼斯的儿子，年轻时当过球员，我任命他为青训教练。

通常情况下，主教练会有一个专职助手，但曼联情况不太一样，因为我的助手知名度太高，已成为其他俱乐部的追逐目标。1991年欧洲优胜者杯决赛前两周，我的助手阿尔奇·诺克斯被流浪者队挖走了。在阿尔奇缺席的情况下，我带领布莱恩·怀特豪斯出征鹿特丹，还让所有教练组成员都参与到备战工作中。

后来我要寻找一名助手，诺比·斯泰尔斯问："你为什么不提拔布莱恩·基德呢？"布莱恩了解这支俱乐部，而且眼线无处不在，很多老朋友都是曼联球迷和熟悉当地学校的老师。那是布莱恩做过的最好的工作，取得了巨大成功。所以，我把助理教练的工作给了布莱恩。他做得很好，因为他对球员们很友善，而且很好地安排训练课。他去意大利考察意甲球队，并带回很多训练经验。

1998年他离开曼联去布莱克本执教的时候，我提醒他："我希望你知道自己在做什么。"当一个助教离开时总是问："你怎么看？"当初阿尔奇想离开时，我无法说服马丁·爱德华兹匹配流浪者开出的薪水。至于布莱恩，我认为他不适合执教。史蒂夫·麦克拉伦，毫无疑问是一块当主教练的材料。我告诉史蒂夫，你应该确保自己找到一个合适的俱乐部，有一位开明的主席，这永远是第一要务。当时西汉姆联和南安普顿是想邀请他执教的球队。

突然之间，史蒂夫接到了米德尔斯堡俱乐部主席史蒂夫·吉布森的电话，我的建议是，什么也别想了，接受他的邀请吧。虽然布莱恩·罗布森在米德尔斯堡丢掉了工作，但他总是高度赞扬史蒂夫·吉布森。吉布森是一个年轻、有活力而且舍得花钱的主席。他们有一个很棒的训练场，我告诉史蒂夫："那就是适合你的工作了。"

有组织性、强势，善于接受新的足球理念，性格开朗而且精力充沛，史蒂夫·麦克拉伦天生就是出色的主教练人选。

我的另一位助手卡洛斯·奎罗斯同样非常优秀，他是一个聪明且一丝不苟的人。聘请他的建议来自安迪·罗克斯伯格，当时我们开始关注更多的南半球球员，球队或许需要一名来自北欧国家以外的教练，而且还能说一两门外语。安迪说得很清楚，卡洛斯非常出色，执教过南非国家队，因此有一天我给昆顿·福琼打电话，征求他的意见。福琼说："卡洛斯是一个出色的教练。"我问道："你觉得他出色到什么程度？"福琼回答："无与伦比。"我心想："好，这就够了。"

2002年，卡洛斯来英格兰见我们时，我穿着运动服等他。他穿着整洁，有一种温文尔雅的气质，给我留下了非常深刻的印象，以至于我马上给他安排工作。他是最接近成为曼联主教练的人，尽管他没有真正获得过这个头衔。他承担起了很多他本职工作之外的责任。

2003年的一天，当我在法国南部度假时，卡洛斯打电话对我说："我需要和你谈谈。"我心想会是什么事呢？有人追杀他吗？他重复道，"我只是需要和你谈谈。"

于是，他坐飞机来到尼斯，我坐出租车去了尼斯机场，我们在机场一个安静的角落里坐下来。

卡洛斯说道："我接到了皇家马德里的邀请。"

我说道："我要和你说两件事：第一，你无法拒绝皇马的邀请；第二，你要离开一个非常出色的俱乐部。你在皇马执教的时间可能不会超过一年，而你可以在曼联待一辈子。"

"我知道。"卡洛斯说道，"我只是觉得这是一个非常好的挑战。"

我说道："卡洛斯，我无法说服你拒绝皇马。因为如果我这么做，而皇马一年后赢得欧冠冠军的话，你会说赢得冠军的本可以是你。但我只是提醒你，那是一份噩梦般的工作。"

三个月后，他想辞职去皇马执教，我劝他不能辞职。我坐飞机到西班牙去他的公寓见他，一起吃午饭。我要传达的信息是：你可以去皇马工作，但不能辞职，明年可以再回来跟我。那个赛季我没有聘用助手，因为我相信卡洛斯会回来的。我让吉姆·瑞恩和米克·费兰分担了他的工作，他们都是优秀的下属，但我不想立刻聘用任何人。

在卡洛斯打电话说他在皇马举步维艰前一周左右，我曾面试过马丁·约尔。马丁同样给我留下了很深刻的印象，我已经打算聘他做助理教练，随后我就接到了卡洛斯的电话。我不得不对马丁说："听着，我暂时不打算请助理教练了。"而我无法告诉他真实原因。

曼联的助理教练是让人心仪的职位，这是行业内很高的平台。当卡洛斯在2008年7月第二次离开曼联时，他的祖国正在牵动他的心弦，所以我十分理解他想回到葡萄牙。但他太出色了，具备成为下一任曼联主帅的大部分素质。他可能是情绪化的人，但在我所有助手中，他是最出色的一个，这一点毫无疑问。他有一说一，会走进来直接对我说："我对这个或那个不满意。"

他对我很好，就像一只罗威纳犬一样。他会闯进我的办公室，和我说我们需要做点什么。他会在战术板上涂画，我嘴上说"好，行，卡洛斯，就这样"，心里却想，"我正忙着呢"。但这种风风火火做事的风格是一种优秀的品质。

在我决定取消退休计划的那一年，球队阵容很强大，尽管我们失去了彼得·舒梅切尔和丹尼斯·埃尔文。丹尼斯·埃尔文是非常出色的球员，我们总叫他"八分丹尼斯"。他敏捷且灵活，头脑清醒，从来不会让你失望，也从来没有什么污点。我记得一次客场对阵阿森纳，丹尼斯出现失误导致博格坎普进球,媒体当时说道:"你肯定对丹尼斯很失望。"我回答道:"他为我效力很多年了,从来没有犯过错误,我想我们可以原谅他一次。"

最大的挑战是守门员位置,1999年舒梅切尔离开曼联加盟葡萄牙体育,同时我们又错过范德萨,从那时起,我就一直在广撒网,希望找到一个合适的门将。雷蒙德·范德胡是一位出色且稳定的门将,训练认真,对球队忠诚,但他却不是曼联的第一选择。在我看来,马克·博斯尼奇是一个糟糕的职业球员,这一点我们本该早就知道。马西莫·泰比没能在英超取得成功,回到意大利,并在那里焕发第二春。法比恩·巴特兹是一位获得世界杯冠军的门将,但他的孩子在法国出生可能牵扯了他的注意力,因为他要经常在英法两国之间频繁往返。巴特兹是一个出色的球员,他的扑救能力和处理球能力都很出色,但是作为门将总走神,他就有麻烦了。

当队员认为我要离开时,就松懈下来。我一贯的策略是让球员时刻保持警惕,让他们认为这是生死攸关的大事,这是必胜的方法。他们把目光从足球上移开,想得太多,想着谁会成为我的接班人。在那种情况下,稍有放松并觉得"明年我不会在这里了"也是人之常情。

曼联已经习惯了我的存在,不知道没有我的日子是什么样的。这是一个错误,我在2000年10月就意识到这一点了。在那个阶段,我只希望赛季结束。我无法享受比赛,我咒骂自己:"我太蠢了,为什么要提退休的事?"球员们在场上表现的水平也和以往不同。我开始怀疑未来,会去哪?要做什么?我知道我肯定会怀念曼联主帅这份工作带来的充实感。

2001/2002赛季对我们来说是失败的,联赛排名第三,虽然杀入欧冠半决赛,但输给了勒沃库森。在我收回退休决定的那一年,我们没赢得任何冠军奖杯。在那之前,我们获得了英超三连冠。

那个夏天,我们斥巨资引进了鲁德·范尼斯特鲁伊和胡安·塞巴斯蒂安·贝隆。在我卖掉斯塔姆之后,劳伦特·布兰科加入球队,出售斯塔姆是一个错误，这一点我已经承认过多次。正如我当时所说，引进布兰科的原因是，我们需要一个能与年轻球员沟通并将他们组织起来的老将。那个赛季初期，最令人难忘的场景出现在曼联3∶4输给纽卡斯尔联的比赛中，罗伊·基恩朝阿兰·希勒扔皮球（并且被罚下）。还有我们在2001年9月29日5∶3逆转托特纳姆热刺的比赛，在那场比赛中，热刺的迪恩·理查兹、莱斯·费迪南德和克里斯蒂安·齐格率先破门，随后我们完成了惊天大逆转。

这真是一段难忘的回忆。落后三个球，中场休息时球员们拖着沉重的步伐走进更衣室，做好挨骂的准备。相反，我坐下来说道："好，我来告诉你们下半场怎么做。先打进第一球，看看这个进球会把我们带向何方。我们需要立刻对他们发起猛攻，设法取得第一个进球。"

泰迪·谢林汉姆是热刺的队长，在球队进入通道准备上场时，我看到泰迪停下对队友们说道："千万别让他们早早进球。"我会永远记住这句话，因为我们在下半场第一分钟就进球了。

你可以看到热刺在我们不断高涨的士气面前开始泄气，下半场还剩下44分钟，我们又进了4个球，让人难以置信。比起5球逆转温布尔登这样的球队来说，逆转热刺这种级别的球队为这场胜利注入了更多光彩，以这样的方式击败一支伟大的球队是具有历史意义的。这场比赛后，我们的更衣室绝对值得一去，球员们摇着头，对他们刚刚完成这样一场惊天逆转难以置信。

那天谢林汉姆对热刺队友的警告，反映了我们用及时和报复性的进球吓退对手的方法相当成功，人们认为对曼联进球是一种挑衅行为（这是我们所鼓励的），会招致可怕的报复。大多数球队面对我们时刻都不敢放松，他们知道我们的反击迟早会到来。

我在比赛中轻敲手表是为了吓唬对手，而不是为了鼓励我的球队。如果你想知道我对身为曼联主帅做何总结，那么我会把你带到比赛最后的15分钟。有时候情况会非常不可思议，就好像皮球被吸进对手球门里一样。通常

第三章 退休急转弯

情况下，球员们似乎都知道球会被送进对手球门里，知道自己会进球。虽然绝杀并不总是发生，但球员始终坚信自己能做到，这是非常好的品质。

我总是冒险。我的计划是，在比赛最后的15分钟前不要乱，耐心对待最后15分钟，然后全力以赴。

有一年，在对阵温布尔登的杯赛比赛中，彼得·舒梅切尔来到前场争取进球，我们让埃尔文一人留在后场防守对方的一名前锋。舒梅切尔在前场待了两分钟，温布尔登大脚传球找他们前场的高中锋，而矮小的埃尔文卡住了位置，抢在对手身前把球踢回对方禁区，非常精彩。舒梅切尔有超出常人的身体素质，他和巴特兹喜欢带球杀出禁区。巴特兹是一名尤为出色的球员，尽管他自己可能并不这样认为。在泰国进行的巡回赛中，他不断请求我让他踢前锋位置，所以我在下半场满足了他。其他球员不断把球往角球区踢，巴特兹在追球后伸着舌头跑回来，他筋疲力尽了。

从来没有一支球队在进入老特拉福德球场时认为曼联会乖乖就范，认为我们士气低落对他们来说绝无好处。在以1∶0或2∶1领先的情况下，对方的主教练会知道他将面临疯狂的最后15分钟，我们会在最后阶段全力反扑，那种让对手窒息的压迫感无处不在。通过把所有球员安插到对方禁区里一剑封喉，我们给对方提出这样一个问题：你能顶得住这样的压力吗？除了我们疯狂进攻外，还要考验防守方的心理素质，他们知道这一点，任何失误和弱点都会招致严重的后果。虽然反扑并不总能成功，可一旦成功了，你就得到绝杀对手带来的喜悦，这总是值得放手一搏的。在我们开启反扑模式时，很少被对手的反击击溃。我们曾有一次输给利物浦，当时卢克·查德维克回追犯规被罚下，其他人都在对方禁区里。对阵曼联的时候，其他球队会安排很多球员回撤防守，这会让他们很难发动有效的反击。

对阵热刺那场比赛，我们在中场休息时看起来已经输定了，但正如我在那个赛季结束时所说的那样："在危机中，让人们冷静下来是一个更好的选择。"那场比赛，我们打进5球逆转取胜，贝隆和贝克汉姆打进最后两球。然而在那个时候，我们在门将位置上遇到了一些麻烦。10月，巴特兹出现了两次黄油手失误，我们还在主场1∶2输给博尔顿，1∶3输给了利物浦。在不敌利物浦的比赛中，巴特兹想把皮球击出，但没有打到。在11月25日对阵阿森纳的比赛中，我们的这位法国门将直接把球传给亨利，亨利笑纳大礼把球打进。随后，巴特兹又出击冒抢，但是没有抢到，亨利再下一城，我们1∶3输掉了比赛。

2001年12月也是在坎坷中起步，我们主场0∶3输给切尔西，那是球队10轮联赛里的第5场失利。随后情况有所好转，索尔斯克亚与范尼斯特鲁伊建立起了良好的化学反应（安迪·科尔1月份转会加盟了布莱克本），我们在2002年的新年已经登上了积分榜榜首。在2∶1战胜布莱克本的比赛中，范尼斯特鲁伊创造了连续10场破门的纪录。1月底，我们以4分的优势领跑积分榜。

然后在2002年2月，我宣布将不会离开曼联。

退休的负面影响得到了解决，球队状态有了显著提高。在接下来的15场比赛里球队取得了13场胜利。我很想带队参加在格拉斯哥举行的2002年欧冠决赛，我确信我们能够杀入决赛，以至于我都考察了格拉斯哥市内的酒店。我刻意保持低调，但带领球队走上汉普顿公园球场的诱惑让我着迷。

欧冠半决赛对阵勒沃库森，我们在次回合比赛中有三次威胁射门被化解，最终两回合我们3∶3握手言和，以客场进球劣势被淘汰，迈克尔·巴拉克和奥利弗·诺伊维尔在老特拉福德取得了进球。那支勒沃库森队中还有一个名叫贝尔巴托夫的年轻球员，后来他从热刺转会加盟了我们。

虽然欧冠半决赛被淘汰，但至少我还有工作。新年那天，我们全家人到阿尔德利埃奇酒店为我庆祝生日，我们已经有一段时间没有团聚了。长期定居伦敦的马克也来了，还有达伦、杰森和凯茜，所有的"叛军"都围坐在一张桌子前。

当球员得知我留任的消息时，我已经准备好了迎接他们的调侃了。发表如此重大的声明又收回，不被人们疯狂调侃是不可能的。

吉格斯最擅长调侃，他说道："噢，不，我简直不敢相信，你还留在这里，我刚刚和球队签下一份新合同啊！"

第四章　全新的开始

2002年,随着新赛季到来,我又充满了活力。那种感觉就像入职第一天,所有因为我的退休而带来的疑问和不稳定因素都已经消除了。我们自1998年以来首次经历一个没有冠军的赛季,而我已经准备从头再来。这些重大的改变令我很兴奋,我知道自己拥有坚实的基础,可以在此基础上打造一支崭新的冠军之师。

从1995年到2001年,我们经历了一个黄金时期,在6个赛季夺得5次联赛冠军,并赢得了个人执教生涯两座欧冠冠军杯中的第一座。在那6年的初期,我们把自己培养出来的小伙子提拔到一线队。尽管首场比赛我们1∶3不敌阿斯顿维拉,并让阿兰·汉森喊出那一句"靠孩子你什么也赢不了",但大卫·贝克汉姆、加里·内维尔和保罗·斯科尔斯却成了球队的首发主力。

获得英超三连冠之后,我们犯下一个错误,那就是让斯塔姆离队。我认为1650万英镑已经是一个不错的价格,他经历跟腱手术之后表现会有所下滑。但这是我的误判,现在我要借此机会郑重澄清一件事,那就是我们将斯塔姆出售与他那本充满争议的自传无关郑重,尽管当时我立即就打电话质问他。他在自传中指责我们在没有得到埃因霍温允许的情况下就直接接触他,"你在想什么?"我质问斯塔姆,但这与我出售他完全没有关系。不久之后，一名经纪人告诉我，罗马俱乐部的一位代表想和我联系。他们为斯塔姆开出了1200万英镑的转会费，我说不感兴趣。第二周，拉齐奥俱乐部与我们接触，直到对方出价达到1650万英镑，我才对出售斯塔姆真正动心。那时候斯塔姆已经30岁，我们担心他能否从跟腱伤势中康复。不管怎样，那都是一个灾难。我不得不在加油站告知他俱乐部要将他出售，这让我非常痛苦，因为我知道他是一个正直、忠诚的人，同时深受球迷爱戴。

那是令我记忆颇深的一个时刻，在转会截止日前的两天，我想在训练场上找到斯塔姆，等我打通他的电话时，他已经在回家的路上了。我俩之间的等距点是一个加油站，离高速公路不远，所以我们决定在那里见面。这是一桩彻头彻尾的错误转会，是我自己犯糊涂了。

我知道可以免费签下劳伦特·布兰科，我一直都非常欣赏他，而且应该很早就将他签下。他在球场上非常冷静，擅长从后场带球向前发起进攻。我认为他的经验可以帮助约翰·奥谢和韦斯·布朗成长，但让斯塔姆离队是我的一个严重误判。

中后卫一直是我执教计划中的重要组成部分，2002年签下里奥·费迪南德是一笔重大交易。那个夏天我们本该杀入在我家乡格拉斯哥举行的欧冠决赛。对我来说，在我出生的地方和皇家马德里踢欧冠决赛会是一件很特别的事。我人生中第一次看欧冠决赛就是在格拉斯哥，当时皇家马德里7∶3大胜法兰克福。那一天我在学生看台上，因为当时我为女王公园队效力，这让我可以从球场前门走进去，直奔球场的那片区域。我在比赛结束前3分钟离开，赶公交车回家，因为我第二天早上要上班，而我也因此错过了比赛结束后所有的庆祝活动，这些庆祝活动在当时的足球环境中是很罕见的。皇马球员举着奖杯在球场里举行盛大的游行活动，并在球场里跳舞，但我却错过了这一切。第二天看到报纸上的图片，心想"该死，我错过了这一切"。

那天汉普顿公园球场拥入12.8万人，为了避开和大量球迷同时离场，我

第四章　全新的开始

们从球场出来后向公交车站冲刺。从球场到车站要跑三四英里，但至少我们坐上了车。球迷们在球场外排出数英里长队。也有老头儿把卡车停在球场外，给他们六便士然后坐上车厢，这是另一条进出的路线。但如果曼联能够在2002年进入欧冠决赛，踏上汉普顿公园球场神圣的草皮，那将会令人终生难忘。在那场决赛中，皇马最终2∶1击败勒沃库森夺冠。

卡洛斯·奎罗斯成为我的助手是那年的另一件大事，阿森纳在上个赛季赢得双冠王，而罗伊·基恩被爱尔兰队踢出2002年世界杯的大名单，所以当我们开始另一段旅程的时候，有很多想法充斥在我的脑海。当基恩与桑德兰的杰森·麦卡蒂尔发生冲突被罚离场后，我让他做了髋关节手术，导致他缺阵长达4个月。不久之后，我们的状态很差，主场输给博尔顿，客场输给利兹联。我们在前6场比赛中只赢了两场，在积分榜上排名第九，当时我进行了一次小小的赌博，把一些球员送去做手术，希望他们能在下半赛季满血复活，重新为球队注入活力。

然而，在2002年9月，危机向我袭来。主教练这份工作的本质是，当球队战绩不佳时，公众就会攻击你。另外，我和媒体的关系向来都不是特别好，所以我不能指望得到他们支持。我从不喜欢和他们过多地交往，也没有给他们爆料，只有一个偶然的例外——《周日邮报》的记者鲍勃·凯斯。所以他们没有理由理解我或支持我渡过难关。其他主教练都善于与媒体建立关系，这可能会为他们赢得一些喘息时间，但也不是无限期的。最终决定断头台上升还是下降的，还是战绩。

媒体压力通常是危机的开端，每当比赛结果糟糕时，我就会想起那句话："弗格森，赶紧下课吧。"又是关于"保质期"的老腔调。对此你可以一笑置之，但不能陷入恐慌，因为人或动物都会有暴躁的时候。这些年来，之所以有那么多关于我的正面新闻，是因为我们太成功了，媒体必须这么写。但要被称为天才，还需要接受一个事实，那就是你也可能会骂成傻瓜。

马特·巴斯比爵士曾经说过："如果你带队成绩不好，为什么还要读这些新闻？我从来不这么做。"他生活在一个媒体不像今天这样无孔不入的时代。马特总是能看淡赞扬和谴责，不去管它们。

无论在顺境还是逆境中，我们总是把训练放在首位，那里的工作专注度和我们保持的标准从未下降。这种持之以恒的努力终将在周六比赛时展现出来。当一个曼联球员表现不佳，他会很不舒服，因为这对他来说是无法忍受的。即使是最好的球员有时也会失去信心，就连坎通纳也有过迷茫的时候。但是，如果训练基地周围的氛围是积极的，球员们就知道我们的团队和俱乐部工作人员永远支持他们。

我执教过的唯一完全不受失误影响的球员是大卫·贝克汉姆。他可能在踢了一场最糟糕的比赛后，仍然不认为自己在任何方面表现不佳。他会否认你的批评，说你错了。他的自我防御心理非常强，我不知道他是不是跟身边的人学的，但他从不承认自己踢了一场糟糕的比赛，也从不承认自己犯了错误。

你不得不佩服他，在某种程度上，这是一个伟大的品质。不管他犯了多少错误（在我看来，不是他的错误），他依旧想要球权，自信心从未因此受损。除了他之外，所有足球运动员和大部分教练，天生都有丧失信心的时候，来自公众、媒体和球迷的否定目光会刺穿他们保护自己的盔甲。

最糟糕的时刻出现在11月，缅因路球场举行的最后一场德比大战：曼城3∶1击败了曼联。加里·内维尔在那场比赛中的失误惨不忍睹，他控球时跟跟跄跄，肖恩·戈特从他脚下抢走皮球，并为曼城打入第二个进球。赛后我质疑球员们的战斗精神，我很少会使用如此严厉的措辞。当你输掉德比大战的时候，更衣室会让你望而生畏。比赛前，我的老朋友、曼城铁杆球迷基斯·平纳对我说："这是缅因路球场的最后一场曼彻斯特德比大战，赛后你愿意出来喝一杯吗？"

第四章　全新的开始

我被这个大胆的要求逗乐了:"如果我们赢了,当然可以。"

1∶3失利后,我正要登上球队的大巴,这时我的手机响了,是平纳打来的。

"你在哪呢?"平纳问,"你不来了吗?"

"滚开!"我骂道,"我这辈子都不想见到你!"

"你是不是输不起?"平纳笑着说。

然后我就去找他喝了一杯。

在那个赛季末,加里·内维尔说:"当时对我们来说是一个巨大的转折,我甚至以为从那以后球迷不再支持我们。"

不仅仅对球员,有时主教练对球迷也要坦诚。球迷并不愚蠢,指出球队整体的不足是他们的权利,只要他们不公开点名批评个别球员。主教练、教练组成员还有球员,应该主动承担起成绩不好的责任。如果表达得当,可以让这个集体荣辱与共。

在糟糕成绩的压力下,我们改变了比赛方式,更多更快地向前传球,而不在乎控球率。有罗伊·基恩在场,控球从来都不是问题。从他来到俱乐部的那一刻起,我就对其他球员和教练这么说过:"这个家伙,他从不把球权交给别人。"在曼联,控球是一种信仰,但是没有穿透力的控球是浪费时间,我们当时正变得为了控球而控球。有范尼那样的球员在前锋线上,我们需要快速给他输送炮弹。快速出球,边路传中,或者长传直接打穿对方后防线,这就是我们需要改进的地方。

我们也尝试过把迭戈·弗兰顶到锋线,在中场我们有非常多出色的人才,中路经常使用斯科尔斯、基恩和贝隆。贝隆是自由人,斯科尔斯可以后排插上进入禁区,贝克汉姆在右路,吉格斯在左路。前锋线上,范尼斯特鲁伊是一个出色的进球机器,面对对方球门时毫不留情。贝克汉姆一个赛季能打进10球左右,而斯科尔斯的进球数则要更多。

当时菲尔·内维尔在中场也表现出色,他是一个现象级球员,和尼基·巴特都是我最好的盟友,他们只想为曼联踢球,从未想过离开。当你发现把他们摁在替补席上对他们造成的是伤害而非帮助时,就是让他们离队的时候。

这些球员完全忠于球队,却无法得到更多上场机会,让他们陷入两难境地,这对任何人来说都是煎熬。在我们需要稳住场上局面的时候,菲尔总能发挥很大的作用。他纪律性很强,完全忠于我和曼联。你可以对他说:"菲尔,我要你跑上那座山,再跑下来,然后把那棵树砍倒。"

菲尔会回答:"好的,老大,电锯在哪呢?"他就是这样的人。

这样的球员我拥有过好几个,菲尔会为球队做任何事,他心里只有球队的利益。在很大程度上,哪怕能在球队的成功运作中发挥一点积极作用,他都会对自己感到满意。不过,最后,加里来找我谈话,问我对菲尔在球队之中扮演的角色越来越不重要怎么解释。

"我不知道该怎么做,他是如此出色的球员。"我对加里说道。

"这就是问题所在。"加里回答,"他想自己来找你。"菲尔正是缺少加里的这种直率。

我邀请菲尔到我家谈谈,他是和妻子朱莉一起来的,开始我并没有注意到朱莉在车里。我对妻子说道:"凯茜,把朱莉让进来吧。"当凯茜走到门外,朱莉就哭了。她说道:"我们不想离开曼联,我们喜欢这里。"朱莉不愿意进屋,凯茜给她倒了一杯茶,但我想她是担心自己会情绪失控,让丈夫难堪。

我对菲尔的看法是,我使用他的方式对他弊大于利。他同意我的观点,他对我说他需要向前看,而我把安慰朱莉的重任交给他,并让他们两口子好好商量一下。

当他们离开时,凯茜说道:"你不会真的让菲尔离队吧?你不能让这样

第四章 全新的开始

的人离开。"

"凯茜！"我说道，"这是为他好。你难道不明白吗？我比菲尔更加难受。"

最终，我以360万英镑的低价将菲尔转让。他本能以两倍的价格离队，因为他可以为球队踢5个位置——左后卫、右后卫和中场所有位置。在埃弗顿，他还在菲尔·贾吉尔卡和约瑟夫·尤博受伤时踢过中后卫。

让尼基·巴特离开也经历同样的痛苦，尽管尼基比菲尔更敢于捍卫自己的利益。尼基厚脸皮，来自哥顿，是一位伟大的球员。他什么都不怕，甚至会当面质问我。

他会闯进我的办公室并问我："为什么不让我上场？"

这就是尼基，我很喜欢。我会对他说："尼基，不让你上场是因为我觉得斯科尔斯和基恩比你强。"有时候在客场比赛中，我会让他顶替斯科尔斯上场。例如在对阵尤文图斯的欧冠半决赛中，我就让尼基顶替斯科尔斯首发。斯科尔斯和基恩此前都已身背黄牌，我不能冒险让他们在本场比赛中再得黄牌，并因此错过决赛。不过最终两人确实都因为停赛而错过了决赛。因为在那场比赛中，尼基受伤，我只能让斯科尔斯上场，而他在比赛中得到一张黄牌，因此错失决赛。最后，我把尼基转让到博比·罗布森爵士执教的纽卡斯尔，转会费仅200万英镑，纽卡斯尔简直赚翻了。

2002年11月底5∶3战胜纽卡斯尔之后，压在我们头顶的乌云开始消散。迭戈·弗兰用了27场比赛才打入他的曼联处子球，那是面对海法马卡比队的点球破门，但他在我们2∶1战胜利物浦的比赛中成为关键先生。杰米·卡拉格头球想交给门将杜德克，但杜德克脱手了，弗兰迅速抢射得分。随后我们2∶0击败阿森纳，又靠着弗兰决定性的一球2∶1战胜切尔西。在那个冬天的训练场上，我们集中训练防守阵形。

2003年2月，我们在足总杯第五轮比赛中主场0∶2输给阿森纳，瑞恩·吉格斯错失一个打空门的机会,当时门前已经没有球员阻挡,吉格斯却用右脚把球踢飞了。我对他说:"好吧,吉格斯,你曾打进足总杯历史上最伟大的进球,而现在你又在履历上加入一笔,错过了足总杯历史上最大的空门机会。"他完全有时间做其他选择,甚至可以把球带进对方球门里。

那场让我怒火中烧的比赛,对我和另一名"92班"成员的关系产生深远影响。那是一道无法用创可贴愈合的伤口,我在愤怒中踢飞的球鞋正好砸中了大卫·贝克汉姆的眼眶。

在联赛杯决赛输给利物浦后,我们遇到了同时期另一个主要对手。在我担任主教练的最后一段时间里,利兹联不在曼联的威胁名单上,但在2003年春天,他们仍是一个威胁。虽然我们在那场比赛中2∶1获胜,但我还是想说几句,两队比赛里的对抗十分激烈。

当我第一次来到曼彻斯特的时候,就知道曼联与曼城的同城德比战,还有和默西塞德郡对手埃弗顿以及利物浦的恩怨。但我对曼联和利兹联之间的仇恨一无所知。在老英甲时代,我曾和阿尔奇·诺克斯一起看过水晶宫击败利兹联的比赛。

上半场双方比分是0∶0,下半场还剩20分钟,利兹联有一个点球被裁判吹掉了,球迷开始不满,一名利兹联球迷开始冲我大喊:"你,你这个曼彻斯特来的杂种!"

"这是怎么回事,阿尔奇?"我问。

"不知道。"阿尔奇回答。

我想找球场工作人员解决,但利兹联的包厢很小,所有球迷都围绕着你。水晶宫随后攻进一球,这时候利兹联球迷真的发狂了。阿尔奇建议我提前离场,但我坚持留下。水晶宫再进一球后,另一位利兹联球迷把咖啡杯子砸到我的背上,还骂着难听的脏话。我对阿尔奇说道:"赶紧走吧。"

第二天,我和球衣管理员诺曼·戴维斯交谈。他说:"我告诉过你利兹联的事，那是纯粹的仇恨。"

我问他："这种仇恨从何时开始？"

"20世纪60年代。"诺曼说道。

利兹联过去有一个名叫杰克的高管，当我们抵达埃兰路球场时，他会像镇民服务员一样走上我们的大巴，并对我们宣布："我代表利兹联队的董事、球员和球迷欢迎你们来到埃兰路球场。"我低声说道："这就对了。"

一些球迷会把孩子扛在肩上，眼中充满令人费解的敌意。1991年对阵利兹联的联赛杯半决赛中，他们在下半场确实给我们制造了一些麻烦，但李·夏普在终场前两分钟打破僵局，他的进球看起来越位足足有十码。我当时站在场边，埃里克·哈里森坐在教练席上。很多人觉得埃里克和我长得很像，有一位利兹联球迷显然也是这样认为，因为他冲进场内揍了埃里克。他以为自己打的人是我，然后球迷爆发了一场混战。然而，埃兰路球场的敌对气氛有一种特别的感觉，让我颇为喜欢。

在彼得·里兹代尔担任利兹联主席那些年，按照他的说法，利兹联的生活就像梦境般美好，但我感觉利兹联就像建在沙滩上的大楼，根基很不牢固。听到他们付给球员的工资数额，隐患肉眼可见。当我们把李·夏普卖给利兹联的时候，我相信他们把球员工资翻了一番，但是他们的球场只能容纳3.5万名球迷。

不过，他们组建了一支强大的球队，拥有阿兰·史密斯、哈里·科威尔和大卫·巴蒂等球员。早在1992年，他们就曾用历史上最平庸的冠军阵容称雄联赛，但那支利兹联的球员非常专注和投入，时任利兹联主教练霍华德·威尔金森也把球队管理得非常好。10年后，我们听说来自德比郡的球员赛斯·约翰逊加入了利兹联，他和经纪人讨论想要什么样的待遇，据说2.5万英镑周薪就可以接受，但利兹联给出3.5万英镑，最高可达4万至4.5万英镑。

俱乐部老板不会吸取这些教训，足球带给他们的激情会让他们忘乎所以。

我记得曾有一位曼彻斯特本地商人问我："我正在考虑收购伯明翰俱乐部，你觉得怎么样？"

我说："如果你有1亿英镑可以挥霍，那就收购吧。"

"不，不！"他说道，"伯明翰俱乐部只有1100万英镑债务。"

"但是你看过他们的球场吗？"我回答，"你将需要一座新球场，需要花费6000万英镑，然后你还要再花4000万英镑，才能让他们进入英超联赛。"

人们试图把商业的一般原则延伸到足球上，但足球不是生产线，不是铣床，是一群有血有肉的人踢出来的艺术，这就是足球与商业的区别所在。

在赛季结束前，我们迎来一些重量级比赛。我们在主场4：0战胜利物浦。海皮亚在开场5分钟被罚下，因为他作为利物浦防线上的最后一道大闸用犯规阻止范尼的进攻。随后我们在欧冠联赛中遭遇皇家马德里，在对阵皇马的首回合比赛中，范尼是曼联唯一进球的球员，路易斯·菲戈的进球和劳尔的梅开二度让我们在客场1：3输球，那场比赛我把贝克汉姆摁在替补席上。这是一场史诗般的比赛，据说罗曼·阿布拉莫维奇也观看了这场比赛。次回合我们主场4：3对皇马的胜利和罗纳尔多在老特拉福德上演帽子戏法让阿布拉莫维奇深受启发，因此决定通过收购切尔西俱乐部来让自己参与到足球运动中。

尽管那个赛季我们曾一度在联赛中落后9分，但在2003年5月4：1战胜查尔顿后，就已经以8分优势领跑积分榜，范尼的帽子戏法使他在那个赛季的进球数达到了43个。在赛季倒数第二轮比赛，阿森纳需要在海布里球场击败利兹联才有机会追上我们，但马克·维杜卡在最后时刻用一个进球帮助我们阻击了阿森纳。在我们2：1战胜埃弗顿的比赛中，贝克汉姆利用直接任意球破门，那是他代表曼联出场的最后一场比赛。那个赛季我们再次夺得联赛冠军，在之前的11个赛季里，曼联已经8次捧起联赛冠军奖杯。赛后球员们载歌载舞："我们拿回了我们的奖杯！"

　　我们重获联赛冠军，却将与大卫·贝克汉姆说再见。

第五章　贝克汉姆

从第一次接触足球的那一刻起，大卫·贝克汉姆就表现出一种执着精神，要充分发挥自己的才能。他和我在同一个夏天离开足坛，而他在欧洲足球界仍有很重要的地位，未来还有很多机会等着他。他在巴黎圣日耳曼退役，就像我从曼联退休一样——以自己的方式离开。

有时候，你会在失去某样东西后才懂得珍惜。当贝克汉姆移居美国加入洛杉矶银河队时，我相信他开始意识到自己虚度了一部分职业生涯。为了重回巅峰状态，他付出了常人难以想象的努力，在比赛中他表现出了比效力曼联最后那段时间更大的热情。

2007年从皇家马德里转会到美国职业足球大联盟时，贝克汉姆并没有太多选择。我想他也把目光投向好莱坞，以及好莱坞将对他职业生涯末期的影响。他没有去美国踢球的理由，他放弃了顶级俱乐部和国家队比赛，尽管后来他凭借自己的努力重返英格兰国家队。这也证明了我的观点，他职业生涯后期的内心中一定有失望，但他凭借韧性恢复到巅峰时期的状态。

因为我看着贝克汉姆和吉格斯、斯科尔斯一起成长，所以他对我来说更像我的儿子。1991年7月，他以一名伦敦年轻球员的身份加盟曼联。不到一年，他就成为所谓的"92班"的一员，与尼基·巴特、加里·内维尔和瑞恩·吉格斯一起赢得青年足总杯冠军。效力曼联期间，他出场394次，攻入85粒进球，其中包括在对阵温布尔登的比赛时从中圈附近的超远距离吊射，那粒进球真正向世界宣告贝克汉姆时代到来。

我在2013年5月离开曼联的时候，吉格斯与斯科尔斯还在队内，但距离贝克汉姆去西班牙踢球已经过了10年了。2003年6月18日星期三，我们宣布贝克汉姆将以2450万英镑的价格转会皇家马德里。贝克汉姆当时28岁，转会的消息迅速传遍全世界。对于我们的俱乐部来说，这是一个备受全球瞩目的时刻。

我对贝克汉姆一点也不记恨，还喜欢他，我觉得他是很棒的孩子，但我认为一个人永远不应该放弃自己擅长的东西。

贝克汉姆是我执教过的球员里唯一一个渴望出名的人，他把在足坛之外的形象视为生命。也曾有人想把鲁尼打造成这样，鲁尼年少成名，他收到的报价会让你大吃一惊。他在足球之外挣的钱是他工资的两倍。商界本来把吉格斯作为目标，但这从来都不是吉格斯看重的。

在贝克汉姆为我们效力的最后一个赛季中，我注意到他有些懈怠。我们听到了皇马和贝克汉姆的团队之间眉来眼去的传闻，不过主要的问题还是他踢球不如以往那么勤奋。

我俩引起足坛巨大关注的那次冲突发生在2003年2月，我们在老特拉福德主场进行的足总杯第五轮比赛中0∶2输给了阿森纳。

在那场比赛中，贝克汉姆的过错在于他没有在维尔托尔德为阿森纳打进第二球时回防，他仅仅在后面跟着慢跑，目送对手远去。最后我忍无可忍，冲他发火。和往常一样，贝克汉姆当时对我的批评不屑一顾。他可能觉得自己回防毫无意义，然而如果失去这种品质，他也就不再是贝克汉姆了。

在更衣室里，他和我相距大约12英尺，两人之间的地板上放着一排球鞋。贝克汉姆骂娘，于是我向他走去，在接近他的时候，我踢到地上的一只

第五章　贝克汉姆

球鞋，球鞋正好击中他的额头。当然，他起身要冲向我，但被队友拦住。"坐下！"我对他喝道，"无论你怎么争辩，你还是让球队失望了。"

第二天，我叫贝克汉姆分析录像，他依然不愿意承认自己的错误，只是坐在那里听我说话，一言不发。

我问他："你知道我们在说什么吗？知道为什么我们要批评你吗？"

他甚至没有回答我。

第二天，这件事登上了报纸杂志，贝克汉姆额头上的创可贴让这只球鞋造成的伤口在聚光灯下无限放大。正是在那段日子，我和董事会说贝克汉姆必须离队，了解我的董事会成员应该不会对我的话感到意外。当一名曼联球员觉得自己比教练更有权威的时候，就必须走人。我过去常说："一旦主教练失去权威，俱乐部就不复存在了。球员干涉球队，会有大麻烦。"

贝克汉姆认为他可以凌驾于我之上，我确信这一点。重要的不是我或水暖工彼得谁当主教练，权威才是关键所在。我不能让一个球员接管更衣室，在曼联，权威的核心永远只能在主教练的办公室，因此这一事件为贝克汉姆的曼联生涯敲响丧钟。

随后的欧冠联赛，我们以小组头名的成绩晋级，在淘汰赛中抽到了皇家马德里。在西班牙进行的第一回合比赛，贝克汉姆似乎特别渴望与皇马左后卫罗伯特·卡洛斯握手，那场比赛我们客场1∶3输球。接下来的周六，贝克汉姆自称身体不适，缺席了曼联和纽卡斯尔的比赛。那场比赛我让索尔斯克亚上场，他表现非常出色，帮助我们6∶2大胜对手，因此他就留在了首发阵容里。

很简单，贝克汉姆的状态不佳，不足以让我把索尔斯克亚从次回合对阵皇马的比赛首发阵容中撤下来。在赛前的队内网式足球赛中，我把贝克汉姆拉到一边告诉他："听着，这场比赛我会安排索尔斯克亚首发。"他听完后气呼呼地走开了。

但那天晚上，贝克汉姆在比赛第63分钟替补登场换下贝隆，表现非常出色，那感觉就像和老特拉福德的球迷道别一样。他先通过直接任意球破门，然后在第85分钟为球队攻入制胜球。那场比赛我们4∶3赢了，但罗纳尔多精彩的帽子戏法和首回合的两球失利还是将曼联淘汰出局。

贝克汉姆在寻求球迷们的同情，但毫无疑问，我遭到他直接攻击也是不争的事实。当时贝克汉姆转会皇马的步伐明显加快，据我们所知，他的经纪人和皇马之间早就有过接触，而两支俱乐部第一次接触可能是在5月中旬左右，当时曼联的赛季已经结束。

那个夏天我在法国度假，首席执行官彼得·肯扬打来电话说："皇马一直在打电话想求购贝克汉姆。"我说："我料到了。"

我们要求皇马拿出2500万英镑的转会费，当时我正和电影导演吉姆·谢里丹在餐厅共进晚餐，他在附近正好有一间公寓，而我恰好需要一个私人电话，于是他建议我去他家，所以这件事就这样定下来了。

"如果报价达不到2500万英镑，我们绝不放人。"我这样告诉彼得·肯扬。我想曼联最终接受的报价是首付1800万英镑，外加一些浮动条款。

贝克汉姆并没有就此从球队彻底消失，2003年5月3日，我们在老特拉福德4∶1击败查尔顿，赢得了英超联赛冠军，那场比赛贝克汉姆取得了进球。他在5月11日曼联2∶1击败埃弗顿的收官战中再次破门，用一记20码外的直接任意球破门告别是一个不错的结果。那天我们的防线被埃弗顿的一位年轻球员冲得七零八落，他就是韦恩·鲁尼。贝克汉姆在我们夺得联赛冠军的过程中发挥了他的作用，所以我没有理由不让他踢赛季的收官战。

或许当时的他还不够成熟，无法处理生活中发生的所有事情。如今，他似乎能更好地处理这些事情，对自己的生活有了更准确的定位，也更有控制力。但在当时，他生活中的明星做派让我感到不舒服。

我举一个例子。有一次，在客场挑战莱斯特城之前，我下午3点抵达训练基地,发现媒体记者在通往卡灵顿基地的路上排起长队,当时肯定有20个摄影师。

"发生了什么?"我问道。有人回答我:"听说贝克汉姆明天要展示他的新发型了。"

那天贝克汉姆戴着一顶绒帽,吃晚饭的时候还戴着。我对他说:"贝克汉姆,你现在在餐厅里,把你的绒帽摘下来。"他拒绝了。我坚持道:"别犯傻了,把它摘下来。"但他就是不肯。

我很愤怒,但我不能因为这种事对他罚款。很多球员都会在去参加比赛的时候戴棒球帽,但从来没有人像他这样在球队聚餐时还戴着帽子。

第二天,球员要上场进行赛前热身,当时贝克汉姆还戴着那顶绒帽。我对他说:"贝克汉姆,你不能戴着这顶帽子上去。你要是再戴着它,我现在就把你踢出首发阵容。"

贝克汉姆大发脾气,把帽子摘下来,露出光头。我问:"你这两天戴帽子就是因为这个?光头不好看?"其实贝克汉姆想到开赛前再摘帽子,给媒体和球迷制造话题。我开始对他感到失望,他已经被媒体和公关经纪人吞噬。

贝克汉姆当时为一支伟大的俱乐部效力,名利双收。每个赛季他会给我带来12到15个进球,勤奋得不得了。后来他懈怠了,进而失去成为超一流球星的机会。在我看来,他变了之后,再也没有达到顶级球员水平。

他在22岁或23岁,就开始做出一些决定,使自己距离伟大球员越来越远,这就是我的失望所在。对我来说,我们之间并没有仇恨,只有失望和沮丧。我看着他,心里想:"孩子,你到底在做什么呢?"

当贝克汉姆加盟曼联时,还只是身材瘦小、充满幻想的孩子,非常热爱足球。16岁,他每天在体育馆里努力训练,从不懈怠。他曾热爱这项运动,努力追逐梦想。后来他放弃这一切去谋求新事业、新生活,成为明星。

从某种意义上来讲，如果我说他做了一个错误的决定，也是不准确的。因为他是非常富有的人，现象级偶像，影响力巨大，人们会模仿他的衣着和发型。但我是足球人，不认同他为了任何事情放弃足球。他可以有自己的业余爱好，就像我、欧文、斯科尔斯都喜欢养马。我们还有一两名球员喜欢艺术，我的办公室里也有一幅基兰·理查德森的画，但他不能放弃足球这个根本。

当然，在离开曼联的一年前，贝克汉姆参加了2002年的韩日世界杯，在那之前的几周他刚刚从跖骨骨折的伤势中恢复，他是2002年春季在老特拉福德的一场欧冠比赛中受伤的。

尽管鲁尼在4年后也遭受了和贝克汉姆一样的跖骨骨折，但他们的恢复过程有不同之处。贝克汉姆天生体质特别好，鲁尼则需要靠更多的训练才能找回状态。因此，当时我估计贝克汉姆的身体状况能参加世界杯，我也公开说出了自己的想法。

结果，当英格兰国家队抵达日本时，贝克汉姆可能还有伤在身。受伤，对一些球员而言难以启齿，毕竟他们太希望参加世界杯了，甚至会为了参赛隐瞒伤情。从那届赛事的表现来看，贝克汉姆的身体不可能没有问题，在静冈县进行的八强赛中，他在边线附近面对对手的滑铲选择起跳躲避，导致巴西利用这次机会扳平比分，这一切都证明伤病对他仍有影响。

他的身体状况竟然如此之差，让我感到惊讶，因为他的体质一向特别好，所以他肯定还有伤在身，要么是身体上的伤，要么是精神上的伤。当时人们都指责我隐瞒贝克汉姆的伤情，因为我不希望英格兰取得好成绩，因为我是苏格兰人。如果英格兰今天的对手是苏格兰，那么他们说得很对，我不会希望英格兰取得好成绩。但曼联阵中的英格兰国脚比其他球队的国脚多，我也希望他们能够大放异彩。

当你拥有一个贝克汉姆这种名气极高的球员时（后来我有另一个这种球

员——鲁尼），总会有一群医务人员想要干预。英格兰代表队的医疗团队想要到曼联的训练基地考察，我常常觉得这是对我们的一种侮辱，我想知道我的苏格兰血统是否成了一个他们不相信我的理由。

2006年世界杯之前，由于鲁尼很晚才到德国与国家队会合，国家队里的人几乎每天都给我们发短信，问鲁尼伤情怎么样，就好像我们不能照顾他一样。当时他们担心鲁尼无法出战世界杯。我在2006年说的话是百分之百正确的，韦恩·鲁尼不应该参加那届世界杯，他的身体还不允许他出现在重大赛场上。

他不应该被国家队征召，这对他，对其他球员和球迷都是不公平的。当然，他是那支英格兰队最大的希望，但这样的压力让他们忽视了他的伤情。2002年，我对贝克汉姆很有信心，因为我知道他的伤病记录，也看过所有的数据，他是老特拉福德最健康的球员。在季前训练和体能测试中，他的数据遥遥领先于其他人。我们告诉国家队里的人，贝克汉姆会及时康复的。

英格兰队显然渴望贝克汉姆康复。卡灵顿基地有一个氧气帐篷，在一场欧冠比赛前，我们用这个氧气帐篷帮助罗伊·基恩治疗腿筋伤势，效果不错。但骨头折另一回事，只能静养，跖骨受伤需要六到七周时间来康复。

2002年世界杯上，英格兰队没能取得好成绩，在对阵巴西的比赛中，少一人作战的巴西队把英格兰队耍得团团转。在对阵瑞典国家队的第一场小组赛中，英格兰队使用长传冲吊战术，而瑞典队非常熟悉英格兰足球，所以他们不太可能让英格兰队偷袭得手。

这是英格兰队的老问题了，许多的英格兰青年队都在使用这种过时战术，他们只会长传冲吊。有一次，我们特别留意汤姆·克莱维利在英格兰U21对阵希腊U21比赛中的表现，我们的球探说英格兰队那一场比赛安排了一个前锋和两个边锋，克莱维利就踢边锋，他整场比赛都没有碰到皮球。克里斯·斯莫林那场比赛也有登场，在后场不断往前开大脚，这是英格兰队最容易被对手抓住并利用的地方，因为他们没有其他技战术，从9岁到16岁的这段岁月都被浪费掉了。

那么英格兰球员如何弥补技术上的不足呢？他们只能拼身体，必须承认他们有极佳的态度，敢于拼抢，但他们无法培养出一个球星。用这种体制和心态，他们永远也赢不了世界杯。巴西能够培养出可以在任何位置和角度持球的球员，且跑位非常灵活。这才是有足球意识的人，因为他们从五六岁起就这样踢。

贝克汉姆在技术方面下了很大苦功，此外他还是社交高手。甚至当他在2012年夏天被剔除出英国队的奥运大名单时，发布消息的都不是英足总，而是他的团队。他当时说的那些话非常敞亮，但是我肯定他并不开心。

记得梅尔·马钦问过我："吉格斯和贝克汉姆，都是世界级的球员，但你却能让他们不知疲倦地在两个禁区之间来回奔跑，你是怎么做到的？"我只能回答说，他们的天赋不仅是技术，还有体能，这种充沛的体能可以保证他们在球场上来回跑动。

贝克汉姆之所以变了，是因为他想要改变。他的注意力已不在足球上，这令人遗憾，因为他本可以在我离开时仍效力曼联，本可以成为曼联历史上最伟大的传奇球星之一。结果，凭借偶像地位，他成为洛杉矶银河队的传奇。也许在他生命中的某个时刻，可能会向自己坦白：我犯了一个错误。

但我仍要向他致敬，他的毅力是惊人的，正如他在2013年1月加入巴黎圣日耳曼时的表现那样。在曼联他总是队里最健康、体能最好的人，这帮助他踢到37岁。他从小练就的耐力，在这么多年后丝毫不减。

美国职业足球大联盟不是小打小闹的联赛，实际上，还是一个颇为讲究运动能力的联赛。我看了贝克汉姆在大联盟杯决赛中的表现，并注意到他的表现很好，不断地回防，和队友交叉换位。在租借到AC米兰期间，他也没有给自己丢脸，而在巴黎圣日耳曼，他在欧冠八强赛中踢了一小时，虽然他在场上的表现并不抢眼，但他很好地完成了自己的任务。他非常努力，并在比赛前期为队友传出过几次不错的球。

我问自己："他是怎么做到的？"

体能是第一个答案，但贝克汉姆也有一种证明所有人错了的欲望。他仍然能送出很好的传中球，这些都是他从未失去的特点，已经深入他的骨髓里。在美国联赛踢了5年之后，以将近38岁的年龄参加欧冠淘汰赛是一项了不起的成就。他又回到顶级赛场了，对此你只能表扬。

有一两个人问过我，会不会在贝克汉姆离开洛杉矶银河队后将他带回曼联。当时他已经37岁，这是不可能的了。巴黎圣日耳曼和他签6个月短合同有公关和宣传因素在里面，虽然他不承认。就他而言，他依然是一名伟大的球员。我和吉格斯、斯科尔斯讨论过这个问题，就像我说的，贝克汉姆有一种可以过滤掉糟糕表现的天赋，我会批评他，然后他会气呼呼地离开，心里可能想："那个教练疯了，我今天明明表现得很好。"

在洛杉矶，他可能认为好莱坞是自己人生的下一站。我想他去洛杉矶是有目的和计划的。但抛开这些，你不得不佩服他的坚韧。他让我和曼联的每一个人都感到惊讶，不管在生活中追求什么，他总是锲而不舍。

第六章　里奥·费迪南德

里奥·费迪南德停赛8个月的消息震惊曼联，我的愤怒一直持续到今天仍未消退。我并不是对兴奋剂测试的规则不满，而是里奥在我们的训练场提供常规样本的过程。

2003年9月23日，来自英国体育局的药检小组来到卡灵顿训练基地，随机抽取了4名球员的尿样。这本来是一个普通的训练日，结果却对里奥·费迪南德、他的家人、曼联俱乐部和英格兰国家队都产生了巨大影响。里奥被选中，他没有提供尿样就离开了卡灵顿训练基地。当我们设法找到他的时候，药检小组已经离开了。第二天，也就是9月24日，里奥接受检测，但被告知他违反了关于兴奋剂测试的"严格责任"规则，并将被起诉。

结果是，里奥在2004年1月20日至9月2日期间被禁赛，并被罚款5万英镑。除了错过这段时间曼联所有比赛之外，也意味着他将没有资格参加2004年在葡萄牙举行的欧洲杯。2003年10月，里奥被英足总踢出英格兰国家队与土耳其队的比赛大名单，差点儿引发英格兰球员罢工抗议。

在9月那个决定命运的早晨，药检员正在喝茶。在我看来，他们并没有坚持找到里奥。我认为，他们应该去球场等球员完成训练，然后跟着球员去更衣室。同一时间，另一个药检组来到雷克瑟姆俱乐部，检测了我的儿子达伦和其他两名球员。他们就在场边等待训练结束，并跟随球员到更衣室，提取尿样，为什么在卡灵顿训练基地，同样的事情没有发生在里奥身上？

我们知道药检员在我们的训练基地，因为医生迈克·斯通告诉我们药检员来了。迈克和药检组的人一起喝茶，与此同时，我们在更衣室里把药检的消息通知选中的队员。毫无疑问，里奥收到了这个信息，但如果你考虑到他马大哈的性格，没能找到那些不在球场的药检员，也就不令人意外了。

里奥·费迪南德不是使用违禁药的人，如果他是，我们不可能不知道。球员是否服药，从他的眼神里就能看出来，而且他从来没有缺席过一次训练。使用违禁药物的运动员很多，他们的状态会变得不稳定。里奥永远不会服用禁药，因为他知道自己在体育界背负着巨大的责任。他是聪明人，但很随性，他犯了一个错误，但药检员同样犯了错。他们没有采取措施弥补彼此的失误。他们本来应该出现在训练场上，待结束训练后，带他去接受检测。

我知道这件事严重违反了药检规定，但我仍然难以接受里奥会受到如此残酷的惩罚。我向来以对待孩子的方式对待球员，讨厌外人对他们指手画脚。

我们的律师莫里斯·沃特金斯对打赢官司很有信心，理由是药检员没有亲自带走里奥进行尿检。在我看来，曼联经常被用来当作打击对象。最倒霉的是埃里克·坎通纳，1995年他因飞踹现场球迷被判处两周监禁，并被禁赛9个月（他的刑期后来改判120小时的社区服务）。2008年，帕特里斯·埃弗拉在斯坦福桥球场与球场管理员发生冲突后被英足总处罚。当时所有人都已经回家，埃弗拉就因为一场与管理员的小冲突被禁赛4场。人们总觉得曼联受到优待，然而事实恰恰相反。

经过一系列法律流程之后，英足总纪律委员会于2003年12月在博尔顿市的锐步球场举行了里奥的听证会，听证会持续了18个小时，那已是错过尿检86天之后的事情。我是为里奥作证的人之一，但英足总纪律委员会的三

第六章　里奥·费迪南德

人小组认定里奥有不当行为。莫里斯·沃特金斯称这一判决是"野蛮且史无前例的",大卫·吉尔则认为里奥是"替罪羊",英格兰职业球员工会的戈登·泰勒称这一判决"太过残酷"。

我马上就和里奥的母亲取得联系,因为那个可怜的女人已经伤透了心。失去一位重要球员,我们可能会感到备受打击,但真正承受这种惩罚的人,其实是球员的母亲。我对里奥的母亲珍妮丝说,我们对里奥的高度评价不会因为过去4个月所发生的事情受到任何影响,珍妮丝在电话那头哭了。我们知道他是无辜的,知道他马大哈,知道他受到的惩罚过于严厉。

当时我们正在考虑提出上诉,但毫无胜算。我永远无法理解把错过药检和通不过药检等同对待的行为,如果你承认使用违禁药物,还可以改过自新。我们认为球员说的是实话,然而官僚体系却认为他撒谎。我们也对英足总泄露消息给媒体感到不满,这违反了保密原则。

我在博尔顿市的那场听证会上说过,无论结果如何,里奥都将参加我的球队与热刺队的比赛。那场比赛,他与米凯尔·西尔维斯特搭档,在白鹿巷球场2∶1击败了热刺。2004年1月17日,里奥参加了8个月禁赛期到来前的最后一场比赛,我们0∶1输给狼队,他首发出战踢了50分钟后受伤下场,韦斯·布朗顶替了他的位置,肯尼·米勒打进了比赛的唯一进球。

失去里奥这么久,我很难过。从某种意义上来说,早在我让他造就英国足坛历史上最昂贵的签约之前,我们的关系就很铁了。我和时任伯恩茅斯主教练梅尔·马钦关系很好。1997年,马钦给我打电话,说他从西汉姆队租借来一个小男孩,建议我把他买下来。

"他叫什么名字?"

"里奥·费迪南德。"

我之前就从英格兰青年队听说过这个名字,梅尔强烈要求我签下他。当然,梅尔与哈里·雷德克纳普关系密切,雷德克纳普当时是西汉姆联的主教练，而里奥正是在那里被培养出来的，所以我相信他是基于可靠的信息做出的判断。我向马丁·爱德华兹提到里奥，派球探到伯恩茅斯考察他，并记录下他的特点：优雅、协调、有中锋一样的第一脚触球。然后我们查了他的背景，马丁·爱德华兹给西汉姆联主席特里·布朗打电话，布朗说："给我们100万英镑，再搭上大卫·贝克汉姆。"换句话说就是，费迪南德是非卖品。

当时，斯塔姆和约翰森是我们后防线上的核心，而布朗则是富有潜力的年轻中卫。结果，里奥以1800万英镑的价格转会到利兹联。在代表我们的约克郡死敌利兹联出战的第一场比赛中，里奥担任后卫，结果利兹联惨败给莱斯特城。看了那场比赛，我有一种如释重负的感觉，现在想到那种感觉我有点不好意思，竟然为没有签下里奥感到庆幸。他在场上非常拼搏，无须多言，他后来成长得特别好。

在曼联，中后卫是我的建队基石，向来如此。我寻求稳定性和一致性，以史蒂夫·布鲁斯和加里·帕利斯特为例，在我发掘他俩之前，球队情况很严峻。当时保罗·麦格拉斯经常受伤，凯文·莫兰时好时坏。当我刚成为他的教练时，莫兰就像被打蒙圈的拳击手。

有一次我去挪威看一场比赛，当时利物浦首席球探罗恩·伊茨也在场。

"上周我在布莱克本看到了你的老球员，凯文·莫兰。"罗恩喝着酒对我说。

我问："他表现如何？"

罗恩回答："他大概踢了15分钟，然后因头脑发热被罚下。"

"很正常。"我说道。

与此同时，格雷姆·霍格没有达到我们的要求，所以我总提醒我的主席："我们需要每周都能上场的中后卫。他们会给你带来稳定性、一致性和连续性。"

第六章 里奥·费迪南德

后来，我们拥有了布鲁斯和帕利斯特，他俩永远都能比赛，而且似乎从来不受伤。我记得在对阵利物浦前的一个周五，布鲁斯在克里夫训练基地一瘸一拐地走着，还一边搓着腿筋一边说："先别确定首发阵容。"

他在上周末就弄伤了腿筋，而且我喜欢在周五就确定周末比赛的首发阵容，这样我们才可以演练定位球之类的战术。

我问："你在说什么？"

布鲁斯回答："我会没事的。"

我说："别犯傻了。"

接着，布鲁斯就围绕着球场慢跑了两圈，以此证明他没事。在表示自己身体没有大碍的同时，他还是不断搓自己的腿筋。面对利物浦，布鲁斯要防守伊恩·拉什和约翰·阿尔德里奇。最终，布鲁斯踢满全场，他和帕里斯特表现非常出色。斯塔姆给我们带来了同样的韧性和可靠性。再看看费迪南德和维迪奇的组合，同样的出色和稳健，不给对手任何机会。想想那个时代的曼联，中卫一直是球队的最大亮点。

因此，在2002年7月签下费迪南德符合我的建队思路，即注重中路的攻防强度。我们给出了天价转会费，但当把这样一笔转会费分摊到未来10年或12年时，会发现这是一笔很划算的交易。相比在那些不够优秀的球员身上浪费很多钱，不如把钱都砸在一个能力毋庸置疑的球员身上。

我们花费375万英镑签下罗伊·基恩，打破了当时球员转会费的纪录，但罗伊在球队效力了12年。执教曼联期间，我卖掉了很多人们不熟悉的球员，例如年轻的预备队球员，等等。执教曼联的最后一个赛季结束后，我在苏格兰西部的一次航行中算过，我在曼联期间每个赛季的平均花费还不到500万英镑。

当里奥加盟球队时，我立即对他说："你是自由散漫的大个子。"

他说："我也没办法。"

"那你就得想办法，不然这会让你改行的，我会一直盯着你。"我说道。

他确实很随意，有时他会瞎溜达，然后突然像跑车一样加速。我从未见过一个身高6尺2寸的大个子能有如此惊人的爆发力。随着时间推移，他越来越专注，对自己的期望也越来越高，愿意在球队和俱乐部中承担更多责任。他成了全能高手。

当你得到一个年轻球员时，往往不会即插即用，还得雕琢。如果里奥会在一场比赛中放松，定是对阵他认为的弱队。比赛越重要，他就越认真。

随着加里·内维尔不断受伤，以及维迪奇和埃弗拉逐渐适应，里奥和埃德温·范德萨成为球队的防守中坚。我曾在2006年对阵布莱克本的比赛中让里奥踢过中场，结果他因铲倒罗比·萨维奇，吃到第二张黄牌被罚下，提前回到更衣室。

这么说也许会让一些人感到惊讶，但在我眼中帕利斯特和里奥一样优秀。奇怪的是，他明明跑得比里奥更快，却不喜欢跑动，总在偷懒，我以充满感情的口吻说出这番话。他常说自己做得越少，感觉就越好。在训练时，他最懒，我经常批评他。比赛开始的15分钟内，他就在对方进攻后跟跟跄跄地走出我们的禁区，喘不过气来。我就会对助手布莱恩·基德说："看那个家伙——他快死了！"

我承认，过去我常常调侃帕利斯特。

有一天晚上，我请他参加俱乐部聚餐。走进他家，我发现炉边桌子上有一大瓶可口可乐，还有一大袋糖果，里面有各式各样的巧克力甜点。我问他的妻子玛丽："这是怎么回事？"

"我都记不清说过他多少次了，教练，但他总是不听。"玛丽说道。

楼梯上传来脚步声，帕利斯特下楼看到我在研究那一大堆零食。"你为什么要买那些东西，玛丽？"他还在装傻。我戳穿他的谎言："你这个懒

第六章　里奥·费迪南德

蛋，我要对你罚款！"

帕利斯特不是阿多尼斯（希腊神话人物，这里指帕利斯特不是帅哥），但他是真正的好球员，性格很好，率真可爱。像里奥一样，他也有一脚传球的技能，而且只要他愿意，他的速度可以很快。在效力曼联的最后一个赛季，有一次他的眉骨被割伤了，他一直号叫，抱怨这是他这辈子第一次留疤，有损他的形象。他觉得自己和英国影星加里·格兰特一样。

我并没有刻意寻找一个能从后场带球前插，或者像贝肯鲍尔那样送出犀利传球的中后卫。在现代足球中，速度和阅读比赛的能力是必不可少的，这两样里奥都有，所以我签下他。他不仅能防守，还能把球传出去。因此，尽管防守是中卫的首要任务，但如果他能从后场发动进攻，那绝对是鼓舞人心的一件事，后来随着巴塞罗那和其他球队的推动，中卫从后场发动进攻成为常态。

在里奥职业生涯中的一些时间点，可以坦诚地说，他有的场外生活习惯并不能让我们满意。我警告他，我已经厌倦在花边新闻上读到关于他的报道。"把你的注意力放在足球上，你在场上的表现每个人都能看到。"我一再提醒他。

当你状态一旦下滑，这种势头就会无法逆转。在小俱乐部，你可以混日子，但是在曼联，有7.6万双眼睛盯着，绝对无法瞒过他们。我警告里奥，如果场外的事情影响了他的球场表现，我就不会让他上场，他在球队的日子也不会太长久。

面对这些警告，里奥做出很好的反应，我们设计了一个管理方案，他的经纪人有义务告诉我们他所做的一切场外活动，这给了我们更大的控制权。他参与的营生包括一家音乐公司、一部电影和一家电视制作公司，一本杂志还要带他去美国采访说唱歌手吹牛老爹。

"饶了我吧，里奥。"当我得知他要去见美国说唱明星时，我这样问道,"他能让你成为更好的中后卫吗?"

里奥并不是唯一寻求其他出路的球员,这都源于现代足球运动员的名人效应。一些人希望扩大这种名气,贝克汉姆是一个,里奥成为另一个。贝克汉姆在这方面的成功令人感到不可思议。

里奥在足球之外做的事并不都是为了扩大名气,他帮助联合国儿童基金会在非洲开展的工作非常出色,他对一个非洲孩子的生活所产生的影响是毋庸置疑的。我们传达的信息很简单,那就是他必须看清是什么让他取得如今的成功,并在这件事情与名望之间找到平衡。有些人不会那么做,有些人则做不到。

我们认为里奥一直在为他退役后的生活做准备,这当然可以理解。我当时也做了准备,花了4年时间考取教练执照。所以我也为我退役后做准备,但不是通过与吹牛老爹见面做到的。总有那么一个时刻,球员会思考自己将来要做什么,因为一旦无球可踢就会面对极大的空虚。前一分钟你还在踢欧冠决赛、足总杯决赛,赢得冠军,然后一切就与你无关了。如何面对这种事情是所有足球运动员面临的挑战,名声并不能使人对低落情绪产生免疫。后半生没有那么令人兴奋和激动,那么你要如何去重新创造这种刺激呢?拿什么替代冠军生死战前10分钟,你坐在更衣室里的那种激动心情?

在我执教曼联的后期,里奥已经出现背伤。以2009年曼彻斯特德比大战中,曼城球员贝拉米的那个进球为例,当时里奥已不在巅峰状态,如果两年前,他会把球从贝拉米脚下抢走,然后把贝拉米撞开。另一个例子是对阵利物浦时托雷斯的进球,当时托雷斯以速度摆脱里奥,并在利物浦死忠球迷看台前的点球区域扛开里奥射门得分。

我们和里奥在一次录像回顾中分析了这一点,他当时想向前造托雷斯越位。如果在一年前,他会立即从那次失误中调整过来,并将球从托雷斯脚下抢走。但在这场比赛中,他奋力回追想化解威胁,而托雷斯用肩膀把他顶

第六章 里奥·费迪南德

开，然后将球打进。从来没有人能在里奥面前做过这样的事，这表明背伤不仅使他感到疼痛，还对他的协调性造成了不利影响。

里奥原来踢球一直都是轻描淡写，跑起来从来不吃力。漫长伤停致使他错过大半个冬季的比赛后，重新回到训练中的里奥表现出色，并在2010年主场对阵曼城的联赛杯半决赛次回合中有精彩发挥，在这之前他已经因伤缺阵将近3个月。

在他的球员生涯晚期，我不得不要求他改变踢球方式，并考虑年龄对我们所有人造成的影响，毕竟岁月不饶人。无论正式谈话还是私下聊天，我都叮嘱他要后退一两码给自己留出反应空间对抗对手前锋。5年前的他可以凭借节奏变化轻易从对方中锋脚下抢到球，但现在他没法做到了，他需要做出预判提前一步抢占位置。

他对我的分析没有意见，也没有感到被侮辱，我只是在解释他身体上的变化。他在2011/2012赛季表现非常出色，对他来说，唯一的遗憾是没有被选入2012年欧洲杯英格兰队大名单。当时任英格兰主教练罗伊·霍奇森问我里奥能否与特里合作时，我回答道："去问里奥吧，让他告诉你他们的关系。"因为我没有办法给霍奇森一个答案。

另一件与里奥有关的小事是，他在2012/2013赛季拒绝穿一件带有"踢走种族主义"字样的T恤，当时我以为我们都愿意公开支持这项运动。那是一次缺乏沟通导致的事件，他应该先来找我商量一下，他知道我们都会穿的。他对自己的兄弟安东·费迪南德和约翰·特里发生的矛盾有意见，但我没想到事情会变成这样。当然，特里因为在切尔西客场挑战女王公园巡游者的比赛中，对安东使用种族歧视语言，已经遭到了英足总处罚。

马克·哈尔西走进办公室，对我说里奥没有穿带有"踢走种族主义"字样的T恤。我找到球衣管理员阿尔伯特，指示他让里奥穿上那件T恤。

没想到里奥拒绝了。

当我质问里奥时，他什么也没说，但赛后他向我解释，说他觉得英格兰职业球员工会在打击种族主义方面做得不够。我的立场是，他不穿这件T恤，并没有对反种族主义事业起到任何助益。如果他对英格兰职业球员工会有意见，那么我觉得他应该向他们直言，不穿T恤则会引起其他事端。

我对种族主义的看法是，我真的不理解为什么有人会因为肤色而憎恨别人。

第七章　低谷时期

山雨欲来风满楼。

2003年夏天到2006年5月是我曼联教练生涯收获荣誉最少的时期之一，我们赢得了2004年足总杯和两年后的联赛杯，但是阿森纳和切尔西才是那个阶段的联赛冠军。

在克里斯蒂亚诺·罗纳尔多和韦恩·鲁尼成为那支赢得2008年欧冠冠军的曼联队核心球员之前，我们尝试为球队带来一些经验丰富的球员。那是一段艰难的道路，他们当中的许多人都没有达到预期效果。当时贝克汉姆离队加盟了皇家马德里，贝隆也准备加盟切尔西。门将巴特兹被蒂姆·霍华德顶替，克莱伯森、埃里克·杰姆巴·杰姆巴和大卫·贝利昂都是球队的新人，如果罗纳尔迪尼奥没有出尔反尔，他可能也会是我们的新援之一。

你无法回避那几年的经历，我们走上了一条盲目引进球星的道路——那些我们认为马上会满足球队需要的球员。例如克莱伯森，他随巴西国家队夺得了世界杯冠军，而且当时只有24岁；贝隆是享誉全球的实力球员；杰姆巴·杰姆巴在法国的表现也不错。这些签约完成得都很轻松，但却让我感到担心，轻而易举必有猫腻。我喜欢经过艰难博弈之后才得以签下一名球员，因为这意味着你获得了无价之宝。我喜欢卖方不顾一切地去留住他们的人，但我们却不费吹灰之力就得到那些球员。

当时感觉就像我们签下了国内的每个门将，马克·博斯尼奇就是一个典型例子。对博斯尼奇的收购源于彼得·舒梅切尔在他最后一个赛季的秋天宣布退役决定，让我们措手不及，因此我们仓促做出了选择。

尽管我们收到了一些关于博斯尼奇场外有不良嗜好的报告，但还是在一月和他见面。我派球探考察他的训练，乏善可陈的表现让我确信他并不适合曼联。所以我改变策略，转而追求埃德温·范德萨，和他的经纪人谈了谈，然后又和马丁·爱德华兹谈了谈。马丁告诉我："亚历克斯，对不起，我已经和博斯尼奇达成协议了。"

这是一个打击。马丁和博斯尼奇达成协议，不愿食言，这一点我很尊重。但这是一笔糟糕的交易，博斯尼奇是个问题球员，他的训练和身体素质无法满足我们的要求。后来我们把他推到一个更高的水平，我们在这一点上做得挺好。他在我们战胜帕尔梅拉斯的洲际杯比赛中表现出色，那场比赛的MVP本应是他而非吉格斯。没过多久，2月我们在温布尔登踢比赛，博斯尼奇狼吞虎咽地吃着三明治、汤、牛排。整个菜单都被他点了一遍，他的食量就和马一样。

我对他说："看在上帝的分上，博斯尼奇，我们好不容易帮你减轻体重，你为什么要大吃特吃这些东西呢？"

"我饿坏了，教练。"他说道。

我们回到曼彻斯特，博斯尼奇正在打电话到一家中餐馆叫外卖。

"难道你就这样没完没了吗？"我问他，"想想你在干什么。"

但我的话对他毫无作用。

你无法从失去彼得·舒梅切尔这样的事情中走出来，他是世界上最好的门将，他的存在感，他的个性，突然之间在球队消失了。我们本应该用范德萨代替他，范德萨的经纪人告诉我："你得积极一点了，因为他正在和尤文图斯谈判。"但是我们错过了机会。我不得不回到范德萨的经纪人那里告诉他，我们已经签下另一个人，必须打消对范德萨的兴趣了。

我本应该把范德萨作为第二引援买下来，因为我们很快就发现了博斯尼奇的问题。范德萨本应在舒梅切尔时代结束后为曼联效力到我执教后期。我也不需要再花钱买马西莫·泰比或者巴特兹。巴特兹是一位很出色的门将，但他在法国就出现一些问题。

后来，我们看到范德萨的能力和舒梅切尔相当，就才华而言，两人之间差距很小。舒梅切尔曾做出超出自己能力范围的扑救，制造过很多经典时刻。我总会问："天啊，他是怎么做到的？"他的弹跳力和运动能力是如此出色。

对于范德萨，我想称赞他的沉着、冷静，他的处理球和组织能力。虽然与舒梅切尔守门风格不同，但仍然是极其宝贵的，他的特点对身边的人都起到了积极的影响。

相比之下，舒梅切尔对史蒂夫·布鲁斯和加里·帕利斯特则是又爱又恨。舒梅切尔会在比赛中冲他们大喊大叫，而布鲁斯则会回应道："回去守你的门，你这个德国佬。"舒梅切尔很讨厌布鲁斯这样说，总会生气地低声嘶吼："我才不是德国人！"

不过，他们在场下是很好的伙伴，而在球场上，舒梅切尔是一个喜怒无常的人。

在更衣室里，范德萨非常在乎球队表现。他是荷兰人的声线，声音很浑厚，会这样大喊："别在这儿胡闹！"舒梅切尔也会在球队中表达意见。我很幸运能在30年来遇到最好的两个门将。也许彼得·希尔顿和吉安路易吉·布冯更棒，但对我来说，舒梅切尔和范德萨是1990年至2010年间最好的守门员。

门将的职责不仅是守好球门，还要有与这个位置相符的个性。守门员不仅要处理扑救，还要应对后卫失误。在曼联，你需要一个强大的内心来处理后卫一个重大失误带来的后果。我已经考察过舒梅切尔许多次，守门员教练阿兰·霍奇金森曾这样告诉我："他绝对可靠，签下他吧。"

一开始，我对把外国守门员带到英国足坛这件事感到纠结。舒梅切尔刚来的时候有一场比赛对阵温布尔登，"狂帮"（温布尔登绰号）在比赛中对他疯狂施压，往他头上吊球，肘击他。舒梅切尔当时都发疯了，大喊呼叫当值裁判："犯规了！犯规了！"

我看着这一幕，心想没用的。裁判们不能及时出现在冲突地带。相隔不久的另一场比赛中，舒切尔跑到后门柱拦截对方的一次传中球，却严重地误断球的落点，结果李·查普曼把球打进。所以舒梅切尔在适应英超节奏时确实犯了一些错误。当时有人问："看看我们都买了个什么水平的门将？"但舒梅切尔也有令人难以置信的身体素质，球门前无处不在。他很勇敢，出球能力非常棒，所有这些品质都在初来乍到的艰难日子里对他起到帮助。

范德萨见证了曼联后防线的许多变化，而舒梅切尔几乎每周都站在相同的后卫身后。帕克、布鲁斯、帕利斯特和埃尔文几乎参加了每场比赛，而范德萨则必须适应不同的中后卫组合和新的边后卫。当时曼联后防线人员变动很大，在这种情况下，他能出色地组织球队的防守，这是他莫大的功劳。

那段时间，彼得·肯扬是我们负责转会交易的首席执行官。阿森纳的维埃拉是当时我们最喜欢的球员，我让彼得给阿森纳打电话，询问维埃拉的情况，他告诉我他打了。一天后，我向大卫·邓恩（时任阿森纳主席）提起这件事，他诧异地看着我，就好像我头上长角一样，我的话他完全听不懂。肯扬和邓恩之中肯定有人撒谎了，直到今天，我仍不知道是谁。

我曾一次次接到经纪人的电话。他们对我说："我的球员愿意为曼联效力。"我从未怀疑过这种说法，但也知道他们同样愿意加入阿森纳、皇家马德里、拜仁慕尼黑和其他所有顶级球队。球员显然喜欢去大俱乐部，经纪人

第七章 低谷时期

也能从中得到更多利益。而正是在市场因为投机行为而走向混乱的阶段，我们把目光投向了贝隆。

当时球队正在转型，对于主教练来说，预见未来的变化非常难。曾经的后防四人组散得最快，当这些突然的变化出现时，我肯定会意识到自己没有充足的后备力量。所以，后来未雨绸缪成为我的管理方针之一。

贝隆是一位拥有无限精力的出色球员，我承认自己在和阿根廷球员合作时感到很困难。阿根廷球员总是有强烈的爱国情怀，喜欢披着国旗，我对此没有意见，但我所执教过的阿根廷球员并没有专心学英语。具体到贝隆身上，他只会用英语说一句"先生"。

但他是多么出色的一名球员啊，球商和速度都是一流的。问题在哪？问题在于我无法固定他的场上位置。如果让他踢中场，他最终会出现在中锋位置，或者右边路，或者左边路，他只顾追着球跑。我们发现让他和斯科尔斯、基恩一起组成中场变得越来越困难。

虽然他为我们踢了一些精彩比赛，但你看不到球队在成型，看不到自己通常追求的位置稳定性。贝克汉姆已经离开球队，吉格斯老去，基恩和斯科尔斯也一样，我们在寻找一种推动球队进化的新鲜感。尽管贝隆为我们做出了杰出的贡献，但他就是无法真正融入球队。他是一个与众不同的人，是那种队内训练时为两边都出力的人。他会出现在场上任何位置，想去哪儿就去哪儿。就算让我执教他一百年，我也不知道将他放在什么地方，他就是扑克牌中的百搭牌和王牌。有人曾经问我："你有没有想过让他踢后腰，在两名中后卫身前持球？"我回答："你在做梦吗？我无法让他安心待在其他任何位置，凭什么他就会乖乖踢后腰？"很明显，他曾在拉齐奥踢过后腰，而且表现出色，但他是一只自由的鸟儿，喜欢到处飞翔。

有时，他的表现会让你如入天堂。在一场季前赛中，他在边线附近连过数人，并助攻范尼斯特鲁伊攻入一球。他用外脚背传球给贝克汉姆，皮球绕过对方防守球员，贝克汉姆前插将球吊过守门员。在某些时刻，贝隆的表现是令人赞叹的。在才华方面，他绝对出类拔萃。他的双脚技术精湛，跑动能力强，控球技巧出色，传球视野很开阔——但他就是无法融入球队。英国的足球风格对他来说不是障碍，他很勇敢，他总是有胆量表现。

在贝隆效力于曼联期间，有人说他和其他球员闹翻了，但我认为他并没有，部分原因是他从来没有和任何人说过话。他在更衣室里形单影只，因为他不会说英语。他不是不喜欢交朋友，只是不善沟通。

当我早晨上班碰到他时，我会说："早上好，塞巴。"

他会回答："早上好，先生。"我们的对话内容就这样，谁也无法让他说出更多话来。我确实记得他和罗伊·基恩在一场欧冠比赛后发生争吵，最后场面有点难看，但那不是大问题，他没有对球队造成不良影响。

当时我们尝试改变球队在欧冠中的踢法，1999年我们赢得了欧冠冠军。两年后，我们去比利时和荷兰，与安德莱赫特和埃因霍温进行比赛，我们被对手的防守反击打败了。我们以曼联传统的4-4-2阵形踢比赛，结果惨败。我告诉球员和工作人员，如果我们不能更好地控制住皮球，并保持中场稳固，将遭受更多打击，因为对手已经把我们研究透了，所以我们改打三中场。贝隆正是那次变阵的重要一环。

在那10年里，我不得不经常面对变化，我遇到许多我钦佩的球员。比如，为了得到保罗·迪卡尼奥，我付出了很大的努力。当时交易已经完成，我们提出的条件他已经接受，但后来他又说想要得到更多，我们无法接受他开出的新条件，但他是曼联应该拥有的那种球员，是那种能让球迷来到现场、为他起身欢呼鼓掌的球员。我执教曼联那么多年，球队一直拥有这样的球员。

还有罗纳尔迪尼奥，他是曼联错失的另一名球员。当时我已经同意把他带到老特拉福德，奎罗斯也在场，他可以为我作证。对罗纳尔迪尼奥的追求

第七章 低谷时期

反映了一个事实，那就是曼联向来都是求贤若渴，我一直在寻找这样的天才。我当时的想法是："我们从贝克汉姆的转会中得到2500万英镑，却只需为罗纳尔迪尼奥的转会支付1900万英镑，看在上帝的分上，醒醒吧，这可太划算了。"

从美国回来的路上，我们路过纽芬兰的一个加油站。那里什么都没有，只有一间小屋。在我们等待加油时，机组人员打开舱门，让新鲜空气进入机舱。我们看到一个小男孩站在外面的围栏旁，拿着曼联旗子。我们只能站在舱梯上，不能去停机坪，所以我们所能做的就是向这位身处荒郊野岭的曼联小球迷挥手致意。

回到欧洲，在葡萄牙停留时，我们卖掉了贝隆，他已经和福琼说自己将加盟切尔西。我不会在报价低于1500万英镑的情况下放走他，切尔西出价900万英镑。我说道："900万英镑不可能带走贝隆。"但在葡萄牙，肯扬对我说："我已经同意了这笔交易，1500万英镑。"接下来就是我们和葡萄牙体育的友谊赛，克里斯蒂亚诺·罗纳尔多对阵约翰·奥谢。直到现在，我仍记得自己对奥谢大喊："跟紧他，奥谢。"

"我做不到。"奥谢一脸无奈地答道。

一个月后，大卫·吉尔打来电话对我说："肯扬要去切尔西了。"吉尔随后接管球队，他的表现非常出色，比前任好很多。我认为肯扬尝试承担太多的职责，但结果却因此无法完成其中重要的一些任务。首席执行官最需要做的就是完成任务。

当大卫·吉尔接班时，我怀疑他还没有明确自己的职责。吉尔的职业背景是会计师，我的建议是："在肯扬之后，不要凡事亲力亲为，要把工作和权力下放。"毫无疑问，吉尔是我合作过的最佳管理人员或首席执行官。他是顶级的，非常正直，平易近人，脚踏实地，知道足球的价值，也懂足球。马丁·爱德华兹对足球也很了解，但是和吉尔打交道不会让事情复杂化。

他可能会说一些你不喜欢听的话，但他总是直言不讳，这才是正确的沟通方法。

尽管马丁·爱德华兹曾在一些最重要的时刻支持我，但在吉尔接手之前，我的工资一直偏低。在工作上得到认可的那种感觉是无可替代的，被告知你把工作做得很好，那是非常棒的，但是报酬也要跟上才行。

处理俱乐部所有权的变更对俱乐部高层来说是非常困难的，俱乐部易主之后，所有情况就改变了。他们喜欢你吗？他们想要一个新主教练，或者一个新首席执行官吗？格雷泽家族的收购过程对吉尔来说是一种煎熬，媒体的关注度非常大，债务问题总是出现在新闻报道中，但吉尔的会计专业背景让他在这方面占有优势。

我对俱乐部的愿景是让这里成为一个可以培养年轻人才的地方。为了实现这个目标，我们需要维持以吉格斯、斯科尔斯、内维尔，还有罗伊·基恩为基础的阵容，这些股肱之臣是我们寻找有好苗子的本钱。范德萨是曼联的另一个基石，他是我签下的顶级球员之一。

我们在寻找布莱恩·罗布森接班人的过程中找到了基恩，现在埃里克·杰姆巴·杰姆巴给我们的印象是，他可能成为一名顶级中场。我去法国看他踢球，他踢得很好，对足球比赛的理解深刻，能将对方的进攻扼杀在摇篮里。他的身价不高，仅有400万欧元。那场比赛我同时考察了雷恩队的门将——当时只有十八九岁的彼得·切赫。我告诉自己，他对曼联来说还太年轻了。

有时，你失去了一名球员，却得到了另一名同样优秀的球员。例如，我们错过了保罗·加斯科因，却得到了保罗·因斯。我们没有说服希勒，却签下了坎通纳。

不到最后一刻，转会总是存在变数。你有一系列的引援目标，当错过一个人时，可以从列表中用另一个人代替。我们贯穿始终的宗旨是培养我们最

第七章 低谷时期

终得到的那个球员，无论是谁。坎通纳25岁左右加盟曼联，但我们正常的选材年龄一般比较小，鲁尼和C罗加盟曼联时只是十几岁的少年。大概在2006年之后，我们努力避免球队"老龄化"。在安迪·科尔、德怀特·约克和泰迪·谢林汉姆效力曼联期间，他们要么是表现水平下降，要么就是年龄偏大。在那种情况下，我们对球探的要求高，挖掘潜力小将的球探压力很大。我总问他们："快说吧，你在外面发现了什么好苗子？"

克莱伯森是在2002年世界杯上表现出色后加盟的，我们签下他的时候，他还在巴西国内踢球。仓促的决定总是伴随着风险，克莱伯森就是典型例子。我们要找的是能取代基恩的人，维埃拉就是这样进入我们的视野的，他会是最理想的人选——只要适应了英格兰的足球风格，必然能成为一个狠人、一位领袖。伟大球员的一个标志就是他的对手球迷会唱歌骂他。对手球迷总是唱歌骂帕特里克·维埃拉，这说明他们害怕他。阿兰·希勒是另一个有这种待遇的球员，对手球迷总是喊口号骂他。

克莱伯森才华横溢，但他证明了我仔细审查球员背景和性格的观点是正确的。我们不费吹灰之力得到他，让我很不安。当他来到球队时，我们才发现23岁的他娶了一个16岁的女孩，女孩把她家人全都带到了曼彻斯特。在葡萄牙洛博谷的季前训练营中，只有球员才有资格在训练前到食堂吃早餐，而克莱伯森把他的岳父带来了，他在家庭里似乎说了不算。他很可爱，但缺乏学英语的信心。

在比赛中，克莱伯森表现出了惊人的耐力和高超的技巧，却无法展现出他的个性。也许巴西国家队使用他的方式和我们的理念不同，在国家队，他站在后防线前，帮助边后卫罗伯托·卡洛斯和卡福发起进攻。

当人们突然急于解决问题时，就会犯下错误。当我们多年来按照一个计划工作，研究不同的球员并收集详细信息时，就能取得最好的效果。在签下克里斯蒂亚诺·罗纳尔多之前，我们对他了如指掌。我们曾尝试签下14岁的鲁尼，在他16岁的时候再试了一次，最终我们在他17岁完成这笔交易。鲁尼很早就是我们的目标，所以你可以为他制订周密的计划，那是曼联球探工作的巅峰之作。贝隆和克莱伯森这两笔转会都是临时起意，即使不是急病乱投医，也确实有些欠考虑。

杰姆巴·杰姆巴是出色的小伙子，他因为名气不大而不被媒体认可。媒体总是喜欢响当当的大牌球星，对知名度较低的球员不屑一顾。开始他们喜欢贝隆，对克莱伯森和杰姆巴·杰姆巴不冷不热。大卫·贝利昂很年轻，我们觉得可以培养他。他速度飞快，魅力十足，是个基督信徒，却很害羞。他曾在桑德兰踢球，并在对阵我们的比赛中替补上场，把我们打得晕头转向。他与桑德兰的合同到期后，我们将他签下。如果当初我们更深入地了解他的背景，就会知道他性格内向，缺乏自信。我们以100万欧元的价格把他卖给了尼斯队，他从那里又转会到波尔多，这给我们带来了额外的收入。贝利昂不是建队基石，但他是便宜的补充品。

签下C罗和鲁尼是这一阶段的转折点，获得不可思议的、能赢得比赛的球员，才符合我们的传统。2006年1月加盟的帕特里斯·埃弗拉和内曼贾·维迪奇也是两桩出色的交易。在我们考察维迪奇的笔记中，记录着他最大的特点是勇敢和坚决。他可以抢断，也可以头球解围，是典型的英格兰中后卫。维迪奇自从前一年11月俄超赛季结束后就没有参加过比赛。在对阵布莱克本的比赛中，维迪奇第一次为我们出战，那场比赛他气喘吁吁。他需要一个季前赛期储备体能，这才是关键所在。

在左后卫位置，即丹尼斯·埃尔文的老位置上，我们曾短暂拥有过海因策，但后来主力变成了埃弗拉。埃弗拉曾在摩纳哥队担任边翼卫，并在摩纳哥和波尔图的欧冠决赛中登场。

寻找边后卫就像寻找一只稀有的鸟，当我们第一次看到埃弗拉的时候，他是一个边翼卫，但速度很快，很年轻，足以在我们的体系中转型成边后卫。我们深知他动作敏捷，技术精湛，个性突出，进攻能力非常强。海因策是另一种特点，凶狠，甚至六亲不认，能力没问题，还可以踢中后卫。这两笔交易对我们来说都是成功的。

所有的曼联球迷都会记得，埃弗拉在与曼城的德比大战中上演处子秀，那是一场彻头彻尾的灾难。你可以看出他很茫然："为什么我会在这里？"最终，他适应了曼联队的节奏，并提高了水平。另一方面，海因策则有唯利是图的倾向，我总觉得他在谋求转会。加盟球队一年后，他就想离开。当时我们和比利亚雷亚尔交手，全队进驻巴伦西亚郊外一栋漂亮的建筑，那时他的经纪人来找我，说海因策想转会。

从那以后，一切都变了。第二天，海因策十字韧带受伤，我们尽一切可能去迁就他，允许他在西班牙进行康复治疗。他在那里待了6个月，只回来打过一场比赛。我们已经尽力了，但在12月底，他回来了，仍然想离开，想签订新条款、新合同。当他从伤病中完全恢复时，他带着经纪人去见了大卫·吉尔。吉尔和我一致认为没有他球队会更好，于是同意以900万英镑的价格让他离开。海因策和经纪人直接找到利物浦，利物浦表示会签下他。

我们明确告诉海因策，在过去，曼联不会把球员卖给利物浦，反之亦然。海因策的顾问团试图诉诸法律，最终大家在伦敦召开一次会议，结果英超联盟站在我们这边。

在这个过程中，水晶宫主席联系了大卫·吉尔，说海因策经纪人希望他们签下他，稍后再把他转给利物浦。我们把这些信息也作为证据，最终判决结果对我们有利，最后把海因策卖到皇家马德里。这些球员总是四处转会，海因策在去巴黎圣日耳曼之前已经在两家西班牙俱乐部效力，随后他才来到我们这里。

阿兰·史密斯在2004年5月以700万英镑的价格从利兹联转会曼联。利兹联当时财政困难，大卫·吉尔得到消息称，阿兰可以以500万英镑转会。我一直喜欢阿兰，他就是那种我所说的敬业球员，性格好，可以踢右边锋和中锋，也能打中场。他类似马克·休斯，虽不是伟大射手，但对球队很有用。后来我们以600万英镑把他卖给纽卡斯尔。阿兰有过出色表现，对我们有功。2006年他在客场挑战利物浦的比赛中腿骨骨折。我永远记得我冲过去，见他躺在利物浦的治疗床上的场景——我应该说，利物浦的队医堪称楷模为他注射了止痛药。

他的腿严重骨折，脚完全变形，和我一起上前探望他的博比·查尔顿爵士明显吓坏了，要知道查尔顿可经历过慕尼黑空难。阿兰却泰然自若，面无表情地坐着。这是一场可怕的事故，阿兰的表现告诉我，有些人忍受疼痛的能力就是比其他人强。我晕针，看到针我就浑身无力。以前我在格拉斯哥一边踢球一边当酒吧老板的时候，一个星期天的早晨，我换酒桶时正要给桶放气，一只老鼠突然跳到我的肩膀上。我向后一跳，酒桶出气口的尖状物插进我的颊头，现在那里还能看到植皮的痕迹。我不敢碰它，开了2英里的车去医院，护士从我脸上清除异物后，给我扎了一针，我立刻昏过去。护士说："这就是流浪者俱乐部的大中锋，竟然昏倒了。"

我站在阿兰床边，都快吓死了。他受了我所见过的重伤，就这么坐着，毫无表情。这就是阿兰——一个无比勇敢的小伙子。

阿兰是出色的职业球员，但他缺少在大俱乐部中当老大的能力。当纽卡斯尔给出600万英镑，我们不得不让他离开。

我们最后一次让他上场踢防守型中场，他的抢断能力很出色，但并不能像真正的后腰那样阅读比赛。作为中场球员，无论皮球在哪里，他都能出现在哪里。他担任中锋时，对手的中后卫很少有轻松的时候。但我们要找基恩的接班人，一个可以在球场上占据有利位置的球员，就像欧文·哈格里夫斯曾经在某一段时间那样。阿兰不是那种类型的球员，但他是喜欢为曼联效力的实在人。我花了很长时间才说服他，让他知道我不能保证他上场，球队已经确定发展方向了。

2004年1月我们从富勒姆签下路易斯·萨哈，但是持续的伤病对他和我们都是坏消息。以前他在梅斯队踢球时，我们考察过他几次，但是球探报告没有显示他会成为大俱乐部的追逐目标。后来他去了富勒姆，每次对阵我们，都给我们制造麻烦。在克拉文农场球场对阵富勒姆的足总杯比赛中，他在中路过掉韦斯·布朗后高速冲刺破门得分。从那以后，我们就一直关注他。到了1月份，我们已经准备拿下他。

和富勒姆老板穆罕默德·阿尔·法耶德打交道格外困难，他认为最低的成交价格是1200万英镑。

在我们签下的所有中锋里，如果评价他们的天赋（双脚控球能力、制空能力、弹跳力、速度、力量），萨哈将会是最好的。他能一直对对方造成威胁，但这时伤病找上门了。萨哈招人喜欢，住在离我家大概50码的地方，他必须具备150%的体能我们才敢让他打比赛。这对我们来说是痛苦的，他受伤缺阵的时间不是几个星期，而是几个月。出售他的原因是，无论他多么有才华，我都无法围绕着他制订计划，我永远无法说"这是我未来两三年的球队阵容"。那时候萨哈很年轻，可以视为球队未来的基石，但他长期缺阵带来的不确定性让我们不敢有任何奢望。

频繁的受伤使他心烦意乱，甚至还因此考虑过退役。"你还年轻，不能因为一次受伤而放弃，你必须努力恢复，频繁伤病不可能永远持续下去。"我这样告诉他。

他非常内疚，觉得自己让我们失望了，给我发诸如此类的道歉短信。我试图让他明白他只是不走运而已，与他同病相怜的球员在足球史上随处可见。维福·安德森就是其中之一。当我们评估维福在阿森纳的出场记录时，发现他4年里只缺席了4场比赛，而且每次都是因为停赛。但到曼联后，维福从未健康过，我们让他自由转会加盟谢菲尔德星期三，他在那里踢了3年，几乎没有错过一场比赛。我过去常因为这件事调侃维福："我看你就是不想为我踢球。"维福是曼联的铁杆球迷，非常渴望为我们发光发热，但膝伤让他饱受困扰。

萨哈知道伤病影响了自己的状态，这就是他感到愧疚的原因。奎罗斯为他量身定制了一个训练计划，使他能在两周内为上场做好准备。我们向萨哈阐述了这个训练计划，他欣然接受了——射门、转身，并全身心地投入康复训练中，他表现得非常好。到了周五，比赛的前一天，萨哈走下训练场，说腿筋有点不舒服。他脆弱的身体让我们无能为力，所以我们2008年和埃弗顿就萨哈转会达成协议。

埃弗顿模仿我们的方式，试图恢复萨哈上场的自信心。他是一名出色的中锋，远离曼联可能对他有帮助。我认为2009/2010赛季他的表现非常出色，法国队不带他去世界杯肯定是疯了。

在我们讨论年轻球员是否能满足老特拉福德球迷的期待和媒体有限的耐心时，一个不变的话题就是他们抗压能力。曼联的球衣会让他们变得更强大还是更脆弱？我们清楚了解每个从训练场和预备队进入曼联首发阵容的年轻球员的抗压能力。

你不能把抗压能力体现在更衣室，而是穿过球员通道带到球场上。

在2003/2004赛季，我们在联赛排名第三，落后于"无敌军团"阿森纳。在卡迪夫的足总杯决赛中，我们3∶0战胜米尔沃尔结束了整个赛季。克里斯蒂亚诺·罗纳尔多在那场比赛中的表现堪称经典，他的头球破门帮助我们首开纪录，之后范尼斯特鲁伊又打进两球，其中一个是点球。

那年因为吉米·戴维斯在一次车祸中丧生，产生极大的负面影响。21岁的吉米聪明、活泼。他本可以干出一番事业，也有机会取得成功，因为我们已把他租借到沃特福德。那个星期六上午，我在去青训学院看比赛的路上，听说沃特福德下午的比赛被推迟了，但没有透露细节。后来在青训学院的比赛期间，有人告诉我吉米死于车祸。

　　他坚毅，受欢迎，俱乐部里有很多人参加了他的葬礼。两年后，在一次婚礼上，我感到一种似曾相识的错觉悄然袭来。在室外拍照的时候，牧师走过来对我说："你想过去看看吉米的坟墓吗？"我实在无法在这时候面对地下的吉米，那会让我背脊发凉。逝者已矣，吉米·戴维斯不会被曼联人遗忘。

第八章　C罗

C罗是我执教过最有才华的球员，他超越了我在曼联执教过的所有伟大球星，要知道在曼联我麾下可是有不少优秀球员。

能与他相提并论的只有本土青训球员保罗·斯科尔斯和瑞恩·吉格斯，因为他们20年间为曼联做出了巨大贡献，忠诚度、稳定性和作风相当罕见。

最终，我们的奇才C罗去了皇家马德里，但回首他在球队的那段时光，我们深感自豪与感激。效力曼联的6个赛季，从2003年到2009年，他在292场比赛中打进118球，并赢得欧冠冠军、三次英超冠军、一次足总杯冠军和两次联赛杯冠军。

2008年，他在莫斯科举行的欧冠决赛对阵切尔西取得进球，并在一年后于罗马举行的欧冠决赛中最后一次代表我们出场，迎战巴塞罗那。

中间几年，我们经历过一段艰难时期。在那段时间里，我们在卡灵顿训练基地和球队首发阵容里见证了一位天才的成长和绽放。我们帮助C罗成长，而他帮助我们重新找回曼联的激情和个性。

皇家马德里花费8000万英镑现金将他买下，你知道为什么吗？这是皇马主席弗洛伦蒂诺向全世界宣告"我们是世界足坛的王者之师"，这是一笔聪明的交易，也表明了他们追求足坛最好球员的魄力。

弗洛伦蒂诺的前任拉蒙·卡尔德隆在前一年就声称总有一天C罗会成为皇马球员，而我也清楚，如果他给出8000万英镑的报价，C罗将不得不离队。

我们无法阻止他重返伊比利亚半岛，不可能扼制他穿上迪斯蒂法诺或齐达内穿过的那件著名白色球衣的强烈愿望。C罗和其他十几岁就来到曼联的天才一样，早年你可以轻松地控制他们，因为当时他们还不是全球偶像，还处于上升期。

但超级巨星冉冉升起之后，你会问一个我和卡洛斯·奎罗斯经常探讨的问题，那就是"我们还能留住C罗多久？"

卡洛斯说得非常明确："亚历克斯，如果你能用他5年时间，就已经赚了，从来没有一名葡萄牙球员17岁出国踢球，还能在那支球队待5年。我们能拥有C罗6年已经是暴赚，在这期间他帮球队赢得一次欧冠冠军和三次联赛冠军，这已经是很丰厚的回报。"

当他离开的可能性越来越大时，我与他达成了君子协议。我到C罗位于葡萄牙的家，发现他已经迫不及待前往皇马踢球了。我对他说："今年你还不能走，尤其不能在卡尔德隆说出那样的话之后走。我知道你想去皇家马德里，但我宁愿开枪打死你，也不愿现在把你卖给那个人。如果你好好表现，别给球队惹事，然后有人送上一份天价转会费，我们就会让你走。"我已经把这个信息转给了他的经纪人豪尔赫·门德斯。

我成功地让他冷静了下来，并告诉他，今年拒绝出售他的原因是因为卡尔德隆。我说："如果我把你卖了，我就会身败名裂，我不在乎是否把你轰到看台上，虽然我知道绝对不会到这个地步，但我必须强调，不会让你在今年离队。"

我把我俩的谈话内容告知大卫·吉尔，吉尔又告诉格雷泽家族。我相信这些消息最后会传到皇马。当时我们对于协议细节被泄露感到震惊，我们警

第八章　C罗

告过C罗一定保密，他应该对此守口如瓶。

毫无疑问，他的经纪人门德斯是我接触过的最佳经纪人，很负责任，无微不至地照顾球员，对俱乐部不提无理要求。我感觉门德斯担心C罗去西班牙后，皇马会架空他，最后竹篮打水一场空。

我一直认为，就算C罗踢了一场糟糕的比赛，也能创造出三次机会。每场比赛都是如此。在那堆积如山的比赛视频证据中，你找不到哪怕一场比赛是他没有创造至少三次机会。他拥有令人难以置信的才华。我可以列出他所有的优点：力量、勇气、双脚技术和头球能力。

早年，他踢球时确实喜欢炫技，毕竟他是在一个具有表演性质的足球文化中受到启蒙的，这导致外界对他褒贬不一，但他改变了。批评他的人经常忽略一个因素，那就是他的速度，对于一个能高速冲刺的球员，稍受外力就会失去平衡。那些"键盘侠"的人根本不懂这种物理常识。

我承认，早期的C罗经常炫技，卡洛斯一再予以矫正，强调道："当俱乐部之外的人认为你是一名伟大的球员时，你才是一名伟大的球员。只在队内展示你的能力并不够，你能在正确的时机隐蔽地助攻和传中，那才是伟大球员诞生的时刻。"

开始对手知道他习惯控球。如果你看看他在2009年欧冠半决赛对阵阿森纳的进球，就能发现他在转变。我们当时打防守反击，C罗用脚后跟把球磕给朴智星，9秒内杀到对方禁区，把球打进。

这就是那个不顾一切到处炫技的小子身上发生的转变。是的，事实就是如此，许多天才球员都想证明他们天赋过人，技压群雄。不管被铲球或犯规多少次，他都熟视无睹，仿佛在说："我是C罗，你们有本事就来吧。"他拥有非凡的勇气和自信，我和曼联队友都对他的才华感到敬畏。

球员们在训练中对C罗很好，帮助他学习和成长。起初，在卡灵顿训练基地被铲倒时，C罗会发出一声可怕的尖叫。"啊！"然后其他球员就会对他不满，他很快就学会克制。C罗的聪慧让他意识到队友不愿意在训练中看到他业余的假摔表演。随着时间的推移，他这些不良习惯就消失了。效力曼联的最后一个赛季，他几次用夸张的动作博得犯规，但其他球员也差不多。2008年，他在曼联对阵博尔顿的比赛中获得点球，但他也没有故意要点球，只是裁判误判。当时对方后卫把球干净利落地拦截下来，他摔倒在禁区。那场面很尴尬，不是从C罗的角度来看很尴尬，而是对主裁判罗伯·斯泰尔斯来说很尴尬。

尽管所有球队都说他们本可以签下C罗（皇家马德里和阿森纳都这么说），罗纳尔多在葡萄牙效力的第一支俱乐部葡萄牙体育，与我们合作良好，互派教练指导彼此球员。2002年卡洛斯·奎罗斯加入我们的教练组。他告诉我："葡萄牙体育有一个小男孩，我们需要关注他。"

"哪个？"我问道。当时葡萄牙体育有两三个出色的小球员。

"克里斯蒂亚诺·罗纳尔多。"奎罗斯回答。

我们对C罗了如指掌，那时他一直踢中锋。卡洛斯说我们需要采取行动，因为他绝不一般。依据两支俱乐部互惠协议，我们派吉姆·瑞恩去考察。吉姆回来说道："哇，我在青年队看到一个球员。我认为他应该踢边锋，但他一直踢中锋。他17岁时，一定有球队将他签下，我们不能再拖了。"

因此，我们就和葡萄牙体育接触，提及C罗，他们却想让C罗再留队两年。我提议，让C罗再留队两年，然后我们就将他带到英格兰。但在这一刻，我们还没有和他接触，纯粹是两支俱乐部之间的对话。

那个夏天奎罗斯离开曼联，执教皇家马德里，而我们到美国参加巡回赛。彼得·肯扬和胡安·塞巴斯蒂安·贝隆离队。按照行程安排，我们将去葡萄牙体育的新球场与他们交手。这座球场是为了2004年欧洲杯而建的。

很多人认定那场比赛出任右后卫的是加里·内维尔，但其实是约翰·奥谢。C罗第一次接到传球就让我怒不可遏："看在上帝的分上，奥谢，跟紧他！"

奥谢耸耸肩，脸上流露出痛苦和困惑的神色。他根本跟不上C罗。替补席上的其他球员都在感叹："天啊，教练，那个球员太牛×了。"

我说："没关系，我已经搞定他了。"那语气就10年前就已经拿下他一样。我对球衣管理员艾伯特说："去总统包厢，让肯扬在中场休息时来见我。"

我对肯扬说，在签下C罗之前，我们不会离开这座球场。

"他有那么出色吗？"肯扬问。

"奥谢防守他，都防出偏头痛了！"我说道，"把他签下来。"

肯扬与葡萄牙体育负责人见面，并请求他们允许我们与C罗接触。葡萄牙体育负责人提醒我们，皇家马德里为C罗开出800万英镑的报价。我说："我们再加100万英镑。"

C罗和他的经纪人豪尔赫·门德斯在楼下的一个小房间里，我们告诉他曼联对他志在必得。我当着门德斯的面对C罗说道："在曼联你不会每周都上场，这一点我现在就告诉你，但你会成为一线队员，我对此毫不怀疑。你今年17岁，需要适应新环境，我们会照顾好你的。"

第二天，我们租了一架私人飞机，把C罗和他的母亲、姐姐、门德斯和他的律师一起接到曼彻斯特。我们需要马上完成那笔交易，不容有失。以前在格拉斯哥，周六早晨我会在去考察球员时对我球探说："能发掘到一个你确信会成材的球员，那感觉肯定很棒。"

一天晚上，我正在看《黄金雪地犬》，那是由杰克·伦敦写的一本关于去克朗代克淘金的书改编的电影。球探的感受肯定就和影片里说的一样。周六早晨，你站在场边看比赛，你看到一个乔治·贝斯特，一个瑞恩·吉格斯或者一个博比·查尔顿。这就是我在里斯本那天的感受，一个令人大开眼界的发现，那是我执教生涯中最特殊的感受。

第二个令我兴奋和期待的人是保罗·加斯科因。复活节的星期一我们前往圣詹姆斯公园球场挑战纽卡斯尔，当时纽卡斯尔为保级苦战，而加斯科因刚刚伤愈复出。我派出诺曼·怀特塞德和雷米·摩西踢中场，这俩人可不是唱诗班的乖孩子，谁别想在他俩面前炫技。然而，加斯科因就在我的教练席前，对着摩西表演穿裆过人，然后还拍了拍摩西的头。我"噌"地一下从教练席冲出来，大叫："盯住那个王八蛋！"

怀特塞德和摩西试图让加斯科因明白，他太嘚瑟了，要为此付出代价。但加斯科因依然能轻松过掉他们。

那个夏天我们尽了最大努力，最后纽卡斯尔还是把加斯科因卖到托特纳姆热刺。身为球坛伯乐，遇千里马而不能得的感觉很不好。身到宝山空手回，让我恨不得立即得到加斯科因。

得到C罗就相对轻松多了，肯扬成功地完成了交易。我感觉葡萄牙体育会因为没有把C罗卖给一支西班牙俱乐部而感到很高兴。这笔交易算上附加条款，转会金额大概是1200万英镑。唯一的条件是，如果我们将来要出售C罗，葡萄牙体育可以拥有优先购买权。后来，我们把C罗卖给皇家马德里的前几天，告知葡萄牙体育可以8000万英镑回购。不出所料，葡萄牙体育望而生畏。

当C罗在柴郡开始新生活时，他的母亲和姐姐跟他一起来到这里。这是好事，正如你所预料，他母亲保护欲很强，说话直爽，从不装腔作势。我向C罗解释说，琳恩和巴里·摩尔豪斯会照顾他们的起居生活，例如找房子和缴水电费。我们给他在阿尔德利角附近一家找了隐蔽住处，他们很快就安顿下来。

结束和葡萄牙体育的比赛后，我们乘达拉斯牛仔队的飞机从美国回来。那架飞机是他们夏天租给我们的。费迪南德、吉格斯、斯科尔斯和内维尔一

第八章　C罗

路上都对C罗充满热情，口口声声让我签下他。

因此，当C罗来到训练场的时候，就意识到我们的球员都了解他，知道他有多棒。我认为这对他融入球队很有帮助。

C罗在2003年8月16日曼联主场迎战博尔顿的比赛中替补登场，完成首秀。博尔顿的后卫们将他团团围住，右后卫在中场直接将他铲翻，把球从他脚下抢走，但他立即起身示意队友继续给自己传球。当时我在想："不管怎样，他还是有胆量的。"

接下来的一分钟，他被对手拉倒并获得点球。范尼斯特鲁伊主罚，却射失了。然后，C罗主动转移到右边路，并送出了两个漂亮的传中球。其中一个传中球被斯科尔斯接到，随后交给范尼射门，球被守门员挡出，吉格斯跟上补射，为曼联打进第二球。场边球迷仿佛看到一个救世主，很快就把C罗视为新英雄，能让球迷起身欢呼的球员，自然容易被球迷接受。C罗是继坎通纳之后对曼联球迷影响最大的球员。虽然他永远不可能像坎通纳那样成为万人崇拜的偶像，因为坎通纳具有这种桀骜不驯的魅力，但罗纳尔多的才华是肉眼可见的。

C罗在2009年欧冠半决赛对阿森纳的反击进球证明了他是天下第一反击手。皮球疾速从朴智星脚下传到鲁尼脚下，而后又传给C罗。我总是对C罗说："当你正朝着球门奔袭时，可以把步幅迈得更大。"通过加长步幅，会放慢速度，进而保证射门精准度。当你疾速冲刺，身体协调性变差，根本没时间考虑如何做动作。罗纳尔多就是这么做的，你可以观察他踢球。

2004年足总杯决赛在卡迪夫举行，我们3∶0击败了米尔沃尔。那年3月，刚刚成为我的助理教练的沃尔特·史密斯问了我关于所有曼联球员天赋高低的问题。

"C罗怎么样？"他问道，"他有那么棒吗？"

我告诉他："是的，令人难以置信，就连滞空能力也很棒。他还是头球高手。"

后来，沃尔特试探性地说道："你一直对我说C罗是头球好手。他在训练中顶过头球，比赛中从未使用过。"

那个星期六，对阵伯明翰时，C罗头球破门。我转向沃尔特，他说道："OK，这下我知道了。"

我看了米尔沃尔在足总杯半决赛中击败桑德兰的比赛，并告诉教练组："那个蒂姆·卡希尔还不错。"作为身材不高的球员，他的弹跳力很出色。他没有什么盘带能力，但总能让对手踢得很难受。那时我觉得花100万英镑就能得到他，然后让他在豪门球队里进很多球。丹尼斯·怀斯在那场比赛中特别好斗，小动作不断。这种球员会让你上场废了他，很多人都会这样评价怀斯。我敢肯定，要是在以前足球环境下，他都活不过一场。

在现代足球中，如果你足够狡猾，那种隐蔽的小动作能逃脱处罚。怀斯总是慢半拍出脚，而且极其隐蔽。在现代足球中，很难找出真正的匪徒型球员，即那些故意制造伤害的球员。但这并不重要，因为C罗那天摧毁了米尔沃尔。

当然，我们和C罗之间的一场争议事件来自2006年世界杯，在鲁尼蹬踏里卡多·卡瓦略之后，C罗冲葡萄牙替补席眨眨眼。这就产生了一种两人会闹翻的风险，或许他们会因此闹到再也不能一起踢球。在度假的时候，我给鲁尼发了短信，让他给我打电话，劝他们冰释前嫌。他建议我安排他俩一起接受采访，表明他们之间没有嫌隙。

第二天，我把此事告知了米克·费兰，他觉得安排他们一同受访可能有点刻意和做作。鲁尼的慷慨大度给C罗留下深刻印象。他觉得自己与队友反目成仇，英国媒体也会让他体无完肤，他已经认为自己不可能回到曼彻斯特了。鲁尼也多次打电话安慰他，劝他不必在意。这不是两名曼联队友第一次在国际赛场上发生冲突。1965年苏格兰对阵英格兰，是诺比·斯泰尔斯代表

第八章　C罗

英格兰国家队出战的第一场比赛。他走到自己的曼联队友、苏格兰国家队球员丹尼斯·劳身旁说道："祝你一切顺利，丹尼斯。"诺比很崇拜丹尼斯，但丹尼斯的回答却是："滚开，你这个英格兰混蛋。"

听到这句辱骂，诺比蒙圈了，不知所措。

C罗当时确实跑到裁判那里施压，让鲁尼陷入麻烦，这在现代足球中很常见。但那是一场世界杯比赛，当时C罗只想着一件事——为他的国家赢得荣誉。他没有考虑下个赛季为曼联踢球的事。C罗确实后悔了，我们去看他时，他显然明白这究竟意味着什么，那个眨眼的动作被队友误解了。葡萄牙主帅告诉他不要惹麻烦，而那个眨眼动作并不是要向替补席上的人传达鲁尼在自己施压被罚下后的喜悦。当C罗对我说他不是表示"我把他弄下去了"的时候，我相信他。

我们在葡萄牙的一座别墅见面，并吃了午饭，豪尔赫·门德斯也在场。鲁尼的电话让C罗改变了离队的主意，并让他不再担心。我对C罗说道："来到曼联，你就是最勇敢的球员之一，但离开可不是勇气之举。"我以1998年贝克汉姆为例子，"当时的情况和现在完全一样，他们在伦敦的酒吧外对贝克汉姆的假人施以绞刑，就好像他是魔鬼的化身，但贝克汉姆用勇气回击了这一切。"

那件事发生后，贝克汉姆在曼联的第一场比赛就是对阵西汉姆联，这可是在英格兰国家队经历了这样一场惨剧后最不应该去的地方，但贝克汉姆表现非常出色。"你必须挺过去。"我告诉C罗。回到曼联后，C罗的下一场比赛是在一个周三晚上做客伦敦对阵查尔顿。一开始，我在包厢里看到一个当地人破口大骂，那些辱骂简直不堪入耳，"你这个葡萄牙杂种！"已经算是好听的了。中场休息前5分钟，C罗接球后连续过掉4名球员，一脚射中横梁内侧入网。在那之后，那家伙再也没有站起来。他泄气了，也许他认为是自己的尖叫和辱骂刺激了C罗。

那个赛季C罗有一个良好的开局，并且和鲁尼相处得很和谐。这些年轻人之间难免会有冲突，就算C罗当时没有向裁判施压，鲁尼也会被罚下的。换句话说，C罗的介入对此影响不大。我很欣慰他们能化干戈为玉帛，得以让C罗留在球队里，最终我们披荆斩棘，并于2008年在莫斯科赢得欧冠冠军。2012年夏天，我和彼得·舒梅切尔以及山姆·阿勒代斯一同参加了由英国广播公司的丹·沃克主持的访谈节目。一位观众问道："C罗和梅西，谁是更好的球员？"我的回答是："C罗的身体素质比梅西更好，滞空能力更强，左右脚能力均衡，而且速度更快。梅西呢，当皮球碰到他脚下时，他身上会有一种神奇的魔力，就好像皮球落在一堆羽毛上一样。梅西的低重心感极具破坏性。"

舒梅切尔认为C罗可以在一支弱队踢球，而梅西不行。这是一个公正的观点，但梅西依然会用他脚下的皮球创造出伟大的时刻。舒梅切尔的观点是梅西依赖哈维和伊涅斯塔给他传球，其实C罗也一样，需要有人不断给他喂球。每当有人问我C罗和梅西谁是更好的球员时，我无法说出一个确切答案，因为把其中任何一人降到第二位都是不对的。

对我来说，和C罗在曼联的精彩表现几乎同样重要的是，在他离开曼联加盟皇家马德里之后，我们仍保持密切关系。这条情感纽带没有因为我们分离而中断，铁打的营盘流水的兵，在人人皆为过客的足球行业中，这是一个幸福美满的结局。

第九章　罗伊·基恩

罗伊·基恩是一名精力充沛、胆识过人、血性十足，对比赛和战术有着良好直觉的球员。在我们合作的那段时间里，他是更衣室里最有影响力的人。他能确保更衣室充满活力，为我分担了很多工作，一个管理者永远不会无视球员的这种帮助。

2005年11月基恩离开曼联的时候，我们的关系已经彻底破裂了，我对最终导致他加盟凯尔特人队的一系列事件有着强烈的看法。但首先，我应该说明为什么他是我们俱乐部巨大的推动力。

如果罗伊·基恩认为你没有为球队拼尽全力，他会立刻教训你。许多球员就因为犯下这样的错误而遭受基恩怒斥，而且他们没有任何办法躲避，我从不觉得这是基恩的性格缺陷。在我的执教生涯里，鲜明的个性对塑造团队气质很有帮助。布莱恩·罗布森、史蒂夫·布鲁斯、埃里克·坎通纳——这些球员体现了主教练和俱乐部的意志。

在我的球员时代，主教练很少在比赛结束后，趁着那些肾上腺素高涨的时刻立即批评球员。最初往往是球员在洗澡的时候相互指责，或者洗到一半就动手："你错过了那个机会，你……"

球员时代，我总会因为球队失球把火气撒到守门员和后卫身上。因此我知道，如果我在对方门前错失一个进球机会，我之前批评过的那些队友就会冲我发火，这些就是口无遮拦带来的风险。如今，主教练们总是在赛后想要说上几句。如果他们想要分析、批评或表扬，在终场哨响后的时间，效果最佳。

在基恩试图将自己的意志强加给球队的过程中，发生了一些严重的摩擦和充满戏剧性的事情。有一次，当我走进更衣室，基恩和范尼斯特鲁伊已经打起来了，其他队员不得不把他们拉开。至少范尼斯特鲁伊有勇气硬刚基恩，并不是每个人都有这个胆量。基恩是个暴脾气，气场强大，他生气时的表现方式就是攻击别人，冲别人发火。

我相信卡洛斯·奎罗斯在这一点上和我意见一致——当罗伊·基恩意识到自己不再是以前的自己时，他的习惯天平就会被破坏。我们见他因为受伤和年龄增长而丧失一些优势，试图调整他在队内的职责，这对我们双方都有利。

我们想改变他的赛场角色，减少他的跑动和前插。每一次队友接到球，他都想让队友把球传给自己，这是一种令人钦佩的品质。曼联的信条是，当一名球员拿球时，所有人就动起来，一起参与进攻。当时罗伊已经心有余而力不足，但他无法接受这个现实。

我想他能明白我们对他的忠告真实性，但他的自尊心不允许他屈服。他是一个以个人激情为出发点的球员。在我俩闹翻之前的那个赛季，他状态下滑，前插后没有足够的体能跑回来参与防守，他已经不是以前那个无处不在的基恩了，在经历了髋关节手术和十字韧带手术，并经历了这么多残酷的战斗之后，谁还能回到从前呢？

基恩在比赛中耗费的能量是相当惊人的。但在他步入30岁时，很难理解自己哪里出了问题，也无法改变让他收获成功的习惯动作。我们很清楚，我们已经失去原来的罗伊·基恩了。

第九章 罗伊·基恩

我们的解决办法是让他留在中场,控制比赛节奏。我相信,在内心深处,他比任何人都清楚这一点,但他就是无法让自己放弃"带头大哥"的角色。

这就是我们冲突的根源,他最终离开俱乐部并加盟凯尔特人。他以为自己是彼得·潘,但从来没有人能永远年轻。吉格斯或许是你能想到的最接近彼得·潘的人,但他从来没有遭受过严重的伤病。基恩则遇到过一些糟糕的伤病,髋部伤势是导致他力量大幅退化的元凶。

在2005/2016赛季季前赛去葡萄牙训练营的途中,我们爆发冲突。这个季前训练营由卡洛斯·奎罗斯安排组织,因为到葡萄牙集训是他的主意。他把我们带到洛博谷,这里真的太棒了,有训练场、健身房和别墅,对球员来说是一个完美的训练环境。

我在法国度假结束后到达洛博谷,所有工作人员和球员都被悉心安顿在别墅里。没想到的是,奎罗斯在安排基恩住宿时遇了噩梦般的难题。

我问奎罗斯出了什么问题,他解释说基恩认为洛博谷的住宿条件低于要求标准,不愿意住安排给他的房子里。奎罗斯表示基恩拒绝入住第一套房子,因为其中有一个房间没有空调,第二套房子也有类似的问题。我亲自去看过第三套房子,非常漂亮,但基恩就是不愿意入住,他想和家人住在洛博谷隔壁的昆塔多拉戈村庄里。

第一天晚上,我们在酒店的露台上组织烧烤,整个活动非常圆满。期间基恩找到我,说他想和我谈谈。

"罗伊,现在不方便,我们明天早上再谈吧。"我说道。

训练结束后,我把基恩拉到一边:"怎么回事,罗伊?我看过给你安排的房子,感觉都挺不错的。"

基恩怒了,连声抱怨,其中包括空调问题。然后他把怒气转移到奎罗斯身上,指责他不应该安排球队在这里集训,这导致他与我们教练组的关系变得紧张。我认为他在那次旅行中变得让人难以接近。我很失望，因为为了让每个人在这次集训过得开心舒适，奎罗斯已经做的面面俱到了。

从洛博谷回来后，我决定把基恩叫到办公室，至少让他向奎罗斯道歉，但基恩根本不吃这一套。

有一次，当我们发生争论时，基恩对我吼道："你变了。"

我回答道："罗伊，我必须改变，因为今天不是昨天。我们现在所处的时代不同了，球队里有来自20个不同国家的球员。你说我变了？我希望我真的变了，不然的话，我不可能在这里干下去。"

他说道："你已经不是以前的你了。"

我们真的吵起来了，我对他说，他的言行很不得体："你是队长，却没有丝毫责任感。我们又不是让你住在茅棚里，这些都是很漂亮的房子，都是好地方。"

糟糕的感觉并没有消失，我们的关系就从那时开始恶化。接着是曼联电视台的采访事件。在采访中，基恩对一些年轻队员大骂特骂，骂他们没有尽到自己的职责。我们有一份曼联电视台的采访名单，那一期节目本来轮到加里·内维尔接受采访。在周一与米德尔斯堡的比赛后，一位新闻官告诉我基恩将接替加里·内维尔接受采访，当时我对这件事并不是特别感兴趣，所以没太在意。

在采访中，因为星期六的比赛落败，基恩大肆批评指责其他球员。

基恩把基兰·理查德森视为"懒惰的后卫"，他质疑为什么"主教练会对达伦·弗莱彻大加赞赏"，还炮轰里奥·费迪南德，称"他只因为12万英镑周薪，并在对阵热刺的比赛中踢了20分钟好球，就以为自己是超级巨星"。

新闻办公室立即给大卫·吉尔打电话，最后由我决定该怎么处理这盘录像带。我说道："好，明天早上把录像带送到我办公室，让我看看。"

第九章 罗伊·基恩

我的天啊。真是令人感到难以置信,基恩在采访中骂遍了所有人。达伦·弗莱彻、阿兰·史密斯和范德萨都躺枪了。

那个星期球队没有比赛,我本来想去迪拜参观我们的足球学校。那天早上,加里·内维尔从球员更衣室给我打电话,让我去一趟,我以为基恩要道歉,于是就去了。

我坐下来,加里·内维尔立即宣布球员对训练不满意。我简直不敢相信:"你们说什么?"基恩在更衣室里有很大的影响力,他想利用这种影响力扭转局势。

"卡洛斯·奎罗斯是一个伟大的教练,他的一些训练可能会有些重复和枯燥,但造就优秀足球运动员的正是不断地重复同一种动作。"我狠狠批评球员,"把我叫到更衣室里来,就是为了抱怨训练?你先别说了,你们两个……你们以为自己在跟谁说话?"然后我拂袖而去。

之后,基恩来见我。我告诉他:"我什么都知道了。你在那次采访中的所作所为是一种耻辱、一个笑话。你当着外人的面,批评自己的队友。"

基恩建议把采访的视频给其他球员看,让他们判断谁对谁错。我同意了他的提议,让全队的人都来看采访视频。大卫·吉尔当时也在大楼里,但不想观看录像,他认为,这件事最好由主教练下定论,但奎罗斯和所有工作人员都已经观看了。

看完视频之后,基恩问球员有没有什么想说的。范德萨表示,基恩批评队友的行为越界了。基恩攻击范德萨:"你以为你是谁?你对曼联了解多少?"值得称赞的是,范尼斯特鲁伊全力支持范德萨,所以基恩又调转枪头攻击范尼,然后攻击奎罗斯,但他把最难听的话都留给了我。

"你把和约翰·马尼耶(曼联前股东)的私人矛盾都带到俱乐部!"基恩吼道。

此时,斯科尔斯、范尼斯特鲁伊和福琼等球员纷纷离场。

基恩全身上下最坚硬的部分就是舌头，他有你难以想象的毒舌，能在几秒钟内击垮世界上最自信的人。那天我和他争论时，他的瞳孔开始变小，眼球几乎变成黑色枪口。让来自格拉斯哥、胆大如虎的我看着都觉得瘆人。

基恩走后，奎罗斯见我很难过，劝道，他这辈子从来没有见过这么恶劣的事情，这是在职业足球俱乐部千年不见的。我说道："基恩必须得走了。把他清理掉吧。"

我在迪拜给大卫·吉尔打电话，告诉他必须得把基恩弄走。听了我的分析后，吉尔认为球队已经别无选择。他和格雷泽家族表明意图之后，格雷泽家族同意了他的提议——俱乐部付清基恩合同中剩余的薪水，与他和平解约，并为他举办纪念赛，以防有人说我们对基恩不公平。

我周三回到俱乐部，格雷泽家族周五才能过来。吉尔给基恩的经纪人迈克尔·肯尼迪打电话，说我们想和他见面。我们把迈克尔·肯尼迪和基恩约到一起，详细说明了我们的决定。

罗伊后来公开表示，他对我没有私下沟通感到失望。他不知道，当他指着我的鼻子大骂时，我和他的关系已经结束了。我不想再和他打一仗，甚至不想和他有任何瓜葛。

我至今依然记得，在训练场向球员宣布这个决定时，他们难以置信的表情。

我一直觉得，作为主教练，必须在正确的时间，在铁的事实面前，果断做出决定。我很清楚自己应该怎样阻止这场危机。如果我投鼠忌器，会助长基恩在更衣室里野蛮生长的影响力，而且他还会蛊惑队友。但基恩错了，他所做的事情全错了。

当罗伊·基恩成为前曼联球员后，有太多的事情值得他反思和更正。排名靠前的是2002年的世界杯，基恩与时任爱尔兰国家队主教练米克·麦卡锡发生争吵后乘飞机回国。

第九章　罗伊·基恩

我弟弟马丁在我60岁生日那天带我度假，吃晚饭时，我没有带手机。饭后马丁的手机响起，是迈克尔·肯尼迪打来的，说他一直在找我。迈克尔告诉我，塞班岛那边出了大问题，当时爱尔兰国家队正在那里备战世界杯。他说："你得跟他谈谈，他只听你的话。"

我不知道什么事能把迈克尔愁成这样。他告诉我，基恩与米克·麦卡锡发生冲突，我们不能打基恩的手机，于是让迈克尔转告他给我打电话。

基恩打来电话。我问他："罗伊，你到底在想什么？"基恩把他对麦卡锡的愤怒全部发泄出来。我说："冷静下来。和世界杯相比，你和麦卡锡的冲突将会成为整个夏天最大的新闻。这将会是一个可怕的事情。我给你一点建议，你不能让孩子每天在这种压力下去上学。"

他知道我说得没错。我让他回去找麦卡锡，当面说开，把问题解决，然后请缨上场。基恩同意了，但是当他回去的时候，麦卡锡已经召开新闻发布会，将他和基恩的矛盾公之于众，彻底断了基恩在国家队的后路。

我全力支持和保护基恩。因为他来自曼联，一直享用高标准的训练设施，突然来到一个不入流的训练基地，也没有训练装备，他能不生气吗？作为队长，他完全有理由抱怨。但问题在于，他做得过不过分。

尽管韩国当地的设施条件很糟糕，基恩也不应该愤怒到这种程度。但那就是基恩，他是一个极端的人。

我总是保护球员，基恩也不例外，这是我的工作。因此，我不能为保护球员的行为道歉，哪怕有充分的理由证明事情并非这样。有时我会想，"天哪，你在想什么？"我的妻子凯茜也多次问过我类似问题，但我不能站在自己球员的对立面。我必须找到解决办法，而不是在公开场合严厉斥责他们。当然，有时我不得不对他们进行罚款或惩处，但我永远不会让这些事情传出更衣室。否则，我会觉得自己背叛了主教练的底线——捍卫球员的声誉。不，不是为了捍卫，而是避免他们受到外界干扰。

在现代足球中,球员的明星地位凌驾于教练的权力之上。在我踢球的那个时代,球员连一句关于教练的坏话都不敢说,因为那样做,球员是自断生路。在我的执教生涯后期,我经常听到有球员利用他们的权力对抗教练,有的人还得到公众甚至是俱乐部支持。球员可以把自己的不满讲给任何愿意听的人,但是教练不能这么做,因为他有更大的责任。

我想基恩在职业生涯末期,以为自己是主教练了。他承担起管理责任。当然,上曼联电视台怒骂队友并不是管理者的责任。

通过阻止采访事件外泄,我们让基恩避免被孤立。但在我办公室的面谈中恶语相加,他的曼联生涯就到头了。

我绝不能允许自己失去对球队的控制,因为控制是我最大的权杖。就和贝克汉姆的事情一样,我知道当一个球员试图驾驭俱乐部的时候,我们都将完蛋。真正的球员喜欢作风硬朗的主教练,至少在该强硬的时候可以强硬起来。

他们希望自己的主教练是硬汉,这对他们有好处。球员会想:"首先,他能让我们成为胜利者吗?其次,他能让我成为更好的球员吗?最后,他对我们信守承诺吗?"从球员的角度来说,这些都是至关重要的考虑因素。如果这三个问题的答案都是肯定的,他们可以在你手下克服任何困难。我曾在赛后出现过一些负面情绪,冲球员们大发脾气。我从不为自己发泄这些负面情绪感到骄傲。有些夜晚,我回家时心里会对发火可能造成的后果产生深深的恐惧。也许我下次走进训练场的时候,球员们就不会跟我说话了,也许他们会愤怒或密谋反抗。但到了星期一,他们怕我的程度会大于我怕他们的程度,因为他们看到过我发脾气,并且一定不愿让这种事再次发生。

基恩是一个聪明的家伙,我看过他在读一些有趣的书。当他心情好的时候,是个很好沟通的对象和伙伴。球队的理疗师以前会问:"基恩今天的心情怎么样?"因为基恩的心情将影响整个更衣室的氛围。这就是他在我们日

第九章　罗伊·基恩

常生活中的影响力。

由于他性格偏激、情绪不稳定，前一分钟可能还满脸笑容，下一分钟就会变得敌意满满。他翻脸真的比翻书还快。

从某种意义上说，他离开可能是最好的结果，因为很多球员在更衣室里都被他吓到了。那些球员在他离开后表现得都很好，约翰·奥谢和达伦·弗莱彻就是基恩离队的受益者。我们在2005年11月去法国巴黎和里尔踢比赛时，球员在热身时被球迷报以嘘声，部分原因是基恩在曼联电视台招惹的非议，牵连弗莱彻和奥谢吃了苦头。

我觉得基恩离开之后整个更衣室都轻松了，如释重负的感觉席卷了整个房间，他们再也不用听那些已经让一部分球员习惯的咆哮了。由于基恩的竞技水平正在走下坡路，所以他那时候离队影响不大。我看了他代表凯尔特人队出战流浪者队的比赛，赛前我对奎罗斯说："今天他会是场上的明星球员。"

然而，基恩从头到尾就没有投入到比赛中去，而是充当着可有可无的角色。那个充满活力、紧握拳头、高标准严要求的罗伊·基恩消失了。他很喜欢在凯尔特人队的生活，我和他谈过这件事，他称赞了球队的训练、俱乐部设施和ProZone分析系统。我们的矛盾确实缓和了，他离队大约两个月后，我坐在办公室里与奎罗斯讨论球队事务时，一名员工打电话说基恩来了，想见见我。我吓了一跳。

"我只是想为之前的行为向你道歉。"基恩这样说道。然后，他就开始向我描述他在凯尔特人队的状况，告诉我他的工作进展多么顺利。当我看到他在对阵流浪者队的比赛中的表现时，我意识到他彻底走下坡路了。

在基恩离队之前，曼联的改革就已经开始了，但效果还不明显。关于曼联，有这样一个永恒的真理：我们总是有能力培养出新球员。当基恩离开的时候，一些新人已经崭露头角。弗莱彻逐渐成熟，越来越有经验。我签下朴智星，强尼·埃文斯正在破茧成蝶。

　　一线球员往往无法意识到球队重建，因为他们看不到自我以外的东西，也根本不知道接下来会发生什么。吉格斯、斯科尔斯和内维尔是例外，或许里奥·费迪南德和韦斯·布朗也是。但其他人对此完全没有意识，只专注于踢球。如果说起荣誉，那段日子对我们而言斩获不多，但我能看到球队根基不断夯实。然而，当你酝酿改革时，就得接受青黄不接的过渡期，并做好延续一年以上时间的准备。

　　我从来不会要求用三四年完成过度，因为曼联不会给你这么长时间，所以你要努力加快速度，有时也要大胆一点，让年轻球员上场接受检验。我从不害怕做这些事，这不仅是一种责任，也是我工作的一部分，这就是我的执教风格。在圣米伦、阿伯丁和曼联，我都做到了。所以，处于重建时期，我们总是信任年轻球员。

　　在引援方面，奎罗斯非常喜欢安德森。在一天之内，吉尔前往葡萄牙体育签下了纳尼，然后驱车到波尔图签下安德森。签下这两名球员花了我们不少钱，但这也表明了我们作为一家俱乐部对年轻天才的态度。我们有一条由费迪南德、维迪奇和埃弗拉组成的出色后防线，在防守端我们是一个坚固的集体。鲁尼正在成长，我们让伤病缠身的萨哈离队给鲁尼腾出位子。租借亨里克·拉尔森的这段时间，他的表现非常出色。

　　在最初的和解之后，我与基恩的关系再次恶化。我在报纸上看到，他说说他已经把曼联从生活中抹去了，声称在他离队之后，我们都已经忘记他了。怎么会有人忘记他为俱乐部所做的一切呢？过去因为他对胜利的渴望，以及他带领球队前进的方式，媒体把他视为半个主教练，记者总是问我"你认为罗伊·基恩会成为主教练吗？"他成为教练后，一直是买、买、买。我觉得他没有足够的耐心去打造一支球队。

　　在2011/2012赛季，我和基恩再次交锋，当时曼联兵败巴塞尔，导致球队

第九章　罗伊·基恩

从欧冠联赛中被淘汰，他对我们的年轻球员进行了严厉的批评，我在回应时把他称为"电视评论员"。如果你关注他在桑德兰和伊普斯维奇执教的最后那段日子，会发现他的胡子变得更白，眼睛变得更黑。有些人可能会对他在电视上发表的观点印象深刻，并认为"真厉害！他有勇气去挑战弗格森"。从他成为电视评论员的那一刻起，我就知道他会蹭曼联的热度。

至于指责年轻球员？他不会把矛头对准鲁尼，鲁尼也不会容忍被他批评，有资历的球员都会反击他。弗莱彻和奥谢被批评后，我们在巴黎与里尔交手时，两人便遭到了自家球迷的嘘声。基恩在教练领域的两次经历证明，他只会砸钱。他在桑德兰和伊普斯维奇都花了很多钱，最后都打了水漂。

他接受了《星期日泰晤士报》记者大卫·沃尔什的采访，说我只关心自己，并以约翰·马尼耶和"直布罗陀之岩"（译者注：弗格森与马尼耶共同拥有的赛马名，后两人因马匹配种的利润分成对簿公堂）为例。难以置信。那天我和他在办公室发生冲突时，我看到了他的愤怒，他的眼睛变黑了。那天他也谈到了约翰·马尼耶，我无法理解他为什么对"直布罗陀之岩"事件如此关注。

我们在那个重要的星期五达成的协议中，要求对方对彼此的矛盾保密。要不是他违约在先，我会让这些破事烂在肚子里。当基恩在桑德兰指责曼联在他离开的过程中侮辱并欺骗了他时，俱乐部甚至要对此诉诸法律，而基恩则说他不会收回自己的言论。我的感觉是他想和曼联打官司，以此引起球迷关注。毕竟，他仍然是球迷们心目中的英雄，所以我建议大卫·吉尔撤销诉讼，我们只要维护好自己的名誉就行了，没必要太过在意他。

第十章　业余爱好

球迷们可能认为我是一个把所有精力都投入到曼联球队上的工作狂,很少留意我工作之外的兴趣和爱好。随着执教的压力越来越大,我便在众多业余爱好中寻求解压方式。我的书架上堆满了书,酒窖里放满了好酒。这些兴趣爱好让我的思维得到了拓展。

大家都知道我喜欢赛马,不过我对阅读和红酒的热爱却鲜为人知。当我们在卡灵顿训练基地的日常工作结束之后,或者比赛结束,点评和总结都完成之后,我会回到一个属于我的世界。在执教曼联最后10年左右的时间里,我让自己慢慢养成一系列兴趣,以此帮助我更有效地管理曼联。我依然努力工作,但同时也以一种更加多样化的方式充实我的大脑。从独裁者的传记,到美国总统约翰·F·肯尼迪遇刺案的文件,再到我收藏的葡萄酒,都被我一一收纳。

从我在戈万造船厂当工会代表的时候起,我的政治信念就基本没有改变过。一个人的信仰可能会随着时间推移以及成功和财富的积累而改变,但在我年轻的时候,接触到的与其说是一系列意识形态的观点,不如说是一种对待生活的方式,一套价值观。

从某种意义上说,我不是那种在每次工党竞选活动中都无处不在的活跃分子，也从不主动参加一场晚宴，但我一直支持当地的工党议员。我的妻子凯茜会说，一旦你投身政治，他们每次活动都会想让你出席。人们会对你产生一种期望，你需要时刻准备就绪，并且愿意为政治活动付诸行动。支持工党和信奉社会主义是一回事，成为一名积极分子则是另一回事。作为曼联主教练，我没有时间满足这些要求，我只会在选票上画×，用这种肉眼可见的方式支持他们。你没有看到我坐在戴维·卡梅伦身边，对吧？但你可能会看到我和一个工党议员坐在一起，我就是这样发挥个人影响力的。

我在工党内一直是左派，这也说明了为什么我对戈登·布朗以及约翰·史密斯的工作评价很高。已故的约翰·史密斯本可以成为优秀的工党首相。我为尼尔·基诺克感到难过，他时运不济，我很想看到他入主唐宁街，他是那种天性火热的好人。原则上来说，我与布朗的理念相似，但我承认，托尼·布莱尔更亲民的方针才是赢得选举的关键，他的定位是准确的。此外，他还很有个人魅力，在很长一段时间里都很受欢迎，直到武装干预伊拉克降低了公众对他的好感。

我与阿拉斯泰尔·坎贝尔的友谊是通过吉姆·罗杰建立起来的。罗杰是苏格兰资深足球记者，也是几位工党首相的知己。他打电话给让我接受阿拉斯泰尔的采访。阿拉斯泰尔当时在《镜报》工作，和我相处得很好，偶尔会给我写信。他非常善于交际，后来成为布莱尔的新闻秘书。因为他在工党内扮演的角色，我俩成了好朋友。1997年大选前一周，我与阿拉斯泰尔、托尼·布莱尔以及他的妻子切丽·布莱尔在曼彻斯特的米德兰酒店共进晚餐。我告诉布莱尔："如果你能让你的内阁成员同舟共济，你就不会遇到问题。政府的问题在于山头林立，心口不一。这些都是你控制内阁的绊脚石。"

布莱尔对我给出的建议深以为然。无论处于任何权力地位，都会有脆弱的一面。如果你在领导一个国家，我能体会和理解你高处不胜寒的孤独感。就好像我下午完成工作，坐在办公室里，希望有人陪伴。地位不同，往往使人和人之间产生距离感。布莱尔还很年轻,但他已经身居高位了。

布莱尔后来在他的回忆录中写道,当自己还是首相,而布朗担任财政大臣,就住在唐宁街11号的时候,他曾问过我对辞退布朗的看法。我记得他当时并没有具体提到布朗,他的问题是关于球队中的超级明星,以及我如何与他们打交道。我的回答是:"在我的工作中,最重要的东西是控制力。一旦有人威胁到你的控制权,他就必须走人。"

布莱尔也确实说过他和布朗之间有问题,但并没有具体问我觉得他应该怎么做。我给他一个比较笼统的建议,因为我不想介入私人恩怨。

如果你想解决问题,就必须迎难而上。如果你对你的一名员工感到担心,就证明出了问题。对我来说,要立即采取行动解决问题,因为每天晚上辗转反侧毫无意义。

如果你想用,那么权力是非常好用的,但我不认为把它用在足球运动员身上是明智的选择,因为对足球运动员而言,滥用权力并不受欢迎。但掌控球队是我的目标,如果我想控制,可以使用我的权力,而我也确实这么做过,但是当你经历了我在曼联经历的一切时,权力自然就随之而来了。你在这些工作中做出的重大决定通常会被外界视为行使权力,而实际上,有效控制才是关键所在。

撇开工党政治和葡萄酒庄园不谈,美国文化是我主要关注点。肯尼迪遇刺案、美国内战、文斯·隆巴迪杯和美国各种伟大的球类比赛,都是我工作之余的解压方式。纽约是我接触美国文化的窗口,我在那里买了一套全家人都能住得下的公寓。当曼联球员离开老特拉福德训练基地参加国际赛事时,曼哈顿就成了我的临时落脚点。

美国总是令我心向往之,那里的活力、广袤和包容性是我的精神食粮。1983年我第一次去美国,当时阿伯丁队赢得了欧洲优胜者杯,我们全家人例行去了佛罗里达州度假。那时,美国和它的历史已经进入了我的血液。1963

年，约翰·肯尼迪在达拉斯遇刺身亡，这件事至今让我印象深刻。随着时间的推移，我对他如何被杀、被谁杀以及为什么被杀念念不忘。

我记得那是一个星期五晚上，我正在浴室水池的镜子前刮胡子，准备和朋友出去跳舞。有点耳聋的父亲大声问我："约翰·肯尼迪遇刺是真的吗？"

"爸，你肯定听错了！"我大声答道。我擦干脸，什么也没想就出去了。半小时后消息传来，肯尼迪被送往帕克兰医院。

我永远记得，在戈万附近的火烈鸟舞厅，我听着平·克劳斯贝那首刚刚冲上流行榜榜首的《在星星上荡秋千》，舞厅突然因为肯尼迪遇刺沉闷下来。我们没有跳舞，坐在楼上谈论这件事。

对我这样的年轻人来说，肯尼迪承载着我无限想象。他应该是英俊帅气、魅力十足的人。也只有他这样生气勃勃、活力四射的人能够成为总统。尽管肯尼迪的形象在我的意识中固化，但我对刺杀事件的兴趣是被一件意想不到的事激发的，在一次斯托克的晚宴上，我被布莱恩·卡特梅尔邀请发表演讲。

那时，斯坦利·马修斯、斯坦·莫滕森和吉米·阿姆菲尔德都在场。我记得当时自己很纳闷："我来这里干什么？这里全都是伟大的球员，他们肯定更愿意听斯坦利·马修斯发表演讲，怎么会是我呢？"

但在晚宴期间，卡特梅尔问我："你有什么爱好？"

"我没有时间搞业余爱好。"当时忙于执教曼联的我说道，"我家里有一张斯诺克球台，喜欢偶尔打一下高尔夫球，也爱在家看电影。"

卡特梅尔拿出一张名片对我说道："我儿子在伦敦有一家公司，他有所有老电影的录像带。如果你想看电影，随时给他打电话。"

前天晚上，我刚到威尔姆斯洛的电影院观看了《刺杀肯尼迪》。布莱恩问我："你对这件事感兴趣吗？"

第十章 业余爱好

当时，我已经收集了几本关于那件刺杀案的书。

"肯尼迪遇刺时，我在车队的第15辆车里。"布莱恩说道。

就这样，我们当时在斯托克，他突然对我说肯尼迪遇刺时，他也在车队里。

"你怎么会在车队里？"我问布莱恩。

"我曾是《每日快报》的记者，后来移民旧金山，并为《时代》杂志工作。"布莱恩说道，"1958年，我向肯尼迪政府申请参与选举报道工作。"

当肯尼迪宣誓就职美国总统时，布莱恩正在飞机上。

这种个人的关联让我对肯尼迪刺杀案更加着迷，开始参加各种拍卖会，收集相关资料。一个从美国来的小伙子通过媒体得知我对这件事感兴趣，就给我送来肯尼迪的验尸报告。我在训练基地保留了几张照片——一张是我在拍卖会上买的，另一张是别人给我的。我还在拍卖会上花3000美元拍下杰拉尔德·福特签名的《沃伦委员会报告》。

1991年，为了庆祝结婚纪念日，凯茜和我再次回到美国。我们去了芝加哥、旧金山、夏威夷、拉斯维加斯，还去了得克萨斯州的朋友家，最后到达纽约。自那以后，我们经常去美国。我补充藏书的速度加快了，约翰·肯尼迪最权威的传记可能是罗伯特·达莱克所著的《未完成的一生：约翰·肯尼迪 1917—1963》（又译《肯尼迪传》），值得一读。作者查阅了肯尼迪的病历，发现肯尼迪患有爱迪生氏病和肝脏疾病。他能活着就是个奇迹。

在肯尼迪担任总统的3年时间里，经历了很多斗争，包括失败的猪湾入侵，他为此承受了不少指责，还有种族歧视、冷战、越南战争和古巴导弹危机。医疗保险是另一个引起争议的问题，就像如今的美国一样，这可不是件小事。还有一则趣闻，说明足球是这个世界上最受欢迎的运动。你知道美国中央情报局如何在1969年意识到苏联正在古巴部署导弹的吗？答案是足球场。中央情报局通过航拍发现苏联工人在古巴修建足球场，古巴人是不踢足球的。亨利·基辛格胆大心细，他一下就懂了。

通过阅读肯尼迪家族的故事，我接触到了一些经典的文学作品，大卫·哈伯斯塔姆所著的《出类拔萃之辈》我尤为推崇。它着重讲述了美国出兵越南的原因，以及肯尼迪兄弟被骗的谎言。甚至连肯尼迪家族的朋友、美国国防部长罗伯特·麦克纳马拉也在误导他们。退休后，他为此向肯尼迪家族道歉。

2010年夏天的美国之旅中，我去了葛底斯堡，并在普林斯顿大学与撰写《自由的战吼》的美国内战历史学家詹姆斯·麦克弗森共进午餐。此外，我还参观了白宫。我对美国内战的痴迷始于有人赠予我一本关于内战将军们的书，内战双方都有十几名将军，有些将军还是教师出身。有一天，戈登·布朗问我在读什么书，我回答"美国内战"。布朗说他会寄一些磁带给我，很快我就收到了加里·加拉格尔的35段演讲录音。加拉格尔后来和詹姆斯·麦克弗森一起研究海军在内战中的作用，这是一个罕见的研究方向。

赛马是我的另一个爱好，也是另一种解压方式。前曼联主席马丁·爱德华兹有一天打电话对我说："你应该给自己放一天假。"

我回答："我很好。"

但当时我正处于凯茜所谓的"你会累死自己"的阶段。即便下班后回到家，我也会一直打电话到晚上9点，满脑子都是足球。

我在1996年买了我人生中的第一匹马。我在和凯茜结婚30周年纪念日那天去了切尔滕纳姆，第一次见到毫不起眼的爱尔兰驯马师约翰·穆尔赫恩，我们一起吃了午饭，晚上又和他们去伦敦共进晚餐。事后我忍不住问凯茜："你想买匹马吗？我想我能够通过买匹马来减压。"

"怎么突然想买马？"凯茜问道，"亚历克斯——你的问题在于你以后会想买下所有该死的马。"

但它确实为我打开了减压的阀门，比起待在办公室里，或是在没完没了

第十章 业余爱好

的电话尬聊中浪费时间,我可以把自己的注意力转移到马场上。这是一种令人愉悦的消遣,可以让我从繁重的足球工作中解脱出来——这就是我投身其中的原因,让我能够摆脱工作的压力。和"好朋友"(马匹名)一起赢得雷克萨斯追逐赛以及安特里碗这两场一级赛事冠军是我的高光时刻。在安特里碗比赛的前一天,曼联在欧冠联赛中被拜仁慕尼黑击败。一天前我还垂头丧气,第二天我就在利物浦赢得了一场一级赛事。

我的第一匹马,"昆士兰之星",是以我父亲参与建造的一艘船命名的。驯马师告诉我,这匹马之前从未拿过冠军。现在我已经有六七十匹马,对大约30匹马持有股份。我对海克利尔财团很感兴趣,经营这个财团的哈里·赫伯特很有个性,也是出色的推销员。你能通过他知道马匹情况如何,因为他每天都会给你反馈信息。

"直布罗陀之岩"是一匹神奇的马,是北半球首匹连续7次赢得一级赛事冠军的小马,打破了"米尔瑞夫"保持的纪录。它以我的名义参加比赛,这是我与爱尔兰的库尔摩尔赛马公司达成的协议。我认为我拥有这匹马的一半所有权,而他们却说我有权得到一半奖金。这个分歧后来解决了,当我们达成协议承认双方都有误解时,分歧就不存在了。

显然,我对赛马的兴趣和俱乐部股东对我的要求发生了冲突,当有人在年度股东大会上执意要求我辞职时,我感到很尴尬。我不得不说,我从来没有背离曼联主帅的职责,更不会为赛马过度分心。我有一位名叫莱斯·达尔加诺的优秀家庭律师,代表我处理了这个麻烦。这没有影响我对赛马的热爱。我现在和约翰·马尼埃关系很好,他是库尔摩尔赛马公司的主要负责人。

赛马让我学会放松自己,就和阅读书籍、收藏葡萄酒一样。1997年,我开始正式收藏葡萄酒,那时候我遇到了一些困难,并意识到我需要做点其他事情转移注意力,学习葡萄酒知识在这方面也起到了帮助。我开始与当代艺术的大收藏家、我的邻居弗兰克·科恩一起购买葡萄酒。弗兰克出国后，我就开始自己收藏葡萄酒。

我不敢自称葡萄酒专家，但我确实略知一二。我知道好的年份和好的葡萄酒，能品鉴葡萄酒的好坏并辨认出它们的一些特性。

为了钻研葡萄酒，我还专程前往法国的波尔多和香槟区，但我通常还是通过读书，以及在午宴和晚宴期间与葡萄酒经销商和专家聊天，补充葡萄酒方面的知识。这太令人兴奋了。我曾与葡萄酒专家兼电视节目主持人奥兹·克拉克和葡萄酒商人约翰·阿米特共进晚餐。而科尼和巴罗葡萄酒吧提供的午餐美极了。他们会谈论葡萄，还有葡萄酒的年份，他们的话题我不太懂，但我真的很着迷。也许我应该多了解一些关于葡萄的知识，那才是一切葡萄酒的基础，当然我很快就掌握了一些实用的知识。

2010年秋天，我被人问及关于退休的事情，我随意答道："退休是年轻人的事，因为他们有其他事情可以做。"到了70岁这个年龄，一旦退休，由于无所事事，精神世界很快就空虚了。你必须为退休后的生活做好准备，让自己退休后马上有事可做。我指的是退休第二天，而不是100天后才有事可做。

当你年轻的时候，偶尔一天工作14个小时是很有必要的，因为你必须建立自己的声望，而唯一的方法就是努力工作。通过这些方法，你为自己培养了一种敬业精神，等到组建了家庭，这种态度就会影响家人。我的父母把他们的敬业精神传给我，而我也传给了子孙。趁着年轻，你可以为以后的生活打基础。随着年龄增长，你必须管理好自己的精力并保持健康。人们都应该保持健康，控制食欲。我从来不嗜睡，但我每天会保证睡五六个小时，这对我来说已经足够了。有些人醒后赖床，而我永远做不到这一点。我醒来就会立即起床，整装待发，从不会躺在床上虚度光阴。

你已经睡得足够多了——这就是你醒来的原因。我会在早上6点或是6点

第十章 业余爱好

15分起床，然后在7点抵达训练基地。我家和训练基地之间只有15分钟的车程，这是我的习惯，这种作息规律从未改变。

我是战时出生的一代，这也意味着你出生了，以后只能靠自己。你是安全的，有图书馆、游泳池和足球。你的父母一直都在工作，所以要么是你的奶奶来看看你是否安然无恙，要么是你到了能够自己照顾自己的年龄，就开始独立生活，这就是规矩。我妈妈过去常说："那是肉馅，那是马铃薯，你要在下午4点30分把它们放进锅里。"所有东西都准备好可以煮了，我要先开火等父母下班回家。我爸爸会在下午5点45分左右到家，进屋就要吃饭——那是我的工作。然后把灶台清理干净，这些都是我放学回家后要做的家务。我和弟弟在晚上7点钟才能做作业。

那是一种简单的生活，少了很多现代化设备的帮忙。

现在，人们都生活在温室里。他们从来不去造船厂，也从来不进矿井，很少有人从事体力劳动。现在的人越来越溺爱孩子，包括我的儿子，他们为自己孩子做的，比当年我为他们的付出多很多。

他们参加的家庭活动比我多，例如和孩子一起野炊，我这辈子从来没有组织过野炊。我只会说："孩子们，去玩吧。"我们在阿伯丁的房子旁边有一个操场，孩子们每天都在那里玩耍。我们1980年才有了录像机，画面都是雪花，很糟糕。科技进步带来了CD和DVD，现在我的孙子在电脑游戏中能组建自己的梦幻球队了。

我对孩子们做得不够，凯茜一直在照顾他们，她是一位伟大的母亲。她会对我说："等他们长到16岁，就会理解爸爸了。"这确实是真的。随着他们渐渐长大，与我的关系变得越来越融洽，三兄弟也非常亲密，这让我非常高兴。凯茜得意地说："我早就告诉过你了。"

"是你把他们培养出来的。"我这样告诉凯茜，"如果我对三个孩子说你坏话，他们会杀了我的，你还是家里的老大。"

在这个世界上，成功没有秘诀，关键在于努力工作。马尔科姆·格拉德威尔的《异类：不一样的成功启示录》不如叫作《努力工作》或《努力奋斗》。书中的例子可以追溯到卡内基和洛克菲勒身上，我非常喜欢书中关于洛克菲勒的一个故事。这家人经常去教堂做礼拜，有一次，捐款盘快传到他们面前，每个做礼拜的人都捐了一块钱。小洛克菲勒对爸爸说："爸爸，如果我们直接给他们50美元，算做一年的捐款，那不是更好吗？"

"是的。"父亲回答道，"但是我们会损失3美元的利息，孩子。"

他还指导管家怎样让同样的柴火多烧一个小时，以及如何用这种方法生火，要知道他可是个亿万富翁。

洛克菲勒认真对待工作的态度使他养成了节俭的习惯，他从不会浪费，这一点我感同身受。即使到今天，如果我的孙子剩饭，我也会吃掉。我对的三个儿子也是这样要求。"不要在你的盘子里留下任何东西"是一句箴言。现在，如果我接近马克、杰森或达伦的食物，他们会砍掉我的手！

努力工作是最重要的。

当然，努力工作的强度随着年龄增长，会对身体造成一种无形的负担。在这些因素作用下，我的心脏出了问题。有一天早上在体育馆，我看到心率带上的数字从90跳到160。我找到力量教练迈克·克莱格，并抱怨道："这心率带一定有问题。"

我们换了另一条心率带测试，还是一样的结果。迈克说道："你需要去看医生，这样的心率不对头。"

医生把德里克·罗兰德斯推荐给我，他曾为格雷姆·索内斯治过病。我的病是心脏肌纤维震颤，他建议我尝试电击疗法控制心率。7天后，我的心率恢复正常。然而，在下一场比赛中，我们输了，我的心率又加快了。我责怪球员，用一场胜利就能让我的心率保持在正常范围之内。电击治疗的成功率是50%—60%，但现在我知道自己需要对心脏采取保护措施。医生建议安

第十章 业余爱好

装心脏起搏器，并每天服用一片阿司匹林。

2004年3月，植入心脏起搏器手术花费了半个小时，我在屏幕上观看了手术的整个过程，我永远记得那喷涌而出的鲜血。通常一个起搏器能用8年。2010年秋天，我再次更换起搏器。那次手术我全程在睡觉，随后通过会诊，我被告知仍然可以做自己喜欢做的事情，比如锻炼、工作、喝葡萄酒。

我承认，最初心脏出问题确实让我不安。前一年我做过一次健康检查，心率是48。球衣管理员阿尔伯特·摩根曾对我说过："我还以为你没有心脏呢。"我当时的身体非常好，然而一年后，我的心脏却需要一个起搏器辅助了。这件事告诉我，变老是要付出代价的，我们都会受到年龄增长的影响。你以为自己坚不可摧，事实上我也确实这样想过。你要知道，生命之门总有一天会在你面前关上，但那一天到来之前，你总觉得鬼门关离你很远。事实上，上帝随时都能把索命索套在你身上。

我年轻时，会在球场边上蹦下跳，踢脚下的皮球，让自己沉浸在比赛的每个细节当中。随着年龄增长，我变得成熟温和了。最后，我倾向于观察而不是投入其中，尽管有些比赛仍然让我恨不得披挂上场。我时不时还是用行动向裁判、球员和对手证明我宝刀未老。

关于健康，我想说的是，如果你得到了这方面的警告，那就得注意了。听从你的医生，遵从医嘱，接受身体检查，控制体重和饮食。

我很高兴，自己只需要读书，就能从工作和生活的纷扰中解脱出来。如果我把客人带到我的书房，他们会看到关于总统、首相、纳尔逊·曼德拉、洛克菲勒、演讲艺术、尼克松、基辛格、布朗、布莱尔、蒙巴顿、丘吉尔、克林顿、南非以及苏格兰历史的书籍。戈登·布朗关于苏格兰社会主义政治家詹姆斯·马克斯顿的著作也在其中，还有关于肯尼迪的所有资料。

身心轻松时，我会拿起埃德蒙·希拉里和戴维·尼文的作品。然后再探索犯罪的黑暗面，例如读些关于科雷兄弟和美国黑手党的书。

在我的工作中,我是如此地专注于体育,以至于我平时很少阅读体育方面的书,但书架上也有一些入门类的,如戴维·马拉尼斯所著的《当自尊仍然重要时》是绿湾包装工队的伟大教练文斯·隆巴迪的自传。读这本书时,我在想:"这本书写的就是我,我跟隆巴迪没什么区别。"我俩对体育的那种痴迷如出一辙。我非常认同隆巴迪的一句名言:"我们没有输掉比赛,只是时间不够而已。"

第十一章　范尼

2010年1月的一个雪夜，我在家中收到范尼斯特鲁伊发来的一条短信："我不知道您是否还记得我，但我需要和您通电话。"我的老天，这是怎么回事？我对妻子凯茜说道："他4年前就离开曼联了。"凯茜回答："他想干什么？想回曼联？"

"不，别傻了。"我告诉她。

我完全不知道范尼斯特鲁伊想干什么，但我给他回了短信："OK。"于是他给我打了电话。我们寒暄过后，他说他经历了一些伤病，现在已经康复了，却得不到比赛机会。然后他表明了来意："我想为自己在曼联最后一年的行为向您道歉。"

我欣赏那些勇于承认错误的人。在这个以自我为中心的现代文化中，人们已经忘记了还有"对不起"这个词。足球运动员被主教练、俱乐部、媒体、经纪人或是朋友宠着，他们只会告诉球员他有多棒。遇到一个人，能在很久以后拿起电话说："我错了，我很抱歉。"感觉非比寻常。

范尼没有过多解释，或许当时我应该抓住机会问他："为什么当初事情会发展到那种地步？"

那个冬夜，我仔细琢磨范尼给我打电话的意图，我知道当时有两三支英超球队想签下他，但我认为这不是他想向我致歉的原因。他没有必要为了在英格兰的另一支球队踢球而修复自己与曼联的关系。也许这是一种内疚情结，他可能已经想了很久，在那个阶段，他无疑变成了一个更成熟的人。

我们关系出现问题的最初迹象，来自于范尼开始对卡洛斯·奎罗斯喋喋不休地说C罗的坏话。他和C罗有过一些冲突，但没有严重到无法控制的地步。然后范尼把枪口转向加里·内维尔，不过加里已经做好准备，范尼没有得逞。大卫·贝利昂似乎是另一个让范尼生气的人。在范尼效力曼联的最后一个赛季里，球队内部有不少争吵，但主要还是范尼攻击C罗。

在2004/2005赛季末，我们打进足总杯决赛，对手是阿森纳。当时范尼的表现很糟糕。就在前一个星期三，他的经纪人罗杰·林斯找到大卫·吉尔，提出转会申请，范尼想离开。

吉尔表示球队周六要踢足总杯决赛，主力中锋此时提出离队非常不妥。吉尔问罗杰·林斯为什么范尼想离队，罗杰·林斯的回答是范尼认为球队没有发展，不相信我们能赢得欧冠冠军，还断定我们无法靠鲁尼和C罗这样的年轻球员问鼎欧冠冠军。

在足总杯决赛后，吉尔给罗杰·林斯打电话，让他带范尼来和我们一起开会。我们的态度很强硬，因为皇家马德里不会为范尼支付3500万英镑转会费，这是显而易见的。我相信这就是范尼要求离开的原因。如果皇马爽快地掏出这笔钱，他就没有必要亲自推动转会。他希望能和俱乐部讨价还价，找到曼联可以接受的最低价。这真是个愚蠢的想法。

会上，范尼明确说明他不想等待C罗和鲁尼成熟。

"但他们都是伟大的球员。"我告诉他，"你应该引导这些年轻球员，帮助他们。"但范尼还是说他不想再等了。

"听着，我们打算在夏天签一批球员，让球队回到正轨。"我说道，"我们不喜欢输掉决赛，不喜欢输掉联赛。但当你打造一支球队时，必须有

第十一章 范尼

足够的耐心。不仅是我，球员也要有耐心，相信球队会好起来的。"范尼最终接受了我的观点，我们握手言和。

那个赛季，我们在1月的转会窗签下了维迪奇和埃弗拉，没想到他们间接引发了我与范尼最大的一次冲突。在联赛杯中，我始终让萨哈当主力。最后当我们杀入决赛时，我对范尼说："听着，现在球队进入决赛，如果我这个时候不让萨哈首发，对他就很不公平了。我知道你喜欢踢决赛，希望我能给你一点上场时间。"我确实说过这番话，这是毫无疑问的。

对阵维冈竞技的那场决赛，我们稳稳地控制住局面，我认为这是让埃弗拉和维迪奇体验大赛的绝佳机会，感受一下与曼联一同赢得冠军的滋味。让他们占用了最后两个换人名额。我转身对范尼说："我要给两位新人一点比赛时间。"范尼直接骂街了，"你这个…"我永远记得那个场景，奎罗斯怒了，替补席的其他球员都愤怒地呵斥范尼："你得规矩点。"

他已经断了自己的后路，那次事件之后，他的行为越来越出格。那就是范尼曼联生涯的尽头了，我知道我们永远不会让他回到队中。

在那个赛季的最后一周，我们需要赢下和查尔顿的收官战。萨哈当时有伤在身，球队不堪一击。即便如此，我依然不想给范尼机会。

奎罗斯到范尼的房间告诉他："我们不会带你参赛，回家吧。你这一周的行为让我们无法容忍。"

那一周，范尼在训练场上踢了C罗一脚，并说道："你想怎么样？向你爸爸告状？"C罗那时刚刚丧父。范尼口中的"爸爸"指奎罗斯。他可能是说话没过脑子，但C罗却怒不可遏，冲上去想教训范尼。奎罗斯也被这样的冒犯弄得很不高兴。正如你所预料的那样，奎罗斯在曼联很照顾C罗，两人也都来自葡萄牙。C罗刚刚丧父，如果他不能向平时无微不至照顾他的奎罗斯求助，又有谁可以倾诉呢？

整个事件非常令人寒心，范尼为什么会变成这样？我不知道。我无法确定他是不是为了离开老特拉福德故意这么做。其实这样破罐子破摔，对他没有任何好处，反而会失去其他球员的尊重。

范尼的离开真让人遗憾，因为他的数据太出色了，他是我们俱乐部最伟大的射手之一。不过，他为球队效力两个赛季以后，就出现了问题。当时他正在争取一份新合同，要求在新合同中加入可以允许他离队加盟皇家马德里的条款。具体来说就是，如果皇家马德里给出一个特定的金额，曼联就得将他出售。这个条款相当于一个违约金条款。这个问题我考虑了很久，我认为，如果我们不让步，范尼就不会续约。相反，如果让步，我们会失去主动权，下个赛季就有可能失去他。

因此，我们在新合同中标注了3500万英镑违约金，我们认为这个数字会吓退他的所有追求者，包括皇家马德里。范尼和他的团队同意了。我对吉尔说道："如果皇家马德里明年再来求购范尼，并给出3500万英镑，至少我们也在他身上赚了一倍。如果皇家马德里不来求购，我们就可以把范尼剩余的两年合同履行完，那时他已经29岁了。届时我们就已经用了他4年，可以让他离开。"我们的设想很好，但范尼签完合同就变了。效力曼联的最后一个赛季，他变成刺儿头，从球迷追捧的偶像，变成不得民心、人人喊打的反面典型。

回想当初，我的弟弟马丁·弗格森留意到为海伦芬踢球的范尼，他对我说："我真的很喜欢这个小伙子，他看起来确实很有能力。"球探评价如此之高，我需要采取行动了。我们再次考察范尼，得知他在一个月前就和埃因霍温签约。这让我感到很遗憾，但是没有办法，那笔交易似乎已成完成。尽管如此，我们还是持续关注他的动态，并在2000年采取了行动。

国际比赛日期间，我在西班牙短暂度假时得知范尼没有通过俱乐部的体检。队医查出范尼十字韧带损伤严重，但埃因霍温不接受，并坚持说范尼只是韧带轻微拉伤，不会影响他通过体检。然而曼联队医迈克尔·斯通拒绝在

第十一章 范尼

体检报告上签字，我们便把范尼送回埃因霍温。埃因霍温为了证明范尼身体没问题，让他上场训练并全程拍摄。在训练中，范尼膝盖彻底报废，倒地后痛苦地尖叫。我们该怎么办？

我告诉马丁·爱德华兹："如今这个时代，如果照料得当，几个月后球员就能从这种严重伤病中恢复过来。"

范尼接受美国科罗拉多的理查德·斯蒂德曼医生的治疗，赛季末回归，缺阵近一年时间。在埃因霍温对阵阿贾克斯比赛中，他的移动能力没有因为这次重伤受到影响，速度没有变慢。其实他不是依靠速度的前锋，禁区内的敏锐嗅觉才是他的杀手锏。最终，我们在2001年签下他。

在他康复期间，我去了他家看望他，并告诉他，无论伤势如何，我们都将把他带到老特拉福德。这对他来说是一颗定心丸，因为我觉得他在职业生涯的那个阶段，应该不会那么目中无人，毕竟他只是个来自乡下的淳朴孩子。

忘了所有的拉边和抢断吧，范尼是那种典型的意大利式传统中锋。在20世纪60年代，尤文图斯就有一位名叫皮埃特罗·阿纳斯塔西的中锋，他在比赛中看似作用不大，但就是能突然用进球帮助球队赢得比赛。

这就是称霸那个时代的中锋类型，你让他们在禁区里做自己的工作就好，范尼就是这种球员。球队必须为他创造机会，他才是完美的门前终结者，也可以完成一些不可思议的进球。

实际上，范尼是我见过最自私的终结者之一。他痴迷于自己的进球数，这种对进球和个人数据的执着精神使他成为伟大的门前杀手。他对参与球队进攻组织、一场比赛跑多少距离和冲刺多少次都不在意，他唯一感兴趣的就是自己进了多少球。他一剑封喉的能力炉火纯青，闪到对方防守球员一侧，然后快速起脚射门，完成致命一击。

如果你把我在曼联执教过的那些伟大射手放在一起进行比较（安迪·科

尔、埃里克·坎通纳、范尼、鲁尼），那么范尼是最高产的，但最出色的天生终结者是索尔斯克亚。范尼打进过一些非常精彩的进球，可很多都是简单的近距离破门。安迪·科尔也打进过一些精彩的进球，但很多进球是在禁区内乱中得手的。索尔斯克亚的射门则更飘逸，他没有多余的花哨动作。善于分析场上形势，一旦到达射门位置，他就已经把一切可能出现的情况都算好了。然而，他并没有成为主力，因为他不是最具侵略性的那种前锋。

早期的索尔斯克亚身材单薄，没有强壮的体格帮助他抵挡对方防守球员的缠斗，后来经过增重，改变了很多。

比赛期间坐在替补席上，以及在训练中，索尔斯克亚总是记笔记。所以当他上场时，对手是谁，处于什么位置，所有这些东西他都已经算好了。对他来说，比赛就像一张行程表，他知道自己什么时间该到什么位置。

索尔斯克亚性情温和，从来不想和我较劲，也绝对不可能砸开我办公室的门，要求我给他首发位置。我们知道他对自己扮演的角色很满意，这样我们很好协调了。因为让其他三名前锋谁坐板凳都不太好，这时他愿意主动扮演配角，我们只需合理安排德怀特·约克、安迪·科尔和泰迪·谢林汉姆上场就行了。

开始，我认为范尼能做的比我们看到的要多。我期望他多分担其他蓝领球员必须做的脏活累活。有时候他也会尽一份力量，全力以赴去帮助球队，但他并不愿意成为那种蓝领球员。他没有强大的耐力，体能测验也是如此，但只要有人把球传给他，他总能把球打进网窝。

在之前的几年里，我们失去坎通纳，泰迪·谢林汉姆也离队了，索尔斯克亚的膝盖出了问题，约克不再专注，只有安迪·科尔依然健康，活力十足，值得信任。但当我签下范尼的时候，就知道自己和科尔之间肯定会出现问题，因为科尔认为自己是世界上最好的中锋。我说这句话毫无恶意，对于前锋来说在场上你必须暗示自己是最出色的。当我让科尔和范尼搭档时，科

第十一章 范尼

尔很生气。

科尔此前和坎通纳的关系也不好，唯一能和他和平共处的队友是约克，他们在1998/1999赛季搭档简直是天作之合。他们之间的合作、他们之间的友谊，都是现象级的。约克加盟曼联的时候，科尔和他还不认识，但他们很快就熟络了。在训练中，他们一起练跑位、过假人、做撞墙式配合。他们完美协作，我印象里他俩合力进了53个球。

科尔并不适合和范尼搭档，所以我把他卖到布莱克本。那时候他三十出头，也为曼联奉献了他最巅峰的几年。我们在1995年花700万英镑加上基斯·吉莱斯皮从纽卡斯尔签下科尔，他为球队效力7年后，我们又从布莱克本得到650万英镑转会费。考虑到吉莱斯皮的身价不超过100万英镑，我们几乎收回所有成本。这笔交易还不赖。

范尼踢单箭头还让另一位前锋迭戈·弗兰遇到问题。范尼天生就想成为球队的第一射手，根本不把弗兰放在眼里。他们搭档的时候，彼此之间不会发生任何化学反应。弗兰在有锋线搭档的情况下表现更好，也为曼联打进过一些宝贵进球，包括在安菲尔德的两粒进球，对阵切尔西的那个压哨进球。他是优秀的球员，非常敬业。

关于弗兰的另一件麻烦事是，他住在马略卡岛的姐姐是个残疾人，照顾姐姐的责任落到他身上。但他也给曼联带来了很多积极的东西，他总是面带微笑，会说5种语言，像球队的一缕清风。我们以200万英镑将弗兰出售，我觉得太便宜了，但考虑到他工资太高，也没有其他俱乐部愿意出更高的价格买他，当时只能如此。后来他以1500万英镑的价格再次转会。

弗兰球风飘逸轻灵，个子虽矮，但上半身强壮，是一个彪悍的球员。他还是一名非常优秀的网球运动员，本可以成为职业网球选手，却不得不在足球和网球之间做出选择。他加入曼联的时候我就知道这一点，在我们的季前队内网球锦标赛上，我想赌他赢，就问负责开盘的加里·内维尔："迭戈赔率多少？"

"为什么这么问？"加里警觉地问，"他也来参赛吗？"

"我怎么知道？"我回答，"你为什么不问问他参不参赛呢？"

加里已经识破了我的意图，所有人都不能在弗兰身上押注。毫不意外，弗兰把所有人都打得落花流水。

"你认为我们很蠢，是不是？"内维尔问我。

我说："好吧，玩玩而已嘛，我本来还希望你会说10赔1的！"

第十二章　"特殊"的对手：穆里尼奥

我第一次意识到何塞·穆里尼奥是一个潜在的威胁，还要回溯到他在2004年夏天作为切尔西主教练现身的首个新闻发布会。"我是与众不同的。"穆里尼奥当时这样向全世界说道。我一边看他用非常有话题性的言论取悦媒体，一边想："真是个厚脸皮的年轻人。"

我内心的声音告诉我：这是个英超年轻新人，没必要放在心上，没必要和他计较。不过看上去他有足够的智慧，也有十足的信心处理好执教切尔西的工作。

我和奎罗斯谈了很多关于穆里尼奥的事情。奎罗斯告诉我："穆里尼奥是一个非常聪明的孩子。"奎罗斯对穆里尼奥的了解可以追溯到他们在教练学院共同度过的时光，穆里尼奥曾是奎罗斯的葡萄牙学生之一。"他是我到目前为止教过最好的学生。"奎罗斯这样告诉我。基于这些了解，我看着穆里尼奥不断前进，正是这无限潜力将他从波尔图带到伦敦，为罗曼·阿布拉莫维奇工作。他是那种能在风口浪尖上久驻的人。我马上意识到和他打心理战是不明智的选择，必须找到另一种方法对付他。

2004年8月到2006年5月，我们只赢得了2006年联赛杯冠军。切尔西和穆里尼奥在这两个赛季包揽了英超冠军。随着阿森纳的衰落，阿布拉莫维奇的财力和穆里尼奥的管理能力成为我们重建的最大障碍。

按照惯例，我们对新赛季的备战重点是联赛后半段，所以曼联总是能够以强势的姿态结束赛季。在真正重要的联赛下半程赢得比赛，这背后有科学原因，也有精神层面上的原因。

穆里尼奥初来乍到，为一位财力雄厚的老板打工。2004年秋天，他需要在斯坦福桥球场有一个强势的开局。切尔西以6分的优势领跑积分榜，我们始终无法弥补这段差距。一旦他们在冠军争夺战中处于领先地位，穆里尼奥就能确保球队以微弱的优势取胜，那些比赛都是1：0或2：0的比分。他们会在比赛中领先，然后巩固防守。切尔西当时正在成为一支难以击败的球队，他们的整体性比以往好多了。自从穆里尼奥执教切尔西之后，我在斯坦福桥球场就一场球都没有赢过。

穆里尼奥在季前训练中为演练防守阵形投入了大量精力，他们最初的阵形是三中卫和两个边翼卫，再搭配一个菱形中场，这种阵形很难对付。

我和穆里尼奥的第一次交锋是在2003/2004赛季的欧冠联赛，当时他率领波尔图将我们淘汰出局。我在第一回合比赛快结束时和他吵了一架。不过当我第一次遇到其他球队的主教练时，我经常会与他们发生争执。所谓不打不相识，就连乔治·格雷厄姆在阿森纳首次和我碰面时，我俩也发生了冲突。后来，我和格雷厄姆成了好朋友，我与穆里尼奥也是如此。我发现他乐于助人，也很健谈。我想他意识到自己是在和足坛老江湖打交道，并且享受着我们之间的谈话。

我对首回合比赛的愤怒源于波尔图球员多次假摔。我想穆里尼奥被我的愤怒表情吓了一跳，我确实做得很过分，真没有必要把自己的情绪发泄在穆里尼奥身上。实际上，我对于基恩被罚下这件事更加生气。当时，我脑海中浮现的是时任凯尔特人队主教练马丁·奥尼尔对波尔图球员场上行为的抱怨，此前一个赛季，凯尔特人在欧联杯决赛中输给波尔图。这在我心里埋下

第十二章 "特殊"的对手：穆里尼奥

了一颗种子，我看过那场比赛，也没觉得波尔图与其他葡萄牙球队有什么区别。但是，当马丁·奥尼尔揪住这件事不放时，我开始说服自己相信穆里尼奥的球队是自私、利益至上的，从而开始迁怒于穆里尼奥。

我对那场客场比赛的最深印象是，基恩是裁判误判的受害者。在回看比赛录像的时候，基恩明显只是试图给对方守门员一个下马威，却导致他被罚下场，也意味着基恩将在次回合比赛中停赛。

在老特拉福德进行的次回合比赛，裁判的表现很奇怪。我们在比赛结束前三四分钟发起一次进攻，C罗过掉了波尔图的边后卫，但随后被对方放倒。边裁举起旗子，但那位俄罗斯籍主裁判示意比赛继续，结果波尔图利用这次反击取得了进球。

我在那场比赛结束后向穆里尼奥祝贺。当一支球队把你淘汰时，你一定要想办法大度地说："祝你好运。"赛后我们一起喝了一杯葡萄酒，我告诉穆里尼奥，"你们很走运，但也祝你们在接下来的比赛中好运"。

当穆里尼奥再次出现在老特拉福德球场的时候，他带来了一瓶巴卡维拉葡萄酒。从那之后，赛后送酒品酒成为我们之间的一个互动习惯。切尔西俱乐部的葡萄酒糟透了，这一点我怎么也想不通。有一次我对阿布拉莫维奇说道："这酒简直就像涂料一样难喝。"结果第二周他给我送来一箱天娜红葡萄酒，这是最好的葡萄酒之一。

至于穆里尼奥在老特拉福德沿着边线飞奔庆祝的动作，我也做过。回想起我们面对谢菲尔德星期三进球的时候，布莱恩·基德跪在球场上，而我在边线上欢呼。我欣赏那些向你表达真实情感的人，这表明他们在乎这件事。

在欧冠联赛中击败曼联让穆里尼奥一举成名，在欧联杯决赛中击败凯尔特人是一项殊荣，但在老特拉福德击败曼联并最终赢得欧冠冠军，则更充分地展现了穆里尼奥的才华。我记得我曾在2008年前后对穆里尼奥说："我不知道自己什么时候退休。当你变老的时候，这是很难面对的，因为你害怕退休。"穆里尼奥答道："不要退休,你是我前进的动力。"他说他还要面对其他的挑战,但他未来绝对想回到英格兰足坛。在2013年6月回到切尔西之前,他在国际米兰和皇家马德里分别赢得了欧冠冠军和西甲冠军。

每个与我聊到穆里尼奥的人都说他知人善任,在战术设计和细节处理上一丝不苟。当你深入了解他以后,就会知道他是一个可爱的人,敢于自嘲,总拿自己开涮。我不知道温格和贝尼特斯是否有这样的气度。

2010年穆里尼奥被任命为皇家马德里主教练,看着他处理这份困难的工作是令人着迷的一件事。这是我印象中足坛最有趣的一次人事任命,也是最吸引人的一次风格碰撞,无论是管理风格还是比赛风格。每个在皇家马德里工作过的教练都必须坚持俱乐部的"银河战舰"哲学。当皇家马德里任命穆里尼奥为主教练的时候,我敢肯定他们已经接受了一个事实——如果他们想要赢得欧冠冠军,就必须认可穆里尼奥的风格。

和其他行业一样,你带来一个新人,突然之间一切就都变了,那些做出人事安排的人会说："等一下,我们不知道会这样。"可能会有一些球迷坐在伯纳乌球场,心里想着："我对此不满意。我花钱不是为了看这样的比赛。我宁愿4∶5输掉比赛,也不愿1∶0赢球。"

因此,穆里尼奥执教皇家马德里的精彩大戏把我牢牢地吸引住了,这是他职业生涯中最大的挑战。他在波尔图、切尔西和国际米兰都证明了自己理念的价值。他曾在不同的俱乐部获得过两次欧冠冠军,这一次他能按照自己的想法和理念去打造皇家马德里吗?从一开始,他就不太可能放弃自己追求的足球理念,转而堆砌球星,踢攻势足球。他知道这不是现代足球的成功之道。巴塞罗那的进攻很漂亮,但他们也会在失去控球权后疯狂反抢,他们是一个非常努力的集体。在皇家马德里5年内三次杀入欧冠决赛的那段时间里,他们拥有齐达内、菲戈、罗伯托·卡洛斯、费尔南多·耶罗,卡西利亚斯镇守球门,克劳德·马克莱莱坐镇中场破坏对方所有进攻。

第十二章 "特殊"的对手：穆里尼奥

在那之后，皇家马德里延续了"银河战舰"的体系，大量引进荷兰球员，还有贝克汉姆、范尼和罗比尼奥等球星。但是自从2002年在格拉斯哥举行的决赛后，他们始终无法染指欧冠冠军。穆里尼奥已经证明自己可以在豪门球队取得成功，但我想要知道的是，皇家马德里是否允许他以自己的方式获胜。

毫无疑问，穆里尼奥是实用主义者，他的足球哲学出发点是确保自己的球队不会输。在之前一个赛季，他率领国际米兰对阵巴塞罗那的欧冠半决赛开打前，所有球队都知道穆里尼奥将让出65%的控球权。巴塞罗那的策略是保证他们在中场人数占优，如果你在中场派出4名球员，他们会派出5名球员，如果你派出6名球员，他们就会把中场人数提高到7个。通过这种中场的人数优势，他们可以让皮球不断在球员脚下运转，让对手的后防线疲于奔命。最终你会在他们的旋转木马上转来转去，直到晕头转向。面对他们，你很难掌控球权。看看真正的旋转木马，你就会明白我的意思，看久了你会感到眼花缭乱。

因此穆里尼奥知道国际米兰在对阵巴塞罗那的比赛中不会有太多的控球机会，但他有自己的武器，那就是专注和合理站位。埃斯特班·坎比亚索是国际米兰的中场铁闸，如影随形地跟着梅西。这听起来很简单，但把防守体系紧密相连并融入整体战术的一部分，穆里尼奥这一布置很冒险但非常有效。后来，我看了一场皇家马德里的比赛，穆里尼奥在比赛的最后15分钟用掉了三个换人名额，登场的人基本都是防守型的球员，他通过这样的调整确保自己赢得比赛。

所有这一切都是我们在2005年前后的多次交手后很久才发生的事，回想当时，切尔西赢得了他们50年来的第一个联赛冠军，并在一年后的2006年夏天卫冕成功。如果说2004/2005赛季是一个糟糕的赛季，曼联颗粒无收，那么下一年我们也只收获了一座联赛杯冠军奖杯而已。当时，一支新曼联正在成长，但我并不知道我们能在接下来赢得英超三连冠。

我们的战略是让基恩、吉格斯、斯科尔斯和内维尔离队进行重建。他们中有三个人超出了预计留队时间，基恩则是不得不离队。我们想召集一批年轻球员，在丰富经验的吉格斯、斯科尔斯和内维尔帮助下，成为球队主力。现在审视这个策略，可以堪称绝对的成功。

是的，我们在2004/2005赛季表现不佳，在足总杯决赛中点球输给阿森纳，但在那场精彩的比赛中，我看到了鲁尼和C罗的潜力。那天他们冲垮了阿森纳后防线，有21球射在门框之内。在欧冠16强战中，我们主客场均以0∶1输给米兰，两个进球都由克雷斯波攻入。但重建对我来说并不可怕，换句话讲，这其实很正常。一支足球俱乐部就像一个家庭，总会有人离开。在足球中，有时候他们不得不离开，有时候你想让他们离开，有时候双方都别无选择，例如当年龄增长或伤病出现时。

我确实对伟大的球员离开曼联感到很伤感，但与此同时，我总会盯着那些即将退役的球员。我内心的声音总会问自己："他什么时候离开？他能坚持多久？"经验教会我要在重要位置上储备年轻球员。

因此，当2005年5月10日，我们在主场为新科联赛冠军切尔西列队庆祝时，我并没有打算在接下来的几个月向阿布拉莫维奇的财力妥协。

那对切尔西而言是一个重要的时刻，球队在心理层面实现了蜕变。他们赢得了俱乐部近半个世纪以来的第一个联赛冠军。自那以后，他们可以用另一种眼光审视自己。我们得到的教训是，如果想击败强大的新对手切尔西，就不能再容忍开场慢热。在接下来的一个赛季里，曼联迎来了梦幻开局，但最终黯淡收场，最低谷的时刻是对阵里尔的比赛，当时基恩在曼联电视台炮轰球队的部分球员出工不出力，导致赛前热身时，部分曼联球迷对我们的年轻球员发出了嘘声。

那是一个巨大的打击。基恩让队友处在危机之中，糟糕状态更加恶化，

第十二章 "特殊"的对手：穆里尼奥

球场上全员形同梦游，那场0∶1的失利是我许多年来最低谷的时刻。

在罗伊·基恩离开俱乐部的同一个月，也就是2005年11月，我们失去了乔治·贝斯特。乔治是一个温柔善良的小伙子，不知怎么的，他胆小怕事，跟你说话时还会结巴。他对自己缺乏安全感，这让你感到担心。我记得有一次和他去日本的酒吧，他带着女朋友，几乎不说话，似乎非常害羞。他本可以退役后过上好日子的，甚至有希望成为青年队教练，但是他缺乏当教练需要的个性。

关于乔治的一个鲜为人知的一面是，他非常聪明。他的葬礼规模宏大，令人心痛，由贝尔法斯特市精心策划，像国葬一般庄严肃穆。我看着乔治的父亲，那个身材矮小、性格谦卑安静的男人，心想："他培养出了有史以来最伟大的球员之一。"看来乔治内向的性格是遗传的。

在乔治的家乡北爱尔兰，球迷基本上都是工人，出于某种原因，他们就喜欢那种性格有缺陷的人，如贝斯特、加斯科因、吉米·约翰斯通。球迷在这些不完美的英雄身上看到了自己的影子，也理解他们的脆弱。吉米是个非常可爱的小伙子，他的调皮捣蛋总能把人逗乐。

每周五晚上，乔克·斯坦总盯着电话。他的妻子琼问："你看着电话干什么？"

"电话要响了。"乔克会回答，"电话马上要响了。"

电话真的响了："这是拉纳克郡警局，斯坦先生，你的小伙伴吉米在我们这里。"

毫无疑问，乔治是曼联历史上最伟大的欧冠冠军成员之一。但在2005年，我们距离欧冠冠军还很遥远。2005年9月，韦恩·鲁尼在0∶0战平比利亚雷亚尔的比赛中被罚下场，原因是他讽刺性地冲裁判金·米尔顿·尼尔森鼓掌。尼尔森就是在1998年世界杯罚下贝克汉姆的人，我一点也不喜欢他。尼尔森是最令人恼火的裁判，当你在名单上看到他的名字时，你就会泄气。

相比之下，鲁尼曾在另一场比赛中对裁判格雷厄姆·波尔骂了10次脏话，以波尔的性格，本可以将鲁尼罚下。不过，波尔没有被鲁尼的脏话影响，只是把这种行为当做普通的情绪发泄。比起尼尔森，鲁尼会更尊重波尔。海因策正是在对阵比利亚雷亚尔的那场比赛中膝盖韧带断裂，当时他的经纪人刚刚向我们递交转会申请。

与此同时，当我们在12月1∶2输给本菲卡，从欧冠联赛中被淘汰出局，媒体开始大肆宣扬我的足球理念已经落伍。如果因为工作上经常疏忽而受到批评，在我看来是合理的，但媒体认为我因为年纪大才导致球队输球，这太恶心了。随着人们年龄的增长，他们的经验也逐渐丰富。足坛曾经有过这么一个时期，顶级球员会在没有执教经验的情况下直接被聘为英超球队主教练，有经验的教练则被抛弃了。看看博比·罗布森爵士，他被纽卡斯尔联扫地出门。山姆·阿勒代斯，一位久经考验的主教练，在纽卡斯尔联仅仅待了6个月，真是荒谬。每个星期五必须面对媒体是一件令人烦躁的事。没有人会当面问我"你不是已经过了保质期吗？"但他们会在报纸上这么写，用文字诋毁一个主教练。

盛极而衰是自然规律，球迷们也会跟风说道："他们的报道说得没错，你知道的，这个问题我已经强调很多年了。"我知道我们前进的方向，我知道我们只是需要一点时间。不用太多，因为在我职业生涯中，我无法随心所欲。如果我认为自己无法再组建一支优秀的团队，我会主动下课。可我对鲁尼和C罗很有信心，确信球队的球探网络很科学，我们会找到把曼联带回正轨的球员。虽然我们只赢得了联赛杯冠军，但球队在2006年已经有过一些不错的表现。

输给本菲卡后，我们的状态有所恢复，先后击败了维冈竞技、阿斯顿维拉、西布朗和博尔顿，让我们与切尔西的总积分缩小到9分。然后埃弗拉和维迪奇加盟球队。在后防线上，我们几乎每周都练习防守，尤其练习防守传

第十二章 "特殊"的对手：穆里尼奥

中球：站位、封堵射门、对方边后卫插上时兼顾对方前锋的跑位。我们会从中圈开始，两名前锋和两组左右边路球员都参与进攻。我们先把球传给一个前锋，他寻找打门的机会，前锋完成射门的一刻，我们会把第二个球传到边路，边路球员传中，然后第三个球从禁区边缘传进禁区。所以球员们必须对封堵射门，传中球和禁区边缘传球的落点做出预判。这三项测试同步进行。

我们的比赛理念逐渐改变了。你能说出多少个真正喜欢防守的中后卫？维迪奇就很喜欢。他痴迷于对抗，对生死战兴奋不已。斯莫林也是如此，享受防守。傲慢的塞尔维亚人维迪奇冷酷无情，每球必争。2009年，他曾经来找我，说他要被国家征召。

"被国家征召是什么意思？"我担心地问。

"科索沃战争爆发了。"维迪奇回答，"保家卫国是我的责任。"

他就是拥有这样的态度。

我们在全世界网罗好苗子，杰拉德·皮克是我们在一项青年锦标赛里选中的球员。阿森纳引进塞斯克·法布雷加斯开启了巴塞罗那优秀年轻球员离队的先河，所以我们与皮克家族打交道时很有把握。问题在于，皮克的祖父曾是巴塞罗那俱乐部高管，他的家族在巴塞罗那俱乐部的历史上留下了深深的烙印。

同样，巴塞罗那也数次更换一线队教练，所以球员流动较大。皮克是一名杰出的球员，当他和我们说他想回西班牙时，我感到非常失望。他传球出色，有着鲜明的个性和征服欲。他的家人都是成功人士，这是来自他父母的遗传。不幸的是，他不想等到费迪南德和维迪奇退位让贤，我没能说服他。他和埃文斯本可以在接下来的10年里成为完美的中卫搭档。

当我们在欧冠半决赛中和巴塞罗那0∶0握手言和的时候，皮克的父亲来到球队下榻的酒店看我，他们一家人都非常可爱，他们解释说巴塞罗那俱乐部想要把皮克带回球队。他父母也很想让他回家。皮克当时在曼联缺少一线队比赛机会，但他相信自己可以在巴塞罗那获得首发位置。一切都很简单直接，最终皮克以800万欧元转会。由于当时国际足联的规定，我们签下他时只花了18万英镑。

欧洲的豪门俱乐部随后提高了他们的壁垒，以此来阻止英格兰俱乐部挖墙脚。他们绝不可能允许皮克和法布雷加斯这样的球员不断地离开自己的国家，为我们效力。如果球队在英格兰本土发现了能够跻身一线队行列的年轻人才，那么我们会为他支付500万英镑的转会费。但我们为什么要花50万英镑去买一个进不了一线队的球员呢？理查德·埃克斯利是个有趣的例子，当时伯恩利出价50万英镑要买下他，我们要价100万英镑。我们花12年培养他。当球员进入一队时才值钱。我不知道卖人的俱乐部还有什么可抱怨的，尤其在交易中还加入了未来分成条款的情况下。

任何人都有可能误判，在那几年里，我也犯过几次错误，比如签下克莱伯森和杰姆巴·杰姆巴等人。我至今仍因为曾签下拉尔夫·米尔恩而被嘲笑，尽管买他只花费了17万英镑。这笔交易使我经常遭到调侃，教练组成员取笑我说："老大，我们需要再买一个拉尔夫·米尔恩。"我的教练团队成员都和我合作20多年，他们对此还一直耿耿于怀。威廉·普鲁尼尔是另一笔失败的签约，就连埃弗拉都大声质问过我："老板，你曾经签下威廉·普鲁尼尔吗？"

瑞恩·吉格斯坐等吃瓜，一脸看热闹不嫌事大的表情。

"是啊，他曾经在曼联试训过一次。"我想尽快结束这个话题。

"试训？"埃弗拉阴阳怪气，揪住不放，"试训了多久？"

"两场比赛。"

"一次为期两场比赛的试训？"

"是的，而且那是一场灾难！"

埃弗拉把我拿捏得死死的。

第十二章 "特殊"的对手：穆里尼奥

对于新球员，你要做的第一件事就是帮助他安顿下来，解决银行开户、住房、语言、交通等问题。这是一个过程，语言总是最大的障碍。例如，学英语就是瓦伦西亚的大难关。对他来说，这纯粹是信心问题。我能读写法语，但我缺乏说法语的信心。瓦伦西亚知道这一点，有一天他反问我："你的法语说得如何？"我明白他的意思，于是向他解释，如果我在法国工作，我会努力学习法语。瓦伦西亚在英国工作，所以这个道理也适用于他。

不过，作为球员，瓦伦西亚非常勇敢，你无法吓倒他。他来自贫民窟，历经坎坷，以致他非常坚韧强硬。在五五开的机会球中，他绝不会退缩，总是勇于和对手展开肉搏。

2006年夏天的另一笔重要签约是迈克尔·卡里克。我们对卡里克的欣赏由来已久，而大卫·吉尔也得知热刺愿意出售卡里克。吉尔问我："你认为他值多少钱？"

"如果你可以用800万英镑签下他，那就太好了。"我说道。

吉尔的回复我记忆犹深："丹尼尔·列维说你的报价得再高一点，否则就别想了。"

双方讨价还价了好几个星期。我们留意了卡里克在赛季末热刺对阵阿森纳比赛中的表现。马丁提醒我："他绝对是一个曼联球员。"卡里克在那场比赛表现极其抢眼。我记得他的初始转会费是1400万英镑，算上附加条款，最高可达1800万英镑。

卡里克是天生的传球手。当时斯科尔斯接近35岁了，需要他马上接班。他给我留下深刻印象的是，他总想向前传球。他的传球范围很广，可以变换球队打法。结合我们阵中的球员特点，我认为卡里克的长传值得一试。几个月后，我们问他，为什么还没有在比赛中为球队进球。在训练中，他的射门很好，但在比赛中，他在射门位置上却没有威胁。我们在这方面对他进行强化训练，在场上给他更多的自由，并尝试释放可能他自己都没有意识到的潜力。也许是因为他在热刺踢后腰，很少进入禁区。到曼联之后，他发掘了新的技能包。

卡里克是一名出色的球员，也是一个腼腆的孩子，有时候需要别人鼓励。他在每个赛季初表现都不是很好，原因很难解释。我们和他谈过这个问题，但是通常到了10月底，他的表现就会变得很出色。他在场上看起来有点漫不经心，这使人们忽略了他的价值和重要性。

现在，我退休了，穆里尼奥又回到了切尔西。如果你问我，除了曼联队员之外，我最欣赏哪位英超外籍球员，我的答案是詹弗兰科·佐拉。他是传奇球员，我永远记得他在斯坦福桥球场对我们打进的那个球。当时他起脚射门，然后故意停顿一下，正当他想做出充满艺术性的射门动作时，帕利斯特滑铲而至却被他用一个后拉假动作骗过，帕利斯特在佐拉面前滑过。噢，帕利斯特那天没少被嘲讽。有一名队友调侃他："你不知道把脚放在哪里吗？"但我还是很喜欢佐拉，因为他是微笑刺客。

第十三章　与温格的较量

一个人在战场和在教堂中，可以完全不同。赛场之外的温格是一个安静的家伙，他是一个好伙伴，可以与你无话不谈，包括谈论葡萄酒和生活中的其他事情。在欧足联的会议上，他以帮助其他教练为己任，是我们教练行业中尽职尽责的楷模。但如果事关他的球队——尤其是在比赛日，他就是一头凶猛的野兽。

我一直觉得自己了解温格，了解他在哨声响起时性格产生的剧烈变化。我也有一点这样的感觉，如果我们有一个共同的特点，那就是痛恨失败。职业生涯早期，我在圣米伦输给雷斯流浪者队（他们把我们的球员踢惨了），我拒绝与雷斯流浪者队的主教练伯蒂·佩顿握手，尽管他曾是我在邓弗姆林竞技队的好伙伴好队友，伯蒂因此追着我抗议。噢，是的，有时候你需要一个小小的教训来证明自己错了，那天我确实做错了。这是一个小小的提醒，让我知道生活高于足球。当我做出那样的行为，是小心眼儿且有失尊严的。

到最后，我和温格的关系非常好。我们在残酷的足球行业里共存，并尊重对方为踢出精彩足球所付出的努力。但在此之前，我们没少冲突。第一次冲突是，他对我总是吐槽赛程感到不满，那是一次针对抱怨的抱怨。所以我用一句精心设计的话回击道："他刚从日本来到英格兰，知道个屁！"

温格确实什么都不知道。在接下来的两年里，他一直在抱怨他们的赛程太过密集。一个初来乍到的外国教练总想着一个赛季可以用一套稳定的阵容踢满55场比赛，这是自欺欺人。这就是为什么在现代足球中，你必须靠轮换来分散主力球员的负担。他适应了那种节奏，克服了"一周三赛"给他造成的不适。

他带领阿森纳队第一次在老特拉福德和我们比赛时，就来到我的办公室。开始我们的关系还不错，问题始于一次阿森纳表现不错却输了球，他很难接受自己球队的错误，于是开始责怪我们。他经常批评我们在比赛时身体对抗过多，无法容忍我们对他的球员采取强硬防守的战术，尤其是铲球。温格死板地认为不应该有人铲他的球员。

不过，我经历过温格治下的阿森纳巅峰期，当时他们的表现让我感到非常激动。我一直喜欢看温格的球队踢球，和他们比赛为我们带来了特殊的挑战，让我花许多时间思考对策。我总是觉得自己必须仔细分析阿森纳的每一处变化，因为他们在球场上制造了太多的威胁。切尔西则不同，和切尔西比赛的时候，我们会面对许多经验丰富的球员，对他们的各种把戏和诡计了然于心。而反观阿森纳，则在以正确的方式踢球。

在温格执教的早期阶段，阿森纳保持着足坛最糟糕的红黄牌纪录，但你永远不能说他们的球员是肮脏的，或说这是一支粗鲁的球队。史蒂夫·鲍尔德和托尼·亚当斯会把你踢到魂飞魄散，这众所周知，他们会一直紧贴在你的身旁。但从本质上来讲，阿森纳一点也不脏，用"血性"形容会更准确。他们是一群好斗的球员，例如我刚刚提到的鲍尔德和亚当斯。后来阿森纳买下了身材高大、不怕对抗的帕特里克·维埃拉，奈杰尔·温特伯恩也有点烦人；伊恩·赖特，阿森纳早期的头号前锋，同样不好惹。

2010年，温格突然对斯科尔斯进行了一番批评，他告诉记者，斯科尔斯有阴暗的一面。他没有理由对我的球员评头品足。那个星期我们和阿森纳没

第十三章　与温格的较量

有比赛，我们之间也没有摩擦。那时斯科尔斯已经赢得了10次英超冠军和两次欧冠冠军，而温格则谈论他的"阴暗面"，这让令人感到困惑。

球员总会让你感到吃惊和意外，有时候是因为他们出色的发挥，有时候则因为糟糕的表现。球员表现不好，球队就会输球，温格似乎很难接受这一点。足球能激发一个人最好的一面，也能暴露一个人最坏的一面，因为足球能让一个人倾注大量的情感。在一场关键比赛中，一名球员可能会一时大脑空白，或者控制不住脾气。一旦失控，往往会让你追悔莫及。阿森纳有很多这样的时刻，但是温格很难承认自身的失误和弱点有时会导致球队失败，他得从自身找问题。

我并不是说主教练能够洞察一切，但是我们能看到大部分问题，所以在一场比赛之后，我无法接受温格维护球队声誉时常说的那句"我没看到"，我更喜欢说"我得回去再看一看"。其实两句话传达的意思是一样的，但我这样说会给自己留有余地。等到第二天，或者不久之后，这件事可能就已经成了旧闻，一些其他事情把媒体的注意力从你身上转移。

在我的职业生涯中，曾8次被罚出场，最后一次也是最愚蠢的一次。那场比赛，一名对方球员一直踢我们的一名球员，作为主教练，对此我不能视而不见，对我的得力助手戴维·普罗万说："我要去揍那个家伙。"戴维说："别犯傻了，坐着别动。"

"如果他再踢托兰斯一次，我就上去揍他。"当然，对手确实继续这么干了。

"够了！"我吼道，"我要上去了。"

两分钟后，我被罚下。

回到更衣室，我对球员们一字一顿地说道："如果我听到这件事传出去，你们都死定了。"揍他的时候，还以为裁判背对着我看不到。那个球员足有1.9米高，军人出身。

我与阿森纳主教练的较量始于乔治·格雷厄姆。1989年，我在卧室观看联赛冠军争夺战，并告诉我的妻子凯茜："我不接任何电话，不要让任何人打过来。"当迈克尔·托马斯在对阵利物浦的比赛中攻入一球，帮助阿森纳夺得联赛冠军时，我高兴坏了。两年后，也就是我们赢得欧洲优胜者杯的那一年，阿森纳3∶1击败了我们。有一年在海布里球场踢完比赛之后，我留下来和乔治待在一起，他收藏了大量的麦芽威士忌。"你想要来一杯吗？"他问道。"我不喝威士忌。"我回答。于是乔治开了一瓶葡萄酒。

"你平时给客人喝哪种威士忌？"我问乔治。

"什么都不喝，没有人能喝我的麦芽威士忌，"他说道，"我这儿有调和型金铃酒（苏格兰性价比很低的超市酒）。"

"典型的苏格兰人。"我说道。

乔治笑道："我就靠这些酒养老了。"

我们在老特拉福德球场的第一次对决就像打仗。赛后，一位我俩的共同朋友说服乔治到我的办公室来。我的天，那时候和他的阿森纳队比赛很艰难。

在格雷厄姆之后，布鲁斯·里奥奇曾短暂执教阿森纳，紧接着就是温格接手球队，当时我对温格了解并不多。

有一天，我问埃里克·坎通纳："温格是什么样的人？"坎通纳回答："我认为他过分注重防守。"当时我想："噢，问题不大。"温格执教阿森纳初期踢五后卫阵形，但当你看到他后来的球队，恐怕不敢说他的球队是防守型的。坎通纳当初对温格的评价至今还能让我想笑。

20世纪90年代末，以及21世纪初的前几年，阿森纳是我们最大的竞争对手。当时，目之所及，没有其他球队能挑战我们。利物浦和纽卡斯尔曾有过短暂的辉煌，布莱克本有一年也赢得了冠军。但如果你回顾穆里尼奥加盟切尔西之前的曼联历史，会发现除了阿森纳，没有球队能对我们的统治地位造成持续的威胁。当初的切尔西是一支不错的杯赛球队，但是他们从未问鼎英超之巅。

当布莱克本对联赛冠军发起冲击时，我们知道这种势头是不可持续的，因为他们没有保持成功的历史底蕴。他们的夺冠对足坛和杰克·沃克来说都是伟大的事。沃克是俱乐部的赞助商，他为布莱克本带来一批优秀的球员，尤其是阿兰·希勒。对布莱克本来说，那是一段伟大的时期。

不过，经验告诉你，只需要担心那些长期处于争冠行列的传统强队就好。当你看到阿森纳和曼联一起为冠军缠斗了这么长时间，就应该知道枪手是由他们俱乐部的历史和强烈的身份认同感支撑着的。

在我执教曼联的倒数第二年，在阿森纳新主场的会议室吃午饭时我还自言自语："一流，真正的一流。"在海布里球场，我会研究赫伯特·查普曼的半身像，抛开情怀，我能真切感觉到那些大理石大厅所传达出的厚重感和目的性。从查普曼的20世纪30年代至今，阿森纳的光芒一直在延续。

酋长球场的更衣室棒极了，从零开始建造一座新体育场的好处是巨大的，就好像你在一张白纸上随意勾画。阿森纳主队更衣室里所能看到的每一个细节都印证着温格的标准，他兼顾了一支球队的所有需求。更衣室中央有一张大理石台面的桌子，他们把所有食物放在那里。比赛结束后，每个球员都能饱餐一顿。球队其他职员也有专属区域，这是一流设计的另一种体现。

所以，我从来没有对阿森纳放松警惕。历史底蕴帮助了我们，但也帮助了他们，而且他们找到了合适的教练。温格是阿森纳的正确选择，入主阿森纳之后，他就在这里扎根，而且永远不打算挪窝。一直以来，人们都在猜测他终有一天会离开阿森纳执教皇家马德里，但我从来不认为温格会离开，永远不会。我告诉自己："我们将不得不忍受温格的存在，他将永远在这里，我最好习惯面对他。"

有时候，我俩的关系非常紧张。虽然温格从来不会在赛后到我办公室来喝一杯，但在老特拉福德的那场"披萨门"事件发生之前，他的助手帕特·赖斯总是会跨过这个门槛来与我小酌。

我对那个传说般的事件的记忆是，当范尼走进更衣室，抱怨温格在他离场时挖苦了他。我立刻冲出去对温格说："你不要管我的球员！"输掉那场比赛让温格很愤怒，这就是他抱着火药桶的原因。

"你应该管好自己的球员！"我对温格吼道。他脸色发青，紧握双拳。我知道一切都在我的掌控之中，温格对范尼很感兴趣，曾说过他本有机会签下范尼，但最终认为范尼不够完美，不足以为阿森纳效力。我同意他的观点，范尼可能不是伟大的球员，但他是伟大的射手。

总之，没过多久我全身就被糊满了披萨。

每场比赛过后，我们都会在客队更衣室里堆满食物。有披萨，有鸡肉。大多数俱乐部都会这么做，而阿森纳为客队准备的食物是最好的。

更衣室外的走廊一片混乱。他们说朝我扔披萨的人是法布雷加斯，但直到今天，我仍不确定谁是罪魁祸首。

当时阿森纳在捍卫他们49场不败的纪录，还妄想在我们的主场创造50场不败的里程碑。在我看来，输掉比赛致使温格心烦意乱。

毫无疑问，那天让我和温格之间产生了隔阂，也殃及帕特·赖斯。在那之后，他也不会在赛后找我喝酒了。矛盾直到2009年的欧冠半决赛才完全修复。那场比赛后，温格邀请我们去他的办公室，并祝贺我们。几周后，我们在老特拉福德球场对阵阿森纳，赛后温格和帕特一起来到我的办公室，和我聊了几分钟。

我们日常生活中的冲突事件，也时常体现在足球世界里。你懂的，就好比你的妻子不和你说话、机器突然断电那样。你会想："天啊，我做错了什么？"

你会问妻子："今天过得愉快吗？"她会喃喃地回答"是的"，然后和好如初，一切恢复正常。足球就是这样，我恨自己和温格之间的僵持，恨这种僵持持续得太久以至于变成伤害。

我对输球有一个应对公式。在更衣室里说了我该说的话之后，然后走出更衣室，在面对媒体记者和其他教练之前叮嘱自己："算了吧，比赛已经结束了。"我总是这么做。

每当有人在赛后来到我的办公室，我尽量保持绅士风度，没有阴郁，没有冷淡，也没有责怪裁判。

2009/2010赛季，阿斯顿维拉在老特拉福德球场击败我们，那是他们几十年来第一次在我们的地盘上击败我们。我一直很享受与马丁·奥尼尔（时任维拉主帅）的谈话，赛后他和妻子以及女儿来到我的办公室。马丁的助手约翰·罗伯逊，还有我的几个朋友也来了。我感觉我们聊了一个半小时，那真是一个非常美妙的夜晚，结果那次赛后聊天成为一次真正的聚会，以至于喝到最后我需要司机载我回家。

当我们在足总杯第三轮比赛中输给利兹联时，他们的理疗师阿兰·萨顿在我的办公室里笑个不停。在他笑着离开的时候，我说道："你还没完没了啦！"

"我控制不住啊！"他说。那是自我执教曼联以来，利兹联第一次在我们的主场击败我们，萨顿真的乐疯了。他的快乐极具感染力，你必须控制跟他一起笑的冲动，并暗暗提醒自己："我是正常人，必须保持我的尊严。"

我对所有在赛后来到我办公室的对手都很热情。

在过去几年里我见证了温格的变化。当那支无敌阿森纳正在成型时，曼联正处于过渡阶段。2002年左右，我们正在重建球队。2001/2002赛季的阿森纳在我们的主场赢得了联赛冠军，并且得到全场球迷祝贺。曼联球迷的一大特点是他们愿意承认对手的优秀。有时我会酸酸地想："去吧，去为对手鼓掌，为什么不呢？而与此同时，我还得去更衣室鼓励我们的球员。"曼联球迷就是这样"傻"。我记得巴西人罗纳尔多在欧冠对我们上演帽子戏法之后，曼联球迷为他起立鼓掌。当他离开球场的时候，看起来和他的教练同样不解。他们可能心里想着："这真是个奇怪的俱乐部。"加里·莱因克尔为热刺披挂上阵的最后一场比赛也受到了曼联球迷的热情欢呼。诸如此类的情况还有很多，如果你看到了高水平的表现，并受到感染，你肯定会心悦诚服。这是足球的至高境界。

那些球迷见证过最好的曼联，所以他们知道一支好球队是什么样的。他们有一个参考标准，也知道什么是顶级球员。最重要的是，输球时你必须承认自己被打败了。除此之外你做什么都没用，生闷气更是徒劳。尽管当时我们在争夺联赛第二名，但2002年在老特拉福德对阵阿森纳的那场比赛对我意义不大。温格的球队很明显将赢得联赛冠军，好像命中注定那样。

对我来说，在经历和接受那些失败之后，我们会明确自己前进的方向。我的感觉总是："我不喜欢这样，但必须迎接挑战，必须得再加把劲儿。"我和俱乐部都不会屈服于那种"末日将至"的悲观想法，我们绝不允许这样的情绪出现。

每次失败过后，我们都会接受挑战，重整旗鼓继续前进。这个过程能鼓舞人心，驱使我继续向前。我甚至可以这么说：如果没有这些激励和挑战，我不确定自己是否会如此喜欢这份工作。

在后来的几年里，我们对阿森纳的风格研究得更加透彻。温格选球员有一个模版，他们也有专门的打法。对阵阿森纳，我们不需要赢得控球权，而要拦截他们的传球，需要派上拦截能力出色的球员。我们发现，当法布雷加斯背对球门接球的时候，他会把球传给边路的队友，然后从防守球员的另一边跑过去，前插接队友传球。所以我们叮嘱球员："贴防跑动的球员，然后拦截传球。"接着我们就迅速发起反击。

阿森纳在老特拉福德比在他们主场更危险。来到客场，他们觉得自己没

第十三章　与温格的较量

有必要疯狂压上进攻，所以踢得更保守。巴塞罗那比阿森纳更有组织性，丢球后就会拼命反抢，每个球员都会参与。阿森纳并没有那么在乎球权，不过，有时候巴塞罗那也会像阿森纳一样，采用过度复杂的踢法，因为他们太享受控球倒脚了。2009年巴塞罗那在伯纳乌球场对阵皇家马德里的比赛中，梅西在皇家马德里的禁区内连续完成两三次二过一，而皇马的后卫们则乱成一团。那场比赛，巴塞罗那以6∶2的比分击败了皇家马德里，但有一段时间我甚至认为巴塞罗那会被对手翻盘。

所有教练都得承认他们曾经执教过一些很爱拼身体的球员，但是温格的阵中永远不会有，这是他的弱点。当一名球员被罚下时，承认自己的过错并不会对你造成致命伤害。你可以为球员被罚下对他生气，因为他让球队失望了。我和斯科尔斯曾因此产生了一些矛盾，我甚至因为他的愚蠢行为对他进行罚款。我不会因为球员铲球后被黄牌警告而生气，但如果他因为一个没必要的犯规而被罚下，他就会被罚款，斯科尔斯就犯了这样的错误。如果你希望一个球员整个赛季都不犯规，除非出现奇迹。

在我执教曼联的后期，温格的软肋从他为俱乐部签下的球员就可以看出。萨米尔·纳斯里进入转会市场，所以温格将他签下；罗西基进入转会市场，所以温格将他签下，因为他是温格喜欢的类型；阿尔沙文进入转会市场，所以来到阿森纳。温格签下很多这样的球员，几乎是一个模子里刻出来的克隆人。温格最初继承的那套阿森纳阵容让他在英格兰足坛站住脚，最终他按自己的想法组建球队。

我们一直沿着两条平行的轨道走到最后。当然，在寻找和培养符合我们自身特性的年轻球员这一点上，我们的观点倒很接近。

说到这儿就得提起拉姆塞曾在我们和阿森纳的比赛前说过的话了，他之所以选择加盟阿森纳而不是曼联，是因为阿森纳产出的青训球员比曼联更多。

我当时心想："这孩子是跟我生活在同一世界吗？"我认为年轻球可能会被授意说一些话。拒绝曼联是他自己的决定，我对此没有意见。但我不得不说，我认为他做出了一个错误的选择，尽管在曼联他需要通过激烈竞争才能进入一线队。阿森纳并没有产出很多球员，是买来再培养，两者不是一回事，我能想到的唯一真正出自阿森纳本土青训的球员是杰克·威尔希尔。

再看我们，吉格斯、内维尔、斯科尔斯、弗莱彻、奥谢、布朗和维尔贝克，都是曼联产出的本土青训球员。

老毛病又来了，我总是想和阿尔塞纳·温格一较高下。对于这位我17年来的竞争对手，我永远只能如此。

第十四章　92班

每当我们有一位优秀的青训球员离队，我都会数一数那些还留在队中的人。保罗·斯科尔斯和瑞恩·吉格斯一直坚持到我退休。加里·内维尔差点熬到和我一起退役。即使是现在，我脑海里仍能浮现出他们青年时期训练后互相打闹的样子。那6个年轻人形影不离，斯科尔斯会尝试把球踢到尼基·巴特的后脑勺上，当然更多的时候被踢的人是加里。那时的斯科尔斯就是个小坏蛋。

他们都是靠得住的人，那种你不愿失去的人。他们了解俱乐部的一切，他们会与你一起前进，捍卫我们赖以生存的原则。当一个21岁的年轻人走到你面前，说他们要买房，或搬去和女朋友同居，又或者在其他城市找一份工作，任何一位家长都会意识到，那一刻孩子要离开你了。足球对我来说也是如此，我对那些从青少年时期就来到我身边的球员，也就是所谓的"92班"，产生了极大的感情。我看着他们从13岁开始成长。

尼基·巴特就是很好的例子，他那些恶作剧和捣乱行为总是让我们想起漫画*Mad*头版上那个长着雀斑、大耳朵和龅牙的卡通人物。我一直照顾他们，对我来说他们就像家人一样。相比其他球员，我会更严格地要求他们，因为他们更像我的亲人，而不是我的员工。尼基总是在想方设法搞恶作剧，但他也像狮子一样勇敢，不会逃避任何挑战。

他是我们俱乐部最受欢迎的球员，是真正的曼彻斯特人，务实且坚韧。和菲尔·内维尔一样，尼基后来的上场时间已经无法满足他的追求了，促使他到其他球队寻找机会。于是我们仅以200万英镑将他出售。我们是通过俱乐部的青训营免费得到他们的，他们不欠我们一分钱。给尼基设定的转会费是象征性的，这么做是为了确保他离队后能拿到最好的合同。直到职业生涯结束，他都视曼联为家。

我相信这些球员私底下对我烦透了，可能在想："噢，又是我，你为什么不去批评别人呢？"

我第一个批评的人总是吉格斯，希望上帝保佑他。他们很小时，被我批评从不敢还嘴。但随着时间的推移，吉格斯学会了辩解，尼基有时候也会顶嘴。加里·内维尔从来不会乖乖听话，他是和自己的影子都能吵起来的人。加里每天都得吵一架，他在6点钟起床，拿着报纸，给我们的新闻官迪·劳或者后来的凯伦·休伯特发短信："你在《电讯报》或《泰晤士报》上读到这篇新闻了吗？"

我们总说加里醒来就生气，他直率，眼里不揉沙子，看到错误就会直接指出，并与人争论，你是没有办法与他达成共识的。因为他的目的并不是去通过交谈解决问题，而是用自己的观点让你心悦诚服。他非常容易爆发，我仿佛能看到一个小问题在他的脑海里不断升级，在和我相处的时候，他知道我的忍耐极限。我会说："加里，去烦别人吧。"然后他就一笑了之。

如果让我假设20年球队没有本土青训球员，会发现自己根本找不到建队基石，这些孩子们给球队带来了稳定性。在我执教曼联的26年里，我们通过不断挖掘出伟大球员而得到认可。从布莱恩·罗布森、诺曼·怀特塞德、保罗·麦格拉思到坎通纳和C罗，这些本土青训的小伙子骨子里都具有曼联气质，这就是他们的曼联精神！他们为教练组树立一个很好的标杆，告诉我们球队可以通过青训获得什么样的成就，同时他们还是新一代年轻球员的榜样。他们现身说法，告诉下一位即将为球队登场的19岁球员："你可以做到的！下一个坎通纳可以在我们的青训学院和训练场上诞生。"

我永远记得斯科尔斯第一天进入球队的场景。当时他是和保罗·奥基夫一起来的，保罗的父亲埃蒙·奥基夫曾在埃弗顿踢过球。他俩站在布莱恩·基德身后，基德对我说他相中两个球员。我问他："两个小孩在哪儿？"斯科尔斯和奥基夫身材太矮小了，被挡在布莱恩身后，我看不见。

他俩身高不到1.6米。我看着他俩，心想："这两个人怎么可能成为足球运动员呢？"我的想法后来成了俱乐部里一个经典笑话。当斯科尔斯进入青年队时，我在教练办公室里说："斯科尔斯太矮了，练不出来的。"当他16岁进入一线队，还是很瘦小。但18岁时，他已经长高了十多公分。

保罗少言寡语，特别害羞。他父亲是好球员，这对父子俩有一个共同的绰号——重炮手。我从未看过他踢比赛，不过我在俱乐部的精英学校看过他的训练。在室内中心，我们主要向球员教授脚下技术，最初我对他的身体条件持怀疑态度。当他进入A级青年队时，踢中锋位置。我对他的评价是："他没有中锋应有的速度。"后来教练们让他踢影子前锋。在刚来克里夫训练基地的一场比赛中，他在禁区外一脚凌空抽射，力量大得让我窒息。

"他很出色，但我认为他没有机会成功，身材太矮了。"和我一起看斯科尔斯踢球的吉姆·瑞恩说道。这句话成了俱乐部人挂在嘴边的笑料："太斯科尔斯了。"

在球队待久了，斯科尔斯哮喘的毛病又犯了。青年队赢得青年足总杯那年，他没有参加比赛。贝克汉姆是后来几轮才入选球队主力阵容的，因为当时的他又瘦又弱。在对阵水晶宫的第二回合比赛之前，威尔士球员西蒙·戴维斯一直是队长，然后吉格斯接任。罗比·萨维奇当时也在队中，他们中的大多数人后来都成为国脚。本·索恩利如果不是因为严重的膝伤，也会得到国家队征召。

作为年轻前锋，斯科尔斯一个赛季可以进15个球。当他转型为中场球员时，体现出出色的传球头脑和指挥天赋，真是个天才。我喜欢看那些对他严防死守的球队，他会把对手拉出来使其失去位置，然后一脚传球，或者先做一个假动作然后把球传给另一侧队友。对手会花一分钟盯防他拿球，但他会让这些盯防毫无作用，有时甚至看起来很愚蠢，最后对方球员需要飞奔回自己的禁区。他就是用那种方法打击每一个盯防他的球员。

斯科尔斯曾遭遇数次大伤，但他总是能以更好的状态回归。无论眼睛受伤还是膝盖受伤，复出后他依然是优秀的球员，他会在经历伤病后满血回到球场。

在他30岁出头的时候，随着中场位置竞争加剧，他偶尔会因为机会减少感到沮丧。当时我让弗莱彻和卡里克踢前后腰，我承认这样安排犯了错误。当你想当然地认为自己的安排不会伤害别人时，你就很难意识到自己错了。我总觉得，在有需要的时候，我永远可以信任斯科尔斯。他是一个忠诚的伙伴，时刻准备好并且愿意为球队赴汤蹈火。卡里克和弗莱彻是我主力阵容中全新的中场搭档，而斯科尔斯将会担任经验丰富的替补。斯科尔斯英雄迟暮的念头一直在我的脑海闪现，但我错了。

2009年在罗马举行的欧冠决赛中，我们输给了巴塞罗那。我让斯科尔斯下半场替补上阵。上半场，安德森仅完成了3次传球，而斯科尔斯在最后20分钟完成25次传球。我以为自己已经非常懂足球了，但实际上并没有。想当然地认为那群老将接近退役了，就把他们摁在替补席上，这种想法是错误的，你忘了他们有多么出色。

因此，最终我给了斯科尔斯更多的出场时间，并在合适的时候让他休息。经常有人让我挑选出心目中的曼联最佳阵容，我发现自己很难做到。我不能把斯科尔斯排除出最佳阵容，也不能把布莱恩·罗布森排除出最佳阵

第十四章 92班

容，他们每个赛季都至少能为你打进10球。让他们选入又会带来一个新问题：你怎么能排除基恩？你必须得让这3名中场同时上阵。如果这么做，谁来和坎通纳搭档？他是需要搭档的前锋。你来试试从麦克莱尔、休斯、索尔斯克亚、范尼、谢林汉姆、德怀特·约克、科尔、鲁尼和范佩西当中选出一个，而且你还不能忘了吉格斯，所以我总觉得挑选出曼联最佳阵容是一个不可能完成的任务。不过，你必须得承认，坎通纳、吉格斯、斯科尔斯、罗布森和C罗永远不可能被排除出最佳阵容。

斯科尔斯可能是继博比·查尔顿爵士之后最好的英格兰中场球员。自从我来到英格兰，加斯科因就是最好的本土中场球员，他能让你不得不起立为他欢呼。斯科尔斯在职业生涯末期用精彩的表现超越了加斯科因。原因有二，一是他宝刀不老，二是他30岁之后球技仍不断提高。

斯科尔斯是一位顶尖长传手，能在训练基地精准地把球送到某个队友头上。加里·内维尔曾以为自己可以隐身，避免被斯科尔斯的传球砸中脑袋，但斯科尔斯可以在40码外把球传到他的头顶上。有一次，斯科尔斯对彼得·舒梅切尔使用精确制导，结果他因为自己的无礼行为被舒梅切尔追得满场乱跑。不踢球的话，斯科尔斯可以成为一流的狙击手。

我踢球的时候，从来没有坎通纳或斯科尔斯那样的天赋，他们就像后脑勺长眼一样。但我可以发现其他球员的天赋，因为我看过很多足球比赛，知道这些球员对一支球队来说多么重要。

斯科尔斯、坎通纳和贝隆都有这种天赋。贝克汉姆也有非常出色的传球视野，他不能送出致命直塞球，但能很清楚地看到球场另一边的情况。劳伦特·布兰科的传球视野也很出色，泰迪·谢林汉姆和德怀特·约克可以对自己身边的情况一清二楚。但在顶级球员中，斯科尔斯应该是最好的。当我们在比赛中踢得很轻松时，他就会尝试做一些无聊的事。而我就会说："看，斯科尔斯又开始无聊了。"

瑞恩·吉格斯是"92班"里最被看好的球员，也最像天才少年。我们让16岁的吉格斯有机会在一线队首秀，给我们制造了意外的"吉格斯现象"。

吉格斯幼年时，一位意大利的足球经纪人给我打电话："你儿子做什么工作？"我说："马克正在攻读学位，杰森要进电视行业，达伦是曼联的学徒。"他说："把吉格斯卖给我，我可以让你的孩子发财。"当然，我拒绝了这个提议。

吉格斯出道后，立即被人拿来与乔治·贝斯特比较。每个人都想蹭吉格斯的热度，但他很精明，总会对所有想要采访他或者找他合作的人说："找我的教练吧。"他不想接受采访，于是拿我当挡箭牌。

有一天，布莱恩·罗布森向吉格斯推荐哈里·斯维尔斯做他的经纪人。之前布莱恩已经和我讨论过这件事，当时他接近退役，相信哈里适合当吉格斯的经纪人。他的想法是对的，哈里非常棒。在81岁的时候哈里与一位他在火车站站台上认识的瑞士女人订婚——当时那位女士迷路了。哈里年轻时当过军士长，留着八字胡，他把吉格斯照顾得非常好。吉格斯的母亲非常强势，祖父母都是非常好的人。

为了将一线队生涯延长到20年，吉格斯不得不制订一份详细的健身计划。瑜伽和日常准备训练是他延长竞技生涯的有力支撑。他很重视瑜伽运动，每个星期，会有一位瑜伽专家在球队训练结束后指导他练习两次，这对他至关重要。在他腿筋频繁受伤的那段日子里，我们不知道他还能上场多少次，他的腿筋问题总是令人担心。我们会把他排除在一些场次的比赛大名单之外，只是为了让他能在重要比赛中上场。最后，我们让他休息反而仅仅是因为他的年龄问题。他一个赛季能参加35场比赛，因为他的身体状况非常出色。

吉格斯的智慧让他选择牺牲部分社交，他是一个有点内向的人，但在那群球员当中，却是最受尊重的。他是国王，是主角。有一段时间，他和保

第十四章 92班

罗·因斯会穿一些看起来很滑稽的西装,好在那只是昙花一现。那套我看到之后忍不住问"什么鬼东西"的西服,他至今还留着。

因斯喜欢穿花哨的衣服,他和吉格斯关系非常好。他们就像焦不离孟,孟不离焦。但吉格斯非常职业,在俱乐部里深受每个人尊敬。

当吉格斯的速度变慢时,我们让他更多地出现在中场位置,而不再期望他能像年轻时那样过掉对方的防守球员。很多人没有注意到,即使在吉格斯转型后,他仍然保持着自己的节奏,有时候,这比绝对速度更重要,他的协调性没有受到年龄增长的影响。

2010年秋天,他在禁区内被西汉姆联的乔纳森·斯佩克特铲倒。我抓住这个机会向球员们提出一个问题,吉格斯在他的曼联生涯中获得过多少个点球?答案是五个。因为他不会轻易倒地,虽然会跟跄,但从不跌倒。有一次,在禁区内被明显侵犯之后,我忍不住问他为什么在本来有权倒地获得点球的情况下拒绝这么做。他会像我头上长角一样看着我,面无表情地回答:"我不会倒地。"

吉格斯在场上很冷静,踢逆风球也能心平气和。但奇怪的是,在职业生涯中前期,却一直无法踢替补。作为首发,他的表现总是更好。但2008年莫斯科举行的欧冠决赛中,他替补登场,却发挥了巨大的作用,而在对阵维甘的比赛中,他同样替补上阵为我们打进第二球,帮助球队赢得了联赛冠军。至此,他消除了我们对于他替补登场影响比赛的能力是否有所欠缺的怀疑,成为曼联替补席上的宝贝。

吉格斯对名气和塑造自身品牌毫无兴趣,内向的性格让他不适合高曝光度的生活。要过明星生活,需要精力充沛地跑遍世界,让自己频繁出现在镜头前。此外,你还需要某种虚荣心——相信自己生来就是干这个的。我们时常听到演员从小就有强烈的表现欲,而名声对我而言从来没有那么大的吸引力。

我希望和那些从小一起成长的球员能在卡灵顿训练基地继续工作，保持俱乐部的连续性，就像乌利·赫内斯和卡尔·海因茨·鲁梅尼格在拜仁那样，了解自己的俱乐部是如何运作的，也了解球员需要什么样的水平保证比赛顺利进行。他们最终能否成为主教练还是未知数，因为这取决于他们执教能力如何。但吉格斯和斯科尔斯都是聪明人，了解曼联的传承，也都是伟大的球员，所以他们拥有一切契合的条件。

吉格斯绝对可以成为主教练，因为他很聪明，而且球员都很尊重他。他相对内向的性格不会成为障碍。很多主教练都不爱说话，但他们的个性必须足够鲜明。要与曼联这样的俱乐部打交道，你必须比球员们的个性更强大，就算不是，你也要相信自己是。你需要通过这一点来控制局面。你手下都是大牌球星、富翁，而你必须驾驭他们，让他们唯你马首是瞻。曼联队只有一个老大，那就是主教练。吉格斯需要培养的正是这一面，但我也是从32岁开始培养自己的。

学生时代，我们会被问："你长大后想做什么？"我会回答："我想当足球运动员。"消防员是一个更受欢迎的答案。在当时，说"足球运动员"并不意味着你渴望成为超级球星，它只代表你想靠踢球谋生。吉格斯就是这种人。

每个人的天性注定他会追求怎样的生活。大卫·贝克汉姆一直清楚他要过什么样的生活，他对那种生活方式很满意，并且渴望获得更多的名气和社会地位。那批球员中，其他人都不会梦想得到全世界认可，这不是他们天性的一部分。想象一下加里·内维尔和时尚摄影师对话的场面："你的动作能他妈的快一点吗？"

幸运的是，他们都很好地得到家庭的保护。内维尔一家人都很靠谱，同样的评价也可以用在其他"92班"球员的家庭身上。这对双方来说都是一种天赐的幸福，他们从小就被灌输了正确的价值观：脚踏实地；基本礼仪；尊重长辈。如果我对前辈直呼其名，我爸爸会揪住我耳朵说"你应该叫先生"。

现在这些传统礼仪都消失了。我的球员都叫我"教练"或"老板"。有一天，李·夏普问我："亚历克斯，你好吗？"我说："你是我同学吗？"

同样的事还有，一个年轻的爱尔兰球员帕迪·李曾有一次看到我在克里夫训练基地与布莱恩·罗布森一起上楼，当时他从楼上走下问我："一切还好吧，亚历克斯？"

我说："你是我同学吗？"

他不安地回答："不是。"

"那就别叫我亚历克斯！"

现在回想起那些场景，我还会笑出来。尽管当时我训斥他们，但我内心其实暗自发笑。帕迪·李擅长模仿动物，每年圣诞节他都会表演模仿鸭子、牛、鸟、狮子、老虎——所有的动物，甚至包括鸵鸟，球员们被他的演技逗得捧腹大笑。帕迪后来去了米德尔斯堡一年，但没能踢出名堂。

乔治·斯威策是典型的萨尔福德男孩。在训练基地的食堂里，他会对人大喊一声，然后假装什么也不知道。被喊的人四下踅摸，想找出谁在恶作剧。

他会大喊"你好老板！"或者对阿尔奇·诺克斯叫一声"阿尔奇！"我们很长时间都没有找到制造恶作剧的人，吃饭的时候食堂里人山人海，你完全无法在这么多人中找出他。

有一天斯威策还是被我抓到了。我说："好小子，你再这样做一次，我就罚你跑圈，跑到吐。"

"对不起，老板。"斯威策结结巴巴地说道。

尽管我看起来是一直要求别人服从自己的人，但我也喜欢那些捣蛋鬼，他们让人耳目一新。你需要自信和勇气，如果你身边的人都害怕在生活中表达自己的想法，那么当真正重要的事情发生时，比如比赛的关键点，他们也会同样畏惧。那些"92班"的小伙子们天不怕地不怕，是我强大的盟友。

第十五章　利物浦——伟大的传统

真正杰出的俱乐部，即使处于逆境也能很快回到正轨。也许我很幸运，能在曼联历史上最困难的时期加入他们。当时俱乐部已经19年没有赢得过联赛冠军，人们的期望值很低。我们当时已经成为一支杯赛球队，球迷更希望球队在淘汰赛中取得好成绩，对于联赛，他们已经不抱什么希望了。

我的前任戴夫·塞克斯顿、汤米·多彻蒂和罗恩·阿特金森都在执教生涯里取得了成功，但他们执教曼联后，球队无法持续对联赛冠军发起冲击。1993年以后，也就是曼联统治英超的那些年，类似的情况也发生在利物浦身上，但我仍然能在30英里外就感觉到他们的鼻息，他们一直对曼联虎视眈眈。

2001年，利物浦在杰拉德·霍利尔的带领下获得了足总杯、联赛杯和欧联杯冠军，当一支拥有如此历史底蕴和传统的俱乐部赢得杯赛三冠王时，你一定会感到恐慌。那一年我的想法是，"噢，不，别是他们。任何球队都可以，但不要是利物浦"。凭借他们的底蕴，他们的传统，他们球迷狂热的支持，以及他们出色的主场战绩，即使在低谷期，利物浦也是我们最难对付的对手。

我喜欢杰拉德·霍利尔，也很尊敬他，在他与罗伊·埃文斯的双主教练试验被利物浦董事会叫停后,这位法国人独掌球队。当时史蒂芬·杰拉德已经渐渐成为年轻的中场大师,还有迈克尔·欧文和罗比·福勒两个优秀的射手。

利物浦文化上的巨大变化,来自将权力赋予俱乐部名宿外的人。从香克利、乔·费根、肯尼·达格利什,到格雷姆·索内斯,再到罗伊·埃文斯,这一系列的内部任命保持了球队目标的一致性。在达格利什第一次执教利物浦的末期,你可以感觉到他们开始变了。当时利物浦阵容老化,他们开始做出一些不寻常的引援。例如吉米·卡特和大卫·斯皮迪,都是非典型的利物浦引援。索内斯拆散了那套老化的阵容,他的这个决定很正确,只不过步子迈得太大。索内斯犯了一个错误是放弃了最好的年轻球员史蒂夫·斯汤顿。他承认自己在这件事上犯了错,没必要让斯汤顿走人。他思路没问题,但太着急了,让他在那段时期付出了代价。

当时,和利物浦打交道有个传统,那就是他们的教练组会在比赛结束后来到我的办公室。我效仿了这个习惯,赛后也会去安菲尔德主队的办公室。利物浦靴室的人在这方面比我更有经验,但我学得很快。无论赢球、输球或者平局,两边的教练团队都会悉数参加赛后互访,以此让我们之间保持一个和谐的关系。由于两队球迷水火不容,比赛紧张激烈,因此,无论比赛结果如何,赛后交流时保持我们的绅士风度更为重要。同时,我们要隐藏自己的弱点,而利物浦在这方面也同样小心谨慎。

在里尔大学任教期间,霍利尔曾在利物浦当过客座实习老师,并以学者的角度考察过利物浦俱乐部。他是个聪明人,同时也和蔼可亲。加入利物浦时,没有摒弃俱乐部的传统。他了解球队的精神和球迷的期望,他因为严重的心脏病被紧急送往医院后,我问他:"你为什么不就此休息呢?"

"做不到。"霍利尔回答,"我喜欢工作。"他是足球人,心脏病也无法让他放下足球。

第十五章　利物浦——伟大的传统

利物浦教练总是承载着球迷的期待。我认为这种压力最终击穿了达格利什的心理防线。当没有任何执教经验的达格利什放弃自己的偶像球员角色，进入教练席，同样的事情也影响了格拉斯哥流浪者队的主教练约翰·格雷格。约翰可能是格拉斯哥流浪者历史上最伟大的球员，他接手的是一支分崩离析的球队，阿伯丁和邓迪联的崛起对他和流浪者来说更是雪上加霜。

作为利物浦最优秀的球员之一，达格利什在球队锋线上是个万人迷，然后几乎一夜之间，他就成为主教练，这让他难以适应。我记得他曾到苏格兰训练营来见我，说他得到了一份教练工作的邀请，想向我征求意见。直到后来我才意识到，原来他是指利物浦俱乐部。

"是优秀的俱乐部吗？"我问他。

"是的。"他回答。

于是我告诉他，如果是优秀的俱乐部，有厚重的历史底蕴，财政不吃力，并且有一个懂球的主席，他会有机会成功。但如果这些变量中只有两个可以确定，他的执教旅程会变得艰难。

如果我没有阿伯丁的执教经历，将很难胜任执教曼联的工作。我在东斯特灵起步时，球队身无分文，手下只有十一二名球员，但我干得很开心。然后我去了一穷二白的圣米伦，第一个赛季就解约了17名球员——因为他们不够出色。我清洗球队前，队中有35名球员。在那里，我需要负责球员的饮食，购买各种清洁设备，以及安排训练课，那是一次完整全面的历练。

当霍利尔引进大量外援时，我认为那个三冠王赛季证明了他的策略可能会让利物浦重回巅峰。像弗拉基米尔·斯米切尔、萨米·海皮亚和迪特马尔·哈曼三角组合，可以成为霍利尔继续打造球队的基石。任何杯赛三冠王球队都必须受重视。或许你会说在对阵阿森纳的足总杯决赛中，幸运女神眷顾了利物浦，因为在欧文打进第二球帮利物浦获胜前，温格的球队全面压制了他们。那时候，我最担心的不是某个球员，而是对手是利物浦，还有他们的历史底蕴。我知道，如果利物浦将这种神挡杀神的势头继续保持下去，他们将超越阿森纳和切尔西，再次成为我们最大的竞争对手。

在杯赛三冠王之后的一年，利物浦获得了联赛亚军，但又过了一年，霍利尔引进了艾尔·哈吉·迪乌夫、萨利夫·迪奥和布鲁诺·谢鲁之后，又跌到第五位，许多评论员由此认为是引援不利导致利物浦成绩不佳。谢鲁在里尔效力的时候，我们曾考察过他，他很强壮，左脚技术精湛，但没有速度，不够灵活。迪乌夫在世界杯赛事中为塞内加尔队打出精彩表现，并且一举成名。你可以理解霍利尔的想法，但我对于立即引进那些在国际大赛上表现出色的球员一直很谨慎。我曾在1996年的欧洲杯后做过这种事。当时小克鲁伊夫和卡雷尔·波博斯基在这届杯赛里表现出色，促使我将他们签下，但他们在曼联却没有表现出在国家队的状态。这两笔签约并不糟糕，但有时候球员会在世界杯和欧洲杯前满血出征，而在大赛之后，他们的水平就下滑很多。

迪乌夫有天赋，但需要培养。他一直是对手的盯防对象，但有时这不一定是好事，因为他会在场上干一些蠢事。不过这也证明了他有正确的竞争意识，而且他有能力。加入利物浦这样的豪门俱乐部与他叛逆的个性是不相容的，因为他会很难遵守成功所需的纪律性。霍利尔很快发现，一个赛季要多次和阿森纳以及切尔西进行高强度比赛，他需要一群具有自控能力的球员，而在我看来，迪乌夫的脾气有点问题。至于谢鲁，他就是无法在利物浦取得成功，他不具备在英超踢球需要的速度。

"辣哥"文化是霍利尔必须面对的另一个大问题，我经常听到利物浦球员到都柏林消遣娱乐的小道消息。我认为斯坦·科利莫尔的加盟对利物浦的稳定几乎没有起到任何帮助。当初我差点就签下科利莫尔，因为他有惊人的天赋。但是当我看到他为利物浦效力时乏善可陈的表现，为自己没有签下他暗自庆幸。我只能假设他加盟了曼联，表现也会这样。当时我没有买科利莫尔，而是选择了安迪·科尔，科尔像狮子一样勇敢，总是为球队全力以赴。

第十五章 利物浦——伟大的传统

在霍利尔带队崛起之前，利物浦陷进了多年前曼联曾有过的怪圈，总是像玩拼图一样小修小补地买球员。如果你看看20世纪70年代中期到80年代中期的曼联，会发现曼联购买了加里·博尔特斯，来自利兹联队的亚瑟·格雷厄姆，还有彼得·达文波特、特里·吉布森以及阿兰·布拉希尔等球员，球队上下似乎蔓延着一种迫切而绝望的情绪。如果有人对曼联进球，那么他就会被曼联签下，目光非常短浅。利物浦也犯了同样的毛病，罗尼·罗森塔尔、大卫·斯皮迪、吉米·卡特……一批又一批球员加盟，但他们并不是那种能达到利物浦标准的球员。还有科利莫尔、菲尔·巴布、尼尔·鲁多克、马克·赖特以及朱利安·迪克斯，都是这样。

霍利尔为利物浦买来米兰·巴罗什、路易斯·加西亚、斯米切尔和哈曼等球员，他们表现都不错。我能从霍利尔对球员的调整，看出他的建队思路，而在贝尼特斯时期，我却看不出来。在贝尼特斯手下，利物浦球员走马灯似的更换。曾有一段时间，我看着他们的首发名单，觉得这是我遇到过的最缺乏想象力的利物浦队。在对阵我们的一场比赛中，贝尼特斯让马斯切拉诺踢中场，并像往常一样排出他的四后卫阵形，但让杰拉德打左路，让阿奎拉尼打前锋。后来他换下库伊特，然后把巴贝尔放在左边，把杰拉德移到右边。巴贝尔上场后站位靠左边路，但他在边线毫无作为。我不知道贝尼特斯的战术指令到底是什么，但我记得自己在教练席上说过现在是让巴贝尔上场踢左边锋针对加里·内维尔的好时机。我赶紧告诉斯科尔斯："提醒加里集中注意力！"但是利物浦球员几乎没有利用任何场地宽度。

史蒂夫·麦克拉伦带着贝尼特斯参观我们的训练基地，但我不记得见过他。很多国外教练都访问过我们的训练基地，我很难把他们都记清楚。我们接待过来自中国和马耳他的人，还有来自北欧国家的三四个小组。除了教练，其他运动员也源源不断地来到我们这里访问和观摩：澳大利亚板球队、NBA球员、迈克尔·约翰逊和尤塞恩·博尔特等等。迈克尔·约翰逊在美国得克萨斯州举办一个春季训练班，他的专业知识给我留下了深刻印象。

贝尼特斯入主利物浦后不久，我到现场看了一场利物浦的比赛，他和妻子邀请我喝酒。那时我们的关系还不错，但后来就破裂了。他不应该把球队的竞争变成个人恩怨，一旦你想与我为敌，他就没有机会赢我了，因为我有的是时间跟他耗着，毕竟我在曼联已经取得过成功。他在争取奖杯的同时还要对我发起挑战，这是不明智的选择。

在贝尼特斯拿出那张记录了我对裁判施加影响的"事实"清单当天，我们收到消息，称利物浦将在新闻发布会上有意设置一个问题让贝尼特斯借机对我发起攻击。这在足球行业中并不罕见，我也这么做过。这么说吧，我们的新闻官当时曾经这样提醒我："我们认为贝尼特斯今天会公开炮轰你。"

"炮轰我什么？"我问道。

"我不知道，但我们收到了这样的提醒。"他们说道。

所以，在电视上，贝尼特斯戴上花镜，拿出那张写满"事实"的纸。

而他说的所谓的"事实"都是假的。

首先，他说我恐吓裁判。根据他的说法，英足总害怕我，尽管两周前我才被罚款1万英镑。而且他说我不支持英足总的"尊重裁判"运动，而"尊重裁判"运动的倡议是从那个赛季才开始的，他却谈及我去年在一场杯赛中指责裁判马丁·阿特金森。当时新政策还未出台，所以他说的前两件事逻辑不通。尽管他提供的事实并不准确，但媒体还是对这种事情喜闻乐见，巴不得贝尼特斯的行为会引发更大的冲突，并希望我会做出反击。

事实上，我对这件事的回应只有一句话，那就是贝尼特斯显然对某些事怀恨在心，而我也说不清是什么事情所致。其实我就是在对他说，"愚蠢！你不应该把球队恩怨私人化"。这是他第一次使用这些手段，后来他对我的每次攻击都带有相同的情绪色彩。

后来有人向我透露，我曾质疑利物浦是否有能力应对联赛冠军争夺战、

第十五章 利物浦——伟大的传统

他们是否会被压力压垮,这番话惹恼了贝尼特斯。如果我是利物浦的主教练,我会把这些话当成一种肯定。相反,贝尼特斯则觉得这是一种侮辱。在我看来,作为曼联主教练,如果我在谈论利物浦的时候说了一些动摇他们军心的话,恰恰证明我认为他们已经威胁到我了。

达格利什执教布莱克本时,有一年他们在争冠行列中遥遥领先,我对媒体说道:"好吧,我们现在指望着布莱克本像德文湖一样出现掉链子的情况。"(德文湖为英国名马,曾在大幅领先的情况下最终输掉比赛)。

接下来这句话应验了,德文湖出现在每篇报道中,而布莱克本也开始丢分。其实那年我们本该赢得联赛冠军,但布莱克本最终还是稳住局面。毫无疑问,通过提起伊丽莎白王太后的德文湖,我们让布莱克本的争冠之路变得更困难。

之前媒体报道贝尼特斯是严重的控制狂,事实证明这是正确的。他从不和其他教练来往;这是一个危险的信号,因为总会有很多来自小俱乐部的教练想和他喝一杯并向他讨教。

在2009/2010赛季,他在安菲尔德的比赛后找我喝酒,但看上去很不自在,没过多一会儿,他就走了。我对他的助手萨米·李说道:"至少这是个好的开始。"

有媒体引用时任维冈竞技队主教练罗伯托·马丁内斯的话,说我有"朋友"在帮我对抗贝尼特斯(他指的是山姆·阿勒代斯)。报道出来当天,马丁内斯就给我和英格兰足球联赛教练工会打电话,询问是否应该发表声明澄清事实。马丁内斯对我说,他与贝尼特斯没有任何关系,贝尼特斯也没有对他提供任何帮助。我估计马丁内斯是在接受西班牙媒体采访时谈到了贝尼特斯对我们(他在英超的对手)的看法,但他本人并不赞同这些观点,马丁内斯只不过是个传声筒。作为英超仅有的两名西班牙籍教练,我还以为贝尼特斯和马丁内斯关系不错,但其实并没有。

贝尼特斯还总抱怨自己没有钱花，但从他入主利物浦的那天起，他花掉的钱比我多得多。即便如此，他依然常常在新闻发布会上说自己没钱买球员，这让我很吃惊。利物浦俱乐部给了他很多钱，令他失望的应该是他自己的引援质量。如果抛开托雷斯和雷纳不算，他相中的球员几乎从未真正达到利物浦的标准。他买过一些有用的球员，例如马斯切拉诺和库伊特，都非常勤奋，但并不符合利物浦的选材标准。他们达不到索内斯、达格利什、罗尼·惠兰或吉米·凯斯那样的级别。

但必须承认，贝尼特斯在转会市场上收获过两笔巨大的成功签约：门将佩佩·雷纳和前锋费尔南多·托雷斯。托雷斯非常有天赋，我们考察过他很多次，并想在他16岁的时候将其签下。在他加盟利物浦的两年前，我们就表达了对他的兴趣，但我们与他接触的结果似乎只有一个，那就是他在马德里竞技得到了一份更好的留队合同。我们在许多青年锦标赛中考察过他，并且一直欣赏他。但他和马竞的关系牢不可破，所以我对于利物浦能把他挖走感到震惊，肯定是贝尼特斯在西班牙的人脉对达成这笔交易起作用了。

托雷斯拥有极为机敏的头脑，一种近乎马基亚维利的敏锐。他有种"邪恶"的感觉，但不是体现在身体素质上，在45码的冲刺中，他的速度并不比利物浦的几名队友快，但他拥有那种足以致命的惊人变速能力。他的步幅很大，非常有欺骗性，能毫无预兆地加速并突破你的防线。但反过来讲，我不确定他被动局面下能否保持在最佳状态，因为他在逆境下的反应实在是小家子气。也许他在马德里竞技被宠坏了，在那里他一直被视为金童，21岁就当上了马竞的队长。

托雷斯拥有前锋的标准身材，是继欧文或福勒之后利物浦最好的中锋。当然，利物浦的另一名球星是史蒂芬·杰拉德，他在对阵曼联的比赛中表现并不是很好，但他有能力凭借一己之力为球队赢得比赛。和切尔西一样，我们也曾在转会市场上对杰拉德感兴趣，因为当时他给人感觉想转会离开利物浦，但似乎有一些来自俱乐部外的人对他产生了影响，他转会切尔西的事情似乎已经板上钉钉，但最终还是不了了之。

有一个问题一直困扰着我——为什么贝尼特斯不放心让杰拉德踢中前卫呢？在我执教曼联后期对阵利物浦的比赛中，我们可以确定，如果利物浦的两个中场球员从你脚下抢到球，他们不会利用球权转换机会造成什么威胁。如果杰拉德是两名中场之一，并且完成抢断，他会有足够的体力和野心去向前冲击并对你形成伤害。我一直想不明白为什么利物浦总是不愿意让他打中前卫。在2008/2009赛季，他们最终以86分位居积分榜第二，当时他们有阿隆索来负责传球，而杰拉德站位比较靠前，就在托雷斯身后。

我们的另一个优势是，利物浦不再培养本土人才，迈克尔·欧文可能是最后一个青训代表。如果欧文12岁加入我们，他将成为伟大的前锋。在他参加马来西亚世青赛那年，我们队中的罗尼·沃尔沃克和约翰·柯蒂斯也被英格兰青年国家队征召。当他们赛后归来，我给他们放了一个月假，让他们休息。欧文则在国青队任务结束后直接进入利物浦一线队，没有休息，技术也没有提高。在后来效力曼联的两年时间里，他的球技水平提高了，在更衣室里也很棒，真是个好孩子。

我认为早年四下征战和缺少技术打磨对欧文影响很大。当霍利尔接手球队后，欧文已经成型，他是球队的标杆。在那个时候，教练已经没有机会把他拉到一边，进行技术矫正。我在欧文身上犯了一个错误，应该早点签下他。虽然他不可能从利物浦直接转会到曼联，但是我们应该在他离开皇家马德里去纽卡斯尔的过程中介入并将他签下。他是一个非常出色的年轻人。

在给我们带来麻烦的其他利物浦球员中，德克·库伊特是最踏实的一个。我敢肯定他加盟利物浦时身高是1.88米，而离队时缩至1.74米，因为他跑得太拼命，腿都磨短了。我从未见过一个前锋如此卖力地参与防守。贝尼特斯每场比赛都会让他上场，但是，一个前锋球员如此积极地防守，如果在对方的禁区里出现机会，他还能保持足够敏锐吗？还是会因为巨大的防守消耗而筋疲力尽？

尽管我对贝尼特斯的为人和执教能力持保留态度，但他毕竟能说服球员为他拼尽全力，所以他身上一定有凝聚力。这种凝聚力，或是源于恐惧，或是源于尊重，或是源于技巧。你从未见过他的球队轻易认输，而他应该为此得到肯定。

为什么贝尼特斯在利物浦没有那么成功呢？在我看来，是因为他更注重防守和破坏比赛节奏，而不是怎样赢得比赛，现在这个时代，用这种思路不可能完全成功。

何塞·穆里尼奥在处理球员关系方面要精明得多，而且更有特点。如果你看到他和贝尼特斯一起站在场边，就知道谁会是胜利者。你必须永远尊重利物浦，贝尼特斯付出的一些努力也值得尊重，因为他率领的是一支很难被击败的球队，也因为他在那里赢得了欧冠冠军，那是他工作的亮点。他很幸运，但我有时也很幸运。

贝尼特斯的临场指挥方式是不断地变换球员的位置，但我怀疑球员们是否能捕捉到他给的信号，或者完全按照他的那些指示行动。恐怕没有人能理解他那么多的手势。反观穆里尼奥带领切尔西对阵国际米兰的比赛，我注意到蓝军球员们纷纷冲到穆里尼奥身边，就好像在说："怎么样，老板？"他们很在意穆里尼奥的想法。

豪门需要强势主教练，这是至关重要的。贝尼特斯很强势，他很自信，而且很固执，对于批评他的人，他向来无视。他确实赢得了2005年在伊斯坦布尔那场对阵AC米兰的欧冠决赛，这让他获得免受那些质疑的资本。

当米兰在上半场3∶0领先的时候，据说一些米兰球员已经开始庆祝了，他们穿上了庆祝夺冠的T恤，手舞足蹈。有人对我说，马尔蒂尼还有加图索一再试图让队友冷静下来，告诫他们比赛还没有结束。

第十五章 利物浦——伟大的传统

那一晚，利物浦导演了一场精彩至极的大反击，并最终赢下了冠军。

在安菲尔德短暂执教之后，罗伊·霍奇森让位重掌教鞭的肯尼·达格利什，利物浦再次开始大规模重建。然而，达格利什这次执教期间签下的球员，在我看来不过如此。

我们多次考察乔丹·亨德森，史蒂夫·布鲁斯对亨德森一直充满热情。现代足球运动员都是从臀部发力，但亨德森跑动时是直着背从膝盖上发力，我们认为他的跑步姿势可能会给他未来的职业生涯带来麻烦。

斯图尔特·唐宁这笔签约花费利物浦2000万英镑。他有天赋，但他既不是最勇敢的，也不是速度最快的。他的传球能力和射门能力很出众，但真值2000万英镑吗？安迪·卡罗尔也以3500万英镑的转会费加入利物浦，他和唐宁以及詹姆斯·莫里森都出自我们的东北部精英学校，莫里森后来效力过米德尔斯堡、西布罗姆维奇和苏格兰国家队。在遭到桑德兰和纽卡斯尔的投诉之后，英足总关闭了东北部精英学校，但这三个人是学校刚成立时培养的。托雷斯卖出了5000万镑，随后利物浦立刻签下了卡罗尔。卡罗尔的问题在于把握机会的能力、人球结合时的速度。除非皮球一直在对方禁区内，否则他很难适应现代足球的风格，因为如今的后卫们前压能力都很出色。在现代前锋身上，必须具有把握机会的能力。苏亚雷斯脚下速度不快，但他头脑很灵活。

达格利什从青年队提拔上来的小伙子们表现得很好，尤其是杰伊·斯皮灵，他棒极了。斯皮灵小时候踢中后卫，那时约翰·弗拉纳甘踢边后卫，而斯皮灵无疑是那批小球员当中最好的。他精力充沛，速度快，是一个领袖，你可以从他身上看到一些特别的东西。他在中场踢得不错，但是很难想象他的长远发展会如何，他的身体素质也许是道障碍。

当然，达格利什带领利物浦赢得了联赛杯冠军，也打进了足总杯的决赛。但是当我听说他和助手史蒂夫·克拉克被召至波士顿会见俱乐部老板时，担心他们会遇到最坏的情况。此外，在埃弗拉遭到种族歧视的事件中，我不觉得让球员穿上力挺苏亚雷斯的T恤对达格利什有什么帮助。作为主教练，你有时候可以对一些事情选择无视，捍卫自己球员的利益，尤其麻烦事纠缠到一位伟大球员的时候。如果当事人换成替补队员，而不是苏亚雷斯，达格利什会如此不遗余力地保护他吗？

《纽约时报》和《波士顿环球报》对随后发生的埃弗拉与苏亚雷斯拒绝握手事件发表的社论足以证明这场风波的影响，我觉得达格利什的问题在于俱乐部里有太多年轻人崇拜他。如果让鼎盛时期的利物浦俱乐部首席执行官彼得·罗宾逊处理此事，他会阻止事态升级到那个程度。俱乐部利益必须优先于任何人。

接替他执教利物浦的继任者只有39岁，叫布伦丹·罗杰斯。对于利物浦把帅位交给如此年轻的教练，我感到很惊讶。我觉得利物浦的美国老板约翰·亨利在2012年6月罗杰斯执掌利物浦教鞭的前几周犯了一个错误，那就是批准拍摄一部展现利物浦队内生活的纪录片。把聚光灯对准如此年轻的教练，很残忍，而且给人留下不好的印象。这部纪录片在美国没有太大反响，所以我不知道它的意义何在。我的理解是，强迫球员接受采访，并在电视上曝光。

罗杰斯确实给了年轻人机会，这令人钦佩，而且全队上下给他的反馈和回应也很积极。我想他意识到球队有一些失败的引援，亨德森和唐宁等人都需要证明他们有能力为利物浦效力。一般来说，你必须给那些你并不看好的球员证明自己的机会。

我们与利物浦之间的竞争和恩怨向来如此激烈。然而，彼此尊重是这种对立的基础。2012年希尔斯堡惨案报告发表那天，我为俱乐部的表现感到骄傲，对利物浦和那些为正义而战的人们来说，那是重要一周。无论利物浦在比赛前后的纪念仪式方面提出什么样的要求，我们都同意了，而东道主利物

第十五章　利物浦——伟大的传统

浦也对我们的尽力配合明确表示了感谢和赞赏。

那天我告诉球员们，进球后不要做挑衅性庆祝动作，如果你对利物浦球员犯规，就去拉他一把，把他扶起来。主裁判马克·哈尔西对比赛的掌控恰到好处。比赛开始前，博比·查尔顿爵士带着花圈现身球场，并将其交给伊恩·拉什，拉什则将花圈安放在香克利大门旁的希尔斯堡纪念碑前。花圈由96朵玫瑰组成，每朵玫瑰都代表着一位在希尔斯堡离世的利物浦球迷。起初，利物浦想让我和伊恩·拉什主持这个仪式，但我认为博比·查尔顿爵士比我更合适。那天过得很顺利，尽管最后有一小部分球迷骂脏话。

利物浦要想达到我们和曼城这样的水平，显然需要巨额投入，球场是另一个制约因素。利物浦的美国老板选择翻新芬威公园球场——波士顿红袜队的主场，而不是建造新球场。如今新建一座大型体育场可能耗费7亿英镑。安菲尔德球场一直没有改变，甚至连更衣室也和20年前一样。与此同时，我还觉得利物浦需要再买8名球员才能达到争冠水准。如果你在转会市场上犯了错误，通常只能以低价将这些球员转售。

罗杰斯正在利物浦开展工作之际，我和贝尼特斯再次相会。2012年5月刚刚带领切尔西赢得欧冠冠军的罗伯托·迪马特奥，当年秋天被俱乐部解雇，贝尼特斯作为切尔西临时主帅重返英格兰足坛。在贝尼特斯上任不久后的一场曼联新闻发布会上，我说他很幸运地接管了一支有即战力的球队。

我觉得贝尼特斯的带队成绩需要结合背景来评判。2001/2002赛季，他的球队用51粒进球赢得了西甲联赛冠军，这表明他是老练的实用主义者。但是我发现利物浦的比赛在贝尼特斯执教时期很乏味，不忍直视，切尔西选择让他接手让我很意外。如果把贝尼特斯和迪马特奥的个人执教战绩放在一起对比，贝尼特斯在巴伦西亚夺得两次联赛冠军，在利物浦夺得一次欧冠冠军和一次足总杯冠军，而迪马特奥则在六个月内赢得了足总杯冠军和欧冠冠军。

这是两份类似的成绩单，可见贝尼特斯运气着实不错。

第十六章　天才遍布的世界

自曼联1991年转型为上市公司以来，我就一直确信俱乐部有朝一日一定会被收购并私有化。在2003年马尔科姆·格雷泽投资曼联之前，罗伯特·默多克的英国天空广播公司是最具实力的潜在股东。曼联辉煌历史加持下，想不引起投资者关注都难。我唯一的不解是，格雷泽家族并不是当时最富有的集团，却最终成功入主曼联。

当格雷泽家族确定收购俱乐部后，曼联球迷协会的安迪·沃尔什打电话给我："你还是辞职吧。"尽管我觉得安迪是个很好的人，但我不可能对他的提议动心。我是球队教练，不是俱乐部主席，同时我也不是出售曼联的股东。无论如何，格雷泽家族的到来也和我扯不上关系。

"我们会一直支持你的。"安迪说。我反问道："我辞职后，俱乐部其他员工怎么办呢？"我可以拍拍屁股走人，但我大多数的助教也会被扫地出门。他们当中的很多人追随我20年，他们一旦被辞退，有可能在足球圈里再也混不下去了。

那段时间的确不好过，这一点我必须承认。我关心的是新老板会给我多少资金引援、建设球队。但同时也迫使我相信自己能发现性价比合适的球员，并且能在有限的预算内进一步优化球队架构。我相信格雷泽家族在投资之前，就已经知道曼联是一家成熟的俱乐部。

我和格雷泽家族的第一次联系是马尔科姆·格雷泽给我打电话，两周后马尔科姆的儿子乔伊和艾维来到球队。他们告诉我，球队的运营方式不会发生任何改变。在他们看来，俱乐部现在运转良好，我又是一个非常成功的主帅，因此没什么可担心的，他们完全支持我的决定。所以那次会面他们把我希望听到的内容都说了。我知道世界上会口是心非的人，当面告诉你一切没问题，转过身就开始大修大改。比如新老板入主后，大批员工因此丢掉工作，因为新老板需要削减财政支出来还债。值得庆幸的是，曼联在易主之后并没有做出什么改变，也没有什么亟待解决的财务问题。

这些年来，很多球迷协会一再让我对俱乐部赤字发表看法，我每次都说："我只是教练，为美国老板的俱乐部打工而已。"这就是我的立场。我不会让俱乐部因为我对球队老板发表看法而陷入舆论漩涡，我认为这是非常敏感的事情。如果格雷泽家族在入主之初对俱乐部指手画脚，我是说如果，比如他们迫使我裁掉某个助教，那情况就不同了。我认为任何挑战我掌管球队权力的事情，都可能让我们未来的相处模式发生天翻地覆的变化，幸运的是，这些都没有真实发生过。所以我怎么可能因为一些球迷的三言两语就放弃我热爱的工作呢？

我加盟曼联之初，有一批被称为"第二个董事会"的球迷，经常聚集在某家小餐厅里讨论球队现状，并且指出现存问题。当时，一旦我的帅位不稳，我就会对他们的议论非常敏感。在我之前的历任曼联主帅也有过相同的感受。当我还在流浪者踢球的时候，会有很多有权有势的球迷跟着一线队出征。在曼联，球迷的声音更响亮，人数也更多。由于对格雷泽家族的收购感到愤怒，很多人退掉曼联的季票，转而成立了"联曼俱乐部"。

支持一家俱乐部，肯定要付出一些代价，比如你要承受球队失利的痛苦，毕竟球队不可能成为常胜将军，教练也不可能一辈子不换。曼联是幸运的，他们拥有过两位执教时间加起来超过半个世纪的教练。同时，对球迷来说，有爱也就有恨。我记得我在流浪者时，有一次我们输掉比赛，死忠球迷竟然往球队的大巴窗户上砸砖头。

除了我年纪渐大，没有其他的理由可以迫使格雷泽家族在2005年夏天决定换帅。我从来没有考虑过离开曼联帅位，而且我也没受到什么内部压力。

数以百万计的收入都被拿来填补财政赤字这件事，引发球迷对俱乐部的担忧，我能理解他们的想法，但球队不会被迫出售球员或者在购买球员时收紧预算。我们的一个优势在于，集团的广告部门在伦敦，因此能给我们带来全球各地的赞助商资源。我们的赞助商包括土耳其航空，还有沙特、中国香港、泰国的手机赞助商和远东的啤酒公司等。我们每年可以进账百万英镑用来偿还债务。此外，球票也能贡献很多收入，毕竟主场有7.6万名观众。

所以我没有任何理由阻止格雷泽家族的收购。通常我和大卫·吉尔对是否购买一名球员有最终的决定权，我们对球员失去兴趣的原因多半来自对方报价虚高，俱乐部从来没有因为开支超过债务限额而迫使我们放弃某名球员。

事实上，自从格雷泽家族收购俱乐部以来，我们的球员版图还在不断扩张。2007年以来我们引入了来自南美、葡萄牙和保加利亚的天才球员。其中，没有人比卡洛斯·特维斯的到来更吸引眼球。他后来因谢菲联从英超降级处在转会的风口浪尖上，最终还加盟了曼联的同城死敌。我看到他穿着天蓝色球衣的照片出现在曼彻斯特各大广告牌上，下面还写着"欢迎来到曼彻斯特"。

我们和特维斯的故事始于后者还在西汉姆联效力的时候，某一天大卫·吉尔接到特维斯经纪人霍拉布钦打来的电话，说起特维斯想为曼联效力。我们之前听过很多次类似的桥段，很多经纪人打电话的开场白都是"我们的客户对曼联情有独钟"。当时我的建议是不能让曼联陷入跟特维斯团队交易的复杂局面，吉尔同意了我的看法。我提醒他："他的确能凭借一己之力改变比赛，而且他门前嗅觉灵敏，但还是先看看报价吧。"

吉尔告诉我，他可以说服特维斯先租借我们两年。后来我们支付了一笔钱，他真的租借到曼联了。第一个赛季他的表现非常抢眼，在对阵里昂、布莱克本、热刺和切尔西的比赛中都打入关键球，他身上的确充满了热情与取之不尽的能量。他并不是速度最快、训练最刻苦的。他在训练时，经常会停下来休息一会，声称小腿有点酸胀，这有时候会让我很不满，因为他可能会破坏我们的训练和比赛节奏。我期待每个球员都能全身心地投入到训练中——顶级球员都是这样的。不过特维斯在比赛中总能激情四射，这一定程度上弥补了他训练中的不足。

2008年在莫斯科举办的欧冠决赛上，特维斯披挂上阵，并在与切尔西的点球大战中罚入一球，他是点球大战中第一个出场的球员。在比赛中，我把鲁尼换下，只把特维斯留在场上，因为当时我觉得他的表现比韦恩更好。但特维斯在曼联第二个赛季的表现，却不能让我很满意。与此同时我还签下了迪米塔尔·贝尔巴托夫，并让他和鲁尼组成了我常用的锋线搭档。

我曾经研究过贝尔巴托夫在热刺踢球的特点，我觉得他的到来一定能给曼联带来积极的变化，而且他的冷静头脑和射门意识，也是当时曼联锋线球员中比较缺乏的。他的踢球技巧兼具坎通纳和谢林汉姆的优点——速度并非快如闪电，但可以在人群中传出极富创造力的传球。我认为他将曼联的实力提升了一个档次，并且丰富了球队的比赛方式。

随着贝巴的到来，特维斯更多时候只能作为替补上场。在他来到曼联的第二年冬天，我开始觉得他的表现不尽如人意了。我认为问题在于，他是那种必须给他充足上场时间，才能激发出进球欲的人。如果一个球员不能进行高强度训练（特维斯就不行），那他必须有充足的上场时间，才能保持自己的状态。那个冬天，吉尔问我："你想怎么处理特维斯？他们现在就要

第十六章 天才遍布的世界

答案。"

我只能回答他："告诉他们，我在尽力给特维斯更多的上场机会，以正确评估他的未来，但现在贝巴的表现的确配得上首发。"

在2008/2009赛季下半程，特维斯在不少比赛中都有亮眼的表现，尤其是我们主场对阵热刺那场，当我们0∶2落后时，我派他上场扭转局面。结果特维斯用他巨大的热情感染着所有球员，并吹响了反攻的号角，最终我们5∶2逆转取胜。

2009年欧冠半决赛，曼联对阵阿森纳。当时我派出的三箭头是C罗、鲁尼和朴智星。这也是我心目中理想的决赛首发组合，但显然特维斯对此并不满意。在决赛对阵巴萨的比赛中，我们表现得非常糟糕，入住酒店选得也不好，总之是一团糟。

决赛中，我在下半场派出特维斯，但我觉得他是在单打独斗，而非为团队而战。从我后来得到的消息分析，在此之前他已经做好转会曼城的准备了。这场比赛过后，特维斯找到我说："我觉得你从来就没有想过买断我。"我试图向他解释，我一直在观察他，但是他没有为自己争取到足够的出场时间。吉尔已经报了2500万英镑的价格给他，但我觉得他去意已决，最终只能放他加盟同城死敌。

小道消息传出曼城花了4700万英镑带走了特维斯，而且特维斯团队之前曾经和切尔西接触。他们应该在曼城和切尔西之间反复比较，最终加盟给钱最多的俱乐部，因为我听说切尔西的报价是3500万，比曼城的出价少很多。对我来说，这两个价格太疯狂了，尽管我认为特维斯是好球员，但他完全配不上这高的身价。他的确是一个很有影响力的球员，我的错误之处在于，贝巴是我很欣赏的球员，并希望他获得成功，但贝巴是那种需要鼓励的类型，和特维斯共存始终是个难题。

特维斯在曼联还算有分寸，但加盟曼城之后，在德国进行的一场欧冠比赛中，竟然拒绝热身。当然，在他的职业生涯中，最具争议是2007年英超西汉姆联客战曼联那场比赛。特维斯为西汉姆联打入一粒进球，帮助球队成功保级，同时又让谢菲联难逃降级的厄运。尽管西汉姆联因为违反第三方所有权条例使用特维斯而遭到罚款，却没被英足总罚分。谢菲联主帅尼尔·沃诺克赛后试图把球队降级的责任推给我，指责我派轮换阵容和西汉姆联比赛。

在与西汉姆的比赛的一周后，我们还要踢一场杯赛决赛。曼联的纸面实力一直在联赛中名列前茅，但我整个赛季也会根据不同的局面和情况调整球队首发。如果你看了我们对西汉姆联的比赛，就会发现我们有两三个点球被吹掉，他们的门将也做出很多精彩的扑救。其实西汉姆联的球员全场都不在最佳状态，我们占尽优势，但特维斯进球了。下半场我甚至派上C罗、鲁尼和吉格斯，但依然没有得到幸运女神的眷顾。

即使如此，沃诺克先生依然指责我们消极比赛。最后一轮，他们主场对阵维冈竞技，打平就能成功保级。1月初，沃诺克放大卫·昂斯沃斯自由转会加盟维冈，最后正是大卫在比赛中一蹴而就的点球，击碎了谢菲联的保级梦。我认为任何思维逻辑正常的人都会承认："我把事情搞砸了。"沃诺克在指责我之前，应该先照照镜子问问自己："我们只需1分就能上岸，结果我的球队差到连保平的1分都拿不到吗？"

在2007年1月，球队收获了一个真正的足球艺术家，尽管我们拥有他的时间只有两个月。满载希望回归的路易斯·萨哈赛季初的表现非常抢眼，但很快再次伤退。10月，曼联的首席球探吉姆·劳勒说，亨里克·拉尔森在瑞典踢球实在是太屈才了。当时，亨里克效力的赫尔辛堡并不愿意卖掉他，我让吉姆向他们的主席提议，1月份能否将其租借到曼联。与此同时，亨里克也顺势向俱乐部表达了自己想为曼联踢球的想法。最终事情按照我们的设想实现了。

来到曼联后，亨里克摇身一变成为全队的偶像，不只是队友，所有人提

第十六章　天才遍布的世界

起他都是一脸的崇拜。当时已经35岁的亨里克，在训练中对教练的要求言听计从——这让我感到惊讶。每堂训练课他都非常投入，也愿意在战术讲解时听从奎罗斯的意见，他跟其他年轻球员一样，注重自己技术动作的每一处细节。

在训练场上，他移动速度快，位置感强，几乎无可挑剔。仅凭他为曼联打入的3个进球，完全无法衡量他对球队做出的贡献。他最后一次代表曼联出战是对阵米德尔斯堡，当时我们1∶2落后。亨里克在那场比赛中重新回到中场，对球的掌控一如既往的优秀。当他走回更衣室，所有球员起立为他鼓掌，教练组和其他球队员工也加入其中。很难想象，亨里克竟然只花了两个月就建立起了如此之高的威信。一个球员如果在场上场下的表现稍有不符预期，就可能毁掉自己的名誉，然而亨里克在曼联的日子虽短，却依旧用自己的高标准严要求，捍卫了自己的偶像光环。虽然他个子不高，但是弹跳力十分惊人。看他的跑位能力和胆识，让我相信他血液里流淌着曼联基因。

我本来有机会很早就签下他的，当他还在凯尔特人的时候，我就准备报价了。但当时凯尔特人的大股东德莫特·戴斯蒙德打电话来说："亚历克斯，你太让我失望了，你们已经有那么多优秀的球员，而凯尔特人只有亨里克，我们需要他。"

亨里克回到赫尔辛堡一个月后，4月10日这天，我们迎来了球队在欧战历史上最伟大的胜利之一——7∶1屠杀罗马！这是曼联在欧冠联赛中进球最多的一场比赛。迈克尔·卡里克和C罗双双梅开二度，鲁尼、阿兰·史密斯各入一球，连"铁树"埃弗拉也打入了他在欧战赛场的首粒进球。

在我看来，足球场上的极致表演一般靠队里的8名球员就够了，剩下三人即使梦游也无妨，或者在比赛中扮演纯战术性角色，也能为球队守住胜果。但总有一些时刻，你能有幸看到全队11名球员都在最佳状态。

我为那场比赛所做的一切设计和安排全都实现了。第二个进球，有6名曼联球员参与"一脚传递"。吉格斯的传球如手术刀般精准,准确找到了对方两名中后卫之间的空当,阿兰·史密斯接球后顺势射门。砰!足球应声入网,完美至极!这大概就是我脑海中"完美无瑕"的时刻。

我记起1999年带队去诺丁汉森林的比赛,那场球我们8∶1大胜,我们本来至少能进20个球的。罗马也是一支非常出色的球队,他们有德罗西、齐沃和托蒂,但幸运的是那场比赛曼联打得他们毫无还手之力。在客场与罗马的首回合较量中,我们1∶2输了,斯科尔斯因为在底线附近的一脚自杀式铲球被红牌罚下。所以在第二回合开始前,我们背负着一些压力。直到我们开始完全掌控比赛,并且不断改写比分之后,这些压力才得以缓解。

1994年2月足总杯,曼联做客温布尔登的比赛是另一场经典战役。在这场3∶0取胜的比赛中,我们打入一粒经过38脚传递的进球。很多人认为曼联历史上的最佳进球是吉格斯在足总杯半决赛对阵阿森纳的千里走单骑,或者是鲁尼在对阵曼城的比赛中打入的绝世倒钩,但我认为对温布尔登的那粒进球更精彩,每个场上队员都参与了进攻。在比赛的第一分钟,维尼·琼斯就试图下狠脚,把坎通纳放倒在地。我们所有球员都跑去事发地,想要围攻琼斯,但坎通纳却说了一句:"算了吧!"可能是因为琼斯曾经在利兹联踢过球,因此同样来自利兹联的坎通纳不愿意为难琼斯。随后坎通纳拍了拍琼斯的后背,仿佛在说"你可以把我放倒,但你还是阻止不了我"。坎通纳那天的表现非常抢眼,并用一记精彩的凌空抽射为球队首开纪录。

很多人都说温布尔登是一支弱旅,这个说法其实不对。他们前场球员的战术执行质量非常高,尤其是对传中的把控,而且他们的定位球落点也让人挑不出毛病。显然这支球队不缺乏天才,也时常用这些天才来"虐菜"。对阵温布尔登时,如果你头球不好,就必输无疑;如果你防不住定位球,同样不会赢球;如果你企图和他们争二分之一球——也不太可能。他们真的是一块硬骨头,所以能带着3∶0的胜利离开那里,足以证明我的球队非常优秀。

第十六章 天才遍布的世界

两场狂屠阿森纳的比赛同样值得回味。1990年联赛杯在海布里6∶2大胜对手的比赛中，李·夏普完成了帽子戏法。2001年2月我们又在老特拉福德6∶1击败阿森纳。2000年12月，一大家子爱尔兰球迷获得了前往客场观看曼联对阵利物浦比赛的机会。结果因为大雾，他们没能成行。那场比赛我们发挥得非常糟糕，最终0∶1败北。那户人家打电话问："我们该怎么办？"我说："很快我们就要踢阿森纳了，你们过来看主场吧。"结果他们在现场见证了这场6∶1的屠杀。他们太幸运了！那场比赛半场结束时，曼联已经5∶1领先，约克摧毁了阿森纳球员的心理防线。

虽然7∶1大胜罗马，但那个赛季我们的欧冠之旅还是在5月2日走到终点——我们总比分0∶3不敌米兰。在那场比赛之前，我在联赛中尽遣主力，最终4∶2在客场啃下了硬骨头埃弗顿。但米兰为了准备迎战我们的比赛，选择在联赛中让9名队员轮休。显然我们的准备不如米兰充分，开场15分钟，我们就连丢两球，连半场都很难通过。同时天公也不作美，那场比赛大雨倾盆。简而言之，我们没有对魔鬼赛程做足功课。周六的胜利消耗了球员们太多的体力，因为我们一度0∶2落后太妃糖。幸运的是，球队最终赢得了比赛，并在积分榜上保持了5分的领先优势。

除了特维斯和拉尔森，曼联阵中还有很多其他国家的天才球员。卡洛斯从他的葡萄牙关系网中得到消息，有一个波尔图的巴西小子安德森非常值得关注。当时他只有十六七岁，所以我们便密切留意他的动态。他在球队的出场时间并不稳定，时而首发，时而连大名单都进不了。在阿姆斯特丹巡回赛上，他代表波尔图上场对阵过曼联，我本来决定出手报价了，结果没过几天他的腿断了。

等他完全伤愈回归球场之后，我让马丁一场不落地观察了他一个多月。马丁对我说："亚历克斯，他比鲁尼还强。"

"我的老天，你可不要这么说。"我说道，"他得无比出色才可能强过鲁尼。"但马丁坚持己见。那时候，安德森的位置类似于影锋，潜伏在中锋身后。巡回赛结束后，我们出手买下了安德森和纳尼。我亲自看过纳尼的比赛。他吸引我的地方在于他的步伐、力量和滞空能力。他能左右开弓，具备了所有我看中的个人能力，所以我们又回到了最初的问题：他到底是什么样的人？我的答案是：一个出色、安静，又能说一口流利英语的男孩。而且他在葡萄牙体育从来没有惹过麻烦，同时在训练中表现出色。我觉得他是个优秀的男孩，身体条件也出色，对比赛的判断力一流，满足了我们购买球员的所有基本条件。于是，卡洛斯就和大卫·吉尔一起出发，先去葡萄牙体育签下纳尼，再驱车赶往波尔图和安德森签约。所有这一切在一天之内全搞定了。

两年之后，我依然自豪地说，签下他们的决定是正确的。2009/2010赛季，安德森曾经历过一段低谷时期，获得的出场时间没能达到他的预期，于是他动了回家的念头。他是巴西人，最想要的就是和他的巴西老乡们一样，就是参加世界杯，他非常希望能够获得国家队主帅的认可，从而被征召进入国家队。他当时提出的解决方案是，那个赛季剩下的时间转会到达伽马队，那样或许可以赶上2010年南非世界杯的末班车。"你不可能离开这儿，我们花大价钱买下球员不是为了让他回巴西踢球。"我如实告诉他。

安德森的想法非常天真，是个可爱的小男孩。

我一直对巴西足球运动员怀有崇敬之情。你能说出一个在重大比赛中掉链子的巴西球员吗？不能，因为他们都是为大场面而生的。他们拥有很特殊的品质，为自己感到无比自豪，这是一种伟大的信仰。有传闻说巴西球员认为训练会影响他们享受生活，这是非常荒谬的说法，巴西球员对待训练一丝不苟。还有人说巴西球员都怕冷，更是无稽之谈。以达·席尔瓦兄弟举例，他们会在大冷天不穿运动长裤，不戴手套，直接到室外训练场。没有其他任何一个国家的球员，能像巴西的顶级球员一样集多种优秀品质于一身。阿根廷人也非常爱国，但我觉得他们缺乏巴西人那种表达欲。

我们买下纳尼，仿佛买下一块璞玉。他不成熟，表现也不稳定，却对足球有着灵敏的嗅觉。他能用任意一只脚控球，能传能射，头球不错，身体力量也非常优秀。当你阵中拥有这样一位天才球员时，非常需要注意的一点是如何让他们保持自律。纳尼在场上有些随意，需要教他如何保持稳定。不可否认的一点是，他势必会被拿来与C罗比较，因为他们都是来自葡萄牙的边锋，在某些方面特质又很相似。如果纳尼来自塞尔维亚，就没人会拿他和C罗相提并论。

C罗拥有超乎常人的天赋，并且在球场上无所畏惧。他双脚能力均衡，弹跳力惊人。作为球队的新援，纳尼如果不做出改变，可能不会尝到什么甜头，同时他场上位置和C罗重合，这也限制了他的出场时间。所以他来到球队的第一年里，大部分时间是在板凳上度过的。和安德森比起来，纳尼熟练掌握英语的时间更短。安德森是巴西人，所以他和其他巴西球员一样，谁都不服——巴西人认为自己在球场上足以和任何人对抗。

我会对安德森说："你在巴西见过内马尔吗？"

"我知道他啊，伟大的球员，踢得太棒了！"

"你和罗比尼奥踢过球吗？"

"他太不可思议了，球技高超！"

我提到任何一个巴西球员，都能得到安德森类似的回答。他认为自己家乡的所有球员都是世界级的。当巴西在一场友谊赛大胜葡萄牙之后，安德森调侃C罗："下次我们派第五阵容上场，给你们一个赢球的机会。"C罗并不觉得这个笑话很好笑。我记得一个故事，说的是在里约热内卢举办了一场"寻找新10号"的比赛，结果有成千上万的人参加，甚至还有一个小男孩坐了22个小时的大巴赶去。巴西就是这样一个国家，足球天才遍布全国各地。

我很少回顾求购哈格里夫斯的事情。他在2006年夏天奉献了大师般的精彩表演，而我们又恰巧需要一个球员填补基恩留下的空缺。我们开始考虑对他出价，但在全面了解他的出场情况后，我就有了一丝犹豫。我觉得他不够强壮，大卫·吉尔和拜仁就这笔交易积极斡旋。世界杯决赛期间，我和哈格里夫斯的经纪人在柏林会面了，他是特别好的律师。我告诉他们，我们希望让哈格里夫斯在曼联成就自己，但事实证明这是一场灾难。

哈格里夫斯一蹶不振，不相信自己能战胜伤痛。他在训练时总是做一些简单动作。可以说他是我职业生涯最失败的引援之一。

为了治疗自己的一身伤病，他去过德国、美国和加拿大，拜访各路良医。我觉得他心理方面的障碍才是问题的根源，他缺乏战胜伤病的信心，所以病情愈发严重。在一年中最佳治疗期，他躲到美国疗伤，让拜仁的队医沃尔法特帮他治疗。在他披挂上阵的比赛中，我对他还算满意。他快如闪电，是个定位球好手。他可以打右后卫、右边锋或中场。2008年对阵切尔西的欧冠决赛中，我安排他踢右前卫。当我们和蓝军中场三叉戟僵持不下的时候，我又把他拉回中路，把鲁尼推到右路，这样的变阵效果立竿见影了。哈格里夫斯的确给球队带来积极的影响，但这一切都因他长期缺阵而无法充分体现，我丝毫感受不到他的存在。但我必须承认，2006年世界杯是哈格里夫斯职业生涯的高光时刻，他当时的表现令人惊艳：防守、补位、抢球，几乎无所不能。

2011年9月，哈格里夫斯公开指责曼联医护团队，让我们倍感震惊。他声称我们在治疗他膝伤的各种问题时，把他当作"小白鼠"。按照正常流程，我们本可以诉诸法律，但医疗团队觉得还没有恶劣到走法律途径的地步，最终放弃起诉。我们对他可谓仁至义尽，无论我们的员工对他有什么安排，他总是一意孤行，所以他应该为自己的行为负责。

当我问他"你今天感觉如何"时，他会回答我"还不错，老板。但我想自由活动，我还觉得有点不太舒服"。

第十六章 天才遍布的世界

他在一项指控中提到，2010年11月初对阵狼队的比赛前，出于身体原因，他明确表示不想出场，但我还是坚持将他放在场上。一派胡言！早在那场比赛的三周前，他就和我们说他已经随时可以上场比赛。那时球队参加欧战赛事，他久疏战阵，我怎么可能贸然让他出战欧冠？于是我安排他在那周的一场预备队比赛中出场，他本来答应得好好的，却又临时变卦。

据我所知，在与狼队比赛的一周前，他并没有告知队医他感到有任何身体不适。我和费兰说，我担心他可能在热身后出现状况，因为之前他曾对一位队友说他感觉腿筋不太舒服。热身结束后，我特地在他回更衣室时问他"感觉如何"。我这么问就是想再确认一下。我向他传递的信号很明显，就是去享受比赛。但开场后，他只踢5分钟就因为腿筋问题下场。当然这也没什么好意外的。

其实，当初签下他的时候，我就对他不算特别满意，每个优秀的领导者都应该有这种直觉。我当时就觉得似乎有哪里不太对劲。当他来老特拉福德体检的时候，我依然对他持怀疑态度。他是好人，几乎有点好过头了。克莱伯森也曾让我怀疑，他太胆小，很少和你对视交流。克莱伯森是有能力的，不过他太过在乎他岳父和妻子的想法了。

我后来听说英足总准备让哈格里夫斯参加教练员速成培训，这是另一项破坏足球行业秩序的举措。这种事情无论在法国、德国还是荷兰，都不可能发生。在那里人们需要通过至少三年的刻苦学习才能成为足球教练。

贝贝是唯一一位我连面都没见过就签下的球员，因为我们在葡萄牙的一位球探向我力荐他。他一直在踢街头足球，并且参加过第二级别球队的试训，期间的种种表现也非常出色。我们的球探对我说："需要密切留意他。"当时皇马已经盯上他了，我相信这不是为了抬价，因为穆里尼奥对我说，皇马当时已经着手签约事宜，结果曼联后来居上。我们在他身上投了700万欧元，基于他当时的名气来说，也算是一场赌博了。

初来乍到，贝贝的状态有点不稳定。但他的天赋很高，速度极快，而且双脚能力非常均衡。他之前没有接受过专业训练，但在我们的指导下，他成长很快。开始他被租到土耳其，两周后他的十字韧带撕裂了，于是我们把他接回来做康复治疗，然后安排到预备队。他的表现还不错，在八对八的小场地训练赛中都有亮眼表现。在大场比赛中，他的团队配合能力还需要加强，不过要是结合他左右脚的均衡能力，我觉得他一个赛季打进20个球都不成问题。

贝贝非常安静，英语也还算流利，但他之前在里斯本街头踢野球，纪律性方面差了一些。

除了那些来到曼联的优秀球员，我也为那些在曼联成长，最后又加盟其他球队的球员感到自豪。例如，在2010年春天，72名遍布苏格兰、英格兰和欧洲其他地方的球员都有过在曼联踢球的经历，那可是整整72个人！

法比奥·卡佩罗曾经对我一个好朋友说，即使给曼联球员穿上袍子，用面具遮住脸，也能在一公里外感受到他们身上的"曼联气息"。我认为这是一种赞美，因为曼联球员的赛场表现和训练水平都非常棒。在那些"老红魔"中，3人在丹麦，1人在德国，两个人在比利时踢球，其他的都遍布英格兰各地。我们还有6名守门员前往其他球队：凯文·皮尔金顿、迈克尔·波利特、本·威廉姆斯和卢克·斯蒂尔等，都没进过一线队。

我们很擅长快速评估一个球员的能力是否足够跻身一线队的常规阵容。曼联队内一些球员的表现会让你感叹："他不升一队，谁升一队？"达伦·吉布森来到职业生涯的十字路口，逼着我们尽快决定是否将他升入一线队时的场景，我至今还历历在目。

2009/2010赛季，我们对他或多或少有些不公平。当时他身上有一些队里其他中场球员不具备的优点和特色，比如他有一脚在禁区外爆射得分的能力。他是斯科尔斯之外第二个掌握这手绝活儿的球员，但斯科尔斯马上就要

第十六章 天才遍布的世界

挂靴了，所以对达伦的取舍不太容易。这就和当时在沃特福德踢球的中场球员汤姆·克莱维利一样，那个赛季他已经进了11球。克莱维利没有威猛的身材，甚至有点瘦弱，但他勇敢得像一头狮子，而且脚法出众，射门技术也不错。大卫·吉尔有一天和我说："你明年准备对克莱维利有什么安排？他已经在沃特福德进了很多球了。"我的回答是："我要让他上场，看看他在曼联能不能像在沃特福德时一样出色。"

他能为曼联打进6个球吗？我们中场可没人能在一个赛季打进6个球，迈克尔·卡里克的最高纪录是单赛季打进5个进球。如果克莱维利能在英超联赛中打进6个球，那他绝对是我的优先选择对象。考虑球员是否合格的关键是他们能做什么，不能做什么。对于能做的部分，还包括能帮我赢得比赛。如果他一个赛季能进6个球，我会选择性地忽略他的一些缺点。

在20岁左右的年纪，有的球员会停滞不前。如果那时还不能进入一线队，他们会感到心灰意冷。我在职业生涯中就有过切身感受。当时我21岁，受够了在圣约翰斯通的日子，甚至已经拿好证件准备移民加拿大。我对足球的所有幻想都破灭了，觉得足球根本不适合我，无法在足球圈混出半点成绩。在曼联的预备队里，每天都会有球员遇到类似的问题。我们会把一些球员外租，并真诚希望他们回归时能变得更优秀。有时候我们会选择将球员卖到与他水平匹配的球队，这样也能帮助他们找到更适合长期发展的位置。我对我之前提到72名前曼联球员遍布欧洲各地一事，感到非常自豪。

有些球员的表现，让你觉得他肯定能达到某个高度，比如维尔贝克。我曾一度认为他能被卡佩罗选入2010年世界杯大名单，但他的生长速度出了点问题，19岁时还在长身体，又遭遇了膝盖伤病，我不得不告诉他在训练中要小心一点，那样可以为正式比赛留力，他最终长成1.85米的大高个。多么好的一名球员啊。因为他总是非常自负，我曾对他开玩笑说："小心点儿，终有一天我会杀了你。"他回答说："这是我应得的。"他什么话都敢接。

聊起年轻球员，有一些亘古不变的话题——他们能否让球迷满意；能否应付得来媒体，尤其被长枪短炮包围的时候；是否配得上"曼联球员"的标签。我们会全面了解每个从青年队成长起来并成功跻身一线队首发名单的球员，以确保他们在素质和能力方面都能配得上"曼联"二字。

但坦白来讲，当我们从国外联赛引入球员时，我们对这些球员的成长轨迹知之甚少，也很难彻底了解他们的背景，所以在这个过程中，我们总会短暂地错失一些人。2009/2010赛季，我们开始观察哈维尔·埃尔南德斯——被称为"小豌豆"的21岁年轻小伙。我们派球探去墨西哥待了一个月，当地的联络人帮我们非常细致地研究了他的家庭，最终得到的信息表示，他是不太愿意远离家人和故乡的球员。

曼联球迷在某些方面的表现非常奇怪，比如当我们200万英镑签下一个球员时，他们会认为我们降低了标准，这笔签约毫无作用。加布里埃尔·奥贝坦就是一个例子，他快如闪电，当他逼近禁区的时候，你会觉得他仿佛脚踩风火轮。他的任务就是让他的脑子跟上脚，把最后射门或传球的效率提高，而不是在前场四处瞎跑。

马姆·比拉姆·迪乌夫是索尔斯克亚在挪威莫尔德俱乐部的熟人推荐的球员，当时汉诺威96和法兰克福都在考虑买下他。我们派奥莱和一名俱乐部官员过去谈判，最终以400万欧元把他带到曼联。我再强调一点，尽管迪乌夫没能在曼联证明自己，但前期我们的确做足功课才决定买下他的。

2010年1月，克里斯·斯莫林从富勒姆转会到曼联，我们计划让他从2010/2011赛季就全情投入到曼联的比赛中。2008年之前，斯莫林都在业余球队梅德斯通踢球，但罗伊·霍奇森相中了他，在富勒姆把他调教得非常出色，于是我们在他身上投入大约1000万英镑的转会费。当时里奥·费迪南德开始频繁出现背部和其他方面的伤病，于是我们决定出手买下斯莫林，在此之前，我们一直在四处寻觅合适的中后卫人选。2009/2010赛季，我们也在密切关注斯莫林。当时我们认为他虽然年轻，却是可塑之才。我能够想象到，在未来很长一段时间里，克里斯·斯莫林和强尼·埃文斯组成的中卫搭档将给对手制造很多麻烦。

即使在曼联表现最好的阶段，我也不能安于现状。我在曼联帅位上待的日子越久，就越要未雨绸缪，时刻准备更新换代。

第十七章　莫斯科之夜

2008年，在莫斯科举办的欧冠决赛开打之前，我可能是点球大战成绩最差的教练了。我在阿伯丁执教时，遇到三次点球大战，两场半决赛和一场欧战，结果都输了；在老特拉福德进行的足总杯比赛，曼联点球大战输给南安普顿，与阿森纳的决赛较量，以及在莫斯科的一场欧战赛事，曼联同样在点球大战中败北。在切尔西老板罗曼·阿布拉莫维奇家乡举行的欧冠决赛又一次进入点球决战，当卡洛斯·特维斯把足球放在罚球点上时，我忽然想起自己以前点球大战中一胜六负的悲惨遭遇，一股不祥预感涌上心头。

毕竟曾经有过那么多的苦涩回忆，因此我很难对眼前的比赛持有任何乐观态度。在莫斯科的决赛，晚上10:45才开球，双方踢得难分胜负，等到点球大战开始时，已经是第二天凌晨。在加时赛中，以前所有在点球大战中遭遇的失利瞬间全部浮现在我的脑海中。当范德萨扑出阿内尔卡的点球后，我很难相信我们赢下了这场比赛，呆坐在椅子上，很长时间才缓过神来。我起身时，C罗依旧瘫倒在草皮上失声痛哭——因为他罚失了一粒点球。

赛前，守门员教练提供了我们也许会用上的很多影像资料，并让范德萨观看数据，帮他分析每个切尔西球员踢点球的习惯。我们持续研究了好几天点球大战球员出场顺序，除了常年作为阵中第一点球手的C罗外，其他人的表现都很出色。吉格斯的点球选择是我眼中最好的一个，低平且力道十足；哈格里夫斯将球砸向球门死角；纳尼的罚球运气更多一点，因为守门员已经碰到球，却不能阻止它飞进球门；卡里克罚得也不错；只有C罗犹豫了一下，浪费了机会。

约翰·特里只要能罚进点球，冠军就是切尔西的。那个瞬间我很冷静，一直在思考自己一会要和球员说些什么。因为我知道，面对失败，我和球员的谈话必须慎重。我暗暗叮嘱自己，在输掉欧冠决赛之后，还对球员大发雷霆太残忍了，毕竟他们已经为这场欧冠付出了一个赛季的努力，而且比赛中他们的表现也都可圈可点。当特里罚失点球后，比赛进入了一球定胜负的"突然死亡"阶段，我觉得形势对我们有利。安德森第一个出场，进球后他冲向曼联球迷，和他们一起庆祝，这个动作也点燃了球迷的激情。再加上点球大战是在曼联球迷所在看台下进行的，这无形中也是我们的一个优势。

这场比赛，无论如何都谈不上是一场传统的欧战决赛。首先时差就和以往不一样，毕竟我们很少在晚上10:45才开始比赛。还有一件事让我耿耿于怀，那就是比赛当天的大雨不仅把我淋透了，还毁了我的皮鞋。所以我只能穿训练服运动鞋参加夺冠庆祝派对，这身打扮也成了当晚全队球员的笑柄。凌晨4点多，我们才回到酒店吃自助。食物有些难以下咽，但队员们依旧很兴奋，还送给吉格斯一个非常精美的礼物，庆祝他打破博比·查尔顿爵士的出场纪录。莫斯科一役，是吉格斯为曼联第759次出场，比赛当晚球迷也在看台上高喊他的名字。

比赛过程值得细细回味，因为曼联的表现可谓精彩绝伦。我觉得韦斯·布朗奉献了他在曼联职业生涯中最出色的一场比赛，他那脚手术刀般的传球帮助C罗在比赛中首开纪录。

切尔西在半决赛中安排迈克尔·埃辛出任右后卫，我研究完比赛录像后，决定在决赛中派C罗到左边路，我认为C罗会给出身中场的埃辛制造不小

第十七章 莫斯科之夜

的麻烦。

比赛中，C罗力压埃辛头球破门，帮助我们首开纪录。毫无疑问，我的计划奏效了。我觉得在如此重要的比赛中安排中场球员客串右后卫，尤其面对C罗，绝对是巨大的冒险，曼联的球员轻而易举就可以压制他。把C罗移到左路，就意味着要有人在右路填补空位，我选择速度快、充满活力又有一脚精准传球技术的哈格里夫斯，他在比赛中的表现没有让我失望。在中路我们有斯科尔斯和卡里克，比赛进行期间，斯科尔斯鼻子血流不止，而且呼吸变得有些急促，因此我不得不换他下场，幸运的是，替补上场的吉格斯表现十分稳健。

在莫斯科，除了文化氛围令人不太适应，以及酒店条件一般之外，我们其他的准备工作都在有序展开。半决赛中，尽管客场0：0被巴塞罗那逼平，但回到主场后，斯科尔斯用进球把曼联送进决赛。我必须得说，斯科尔斯的那粒进球值得铭记，那是一记经典的25码外重炮轰门。

在诺坎普比赛的前20分钟我们踢得不错，就和之前对阵巴萨一样，我们击中门框，罚失一粒点球。当巴萨开始慢慢掌控比赛之后，我们只能退到禁区附近。2009年和2011年与巴萨的欧冠决赛我们或许也应该这么做，但当时我想以我们自己的方式赢得比赛。

你可以说我的战术安排很天真，但我不认同。我们只是想用正确而又符合球队哲学的方式赢球。我认为在两回合的半决赛里，我们遭遇了很多"命悬一线"的时刻，一直在死守禁区，拼命解围，小心翼翼地守护着一丝希望。在老特拉福德的那场比赛可谓势均力敌，我们应该凭借防守反击打进更多进球的。同样，当巴萨在第75分钟换上亨利时，就开始对我们展开围攻。我站在球场边不停地看表，希望比赛快点结束。后来，我将这场比赛的胜利归功于球迷。每当球员在禁区里完成一次大脚解围，我都能听到全场曼联球迷的欢呼，这在以往很少见。亨利错失了一个绝佳机会，而曼联球员则展现出了强大的韧性，尽管他们承受了巨大的压力，还能在比赛中保持百分之百的专注。

赛后我说道："我的球员在这场比赛中，不能有丝毫退缩，他们必须像男人一样去战斗。今晚，他们做到了。"

之后我们开始展望决赛，只要在莫斯科之战中能快速掌握主动权，曼联就有机会继1968和1999年之后，为球队再添一座欧冠冠军奖杯。我的球员在比赛中动力十足，我们本可以在比赛开场后就取得三四个球的领先优势，那时候我觉得这场比赛没准能狂屠切尔西。

然而，足球比赛中什么事情都可能发生。切尔西在半场比赛结束前受到幸运女神眷顾，兰帕德的进球把双方拉回同一起跑线。在那之后切尔西仿佛被唤醒，下半场前25分钟，他们的表现比曼联球员出色。德罗巴打中立柱的那一球，给了我警示，让我开始思考球队如何重新掌控比赛。接下来，我让鲁尼踢右路，让哈格里夫斯更偏中路。从那之后，我觉得局势对曼联更有利了。

扳平比分后，双方踢得非常更胶着，很难判断到底谁占上风。但我确信球场上的每个人都应该认同，眼前的比赛正是欧冠历史上最精彩的决赛。两支来自英格兰的球队在争夺欧冠冠军，让站在镜头前的我有一种自豪感。我必须毫不保留地称赞范德萨，他用智慧和经验封住了最后一粒点球。当阿内尔卡走向罚球点时，我心里在想：往左边扑！阿内尔卡出场前，范德萨一直往右边扑，然后特里打飞了，卡卢打进了。所以我觉得当阿内尔卡准备踢点球的时候，他心里也没谱，我猜他在想"范德萨会往哪边扑"。阿内尔卡的点球踢得软弱无力，同时范德萨还猜对了方向——右边。

阿夫拉姆·格兰特是个好人，我唯一担心的是他无法控制切尔西那帮球员，因为他不够强硬。他们在决赛中的所作所为非常糟糕，中场休息结束，往更衣室走时还对裁判喋喋不休地抱怨。下半场上场时，所有球员都拖拖拉

第十七章　莫斯科之夜

拉，我觉得，作为一支球队，作为一个集体，他们应该一起出场。裁判敦促过他们快点出来，但他们选择无视。每次比赛中断，他们就会向裁判施压。我觉得德罗巴被罚下场的一部分原因，就是裁判已经对他们全队产生不太好的印象。

德罗巴染红的原因，是他和卡洛斯·特维斯发生冲突。维迪奇上前为队友出头时，德罗巴挥手打到了他的脸。如果你先动手了，那你就没有任何辩解的余地。我认为裁判还是比较客观地询问边裁究竟是谁先动手，然后才把德罗巴罚下场。在他下场前，曼联已经重新掌握了比赛的主动权，所以我并不认为德罗巴下场是比赛的转折点，在此之前，吉格斯错过了一个绝佳机会。我们在加时赛中其实创造过很多机会，但都没能结束比赛。我觉得切尔西就是想等待一场平局，然后在点球大战中搏一搏。

尽管德罗巴被罚下场，但这个力量惊人的大块头是一直最让我们头疼的球员。在我的印象中，他是个天生的射手，而且有35码外重炮轰门的能力。在安切洛蒂执教切尔西的最后几周，我很惊讶地发现德罗巴并没有出现在对阵曼联的首发名单中，托雷斯首发了。但是当德罗巴被换上场并打入一球后，切尔西才变成了我印象中的那个切尔西。

在那支切尔西中，还有一个难缠的人——门将彼得·切赫，他真的太出色了。我本应该在他19岁那年抢先签下他，而不是让切尔西在那个夏天用800万英镑把他买走。

约翰·特里在切尔西队内的影响力无人可比；阿什利·科尔一直在后场为切尔西输送炮弹；弗兰克·兰帕德是球队内的攻防核心，你能看到他满场飞奔的身影，而且他还是很少缺席比赛的"铁人"。再加上德罗巴，他们5个成为切尔西的核心，是球队不可缺少的支柱，在更衣室他们也掌握强有力的话语权。

尽管切尔西老板阿布拉莫维奇来自莫斯科，而且还到现场观看比赛，但我并不认为切尔西比我们背负更大的压力。这些不会影响到比赛，我最关心的还是球队的安全问题。莫斯科是一座充满着神秘未知的城市，我们带两个随队厨师，值得庆幸的是，莫斯科的食物大部分都不错。相比起来，罗马的食物太糟糕了。

C罗在我们赢下欧洲冠军联赛冠军奖杯的那个赛季，表现让人无法挑剔。作为一个边锋，他打进42粒进球。尽管在一些比赛中他会客串中锋，但在曼联的战术体系中，他效率最高的位置还是边翼。平均每场比赛，他都能给自己创造出至少三次的射门得分机会。转投皇马之后，我记得有一场比赛他有40多脚打门。

莫斯科的胜利让我松了一口气，因为我一直认为曼联应该在欧战赛场上获得更多荣誉。那是我们队史的第三座欧冠奖杯，仅次于利物浦的5座。我相信曼联未来能够追上利物浦。虽然我们在2009年和2011年的欧冠决赛中败北，但频繁闯入欧冠决赛的战绩已经让曼联在欧洲赛场上积累了一定的知名度。假如我们赢下了那两场决赛其中的任何一场，我们的夺冠次数就能和阿贾克斯、拜仁慕尼黑比肩了。

夺冠之后，我们没能在卢日尼基球场找到用来庆祝的香槟。由于找不到球场工作人员，我们只能让自己的后勤人员去附近的酒吧买一些碳酸饮料，鬼知道那些究竟是什么。"我甚至无法为你提供一杯香槟"，当时任欧足联技术主管安迪·罗克斯伯格来到更衣室向我们表达祝贺时，我这样向他道歉。不管这些瓶子里到底装的是什么东西，我们依旧在更衣室里疯狂庆祝了起来。更衣室里非常吵闹，球员相互开玩笑，我为球员们感到骄傲与自豪。比赛时的大雨把我淋透了，所以我只能换上运动服和球员们一起庆祝。阿布没有来，我也不记得有切尔西球员来恭喜我们。

1999年，我们在巴塞罗那击败拜仁夺取欧冠冠军那天，正值马特·巴斯比爵士诞辰。有时候人们希望上帝与其同在，或者愿意相信我们比赛时，马

第十七章　莫斯科之夜

特在天堂看着我们。我并不怎么相信巧合，但我相信命运这东西是确实存在的。我甚至有一点怀疑我们两次夺冠是不是都被上帝眷顾。当年，马特不顾英足总反对，毅然决然地带着俱乐部出征欧战。事实证明，马特当年的决定无比正确，正是他的坚持，才让英格兰足球在欧洲赛场上经历这些充满荣耀的夜晚。

当球队夺得了一个大赛冠军后，教练必须开始买球员，给球队注入新鲜血液，以防球队止步不前。从莫斯科凯旋归来后，我们很快就签下了贝尔巴托夫。从他转会到热刺，我们就留意他的表现了。他的天分极高，协调性很好，处理球冷静，并且门前还有一脚出色的射门能力。同时他正值当打之年，身材高大且体格健壮，我感觉球队在攻防两端都需要他的贡献。

不过，贝巴的转会也使我们和热刺主席丹尼尔·列维的关系破裂。这是我们自卡里克之后与热刺进行的第二笔大交易，在那之后我们再也没有和热刺进行过任何球员交易。我认为在交易时，我没办法兼顾双方的需求。因为他关心的是他个人的利益和热刺的利益，根本不关心其他事。不过站在热刺主席的角度上，他并没做错什么。

第十八章　心理战术

对待球员，你必须毫无保留，实话实说。对一名发挥不佳的球员，指出他的问题所在并没有什么不好。此外，当小球员的信心受到打击时，我会告诉他们，我们是曼联，绝不容忍球队的水平比其他队差。

当我必须要和一个近期表现没有达到预期的球员沟通时，可能会开门见山地说"你的表现太垃圾了！"但我会马上补充一句，"以你的能力不应这样"。我认为这样的方式可以让球员的心情不那么低落。先批评，再鼓励，这种方式更容易让球员接受。"你为什么会这样？你明明应该比这样的表现强很多才对！"

无休止的表扬会显得虚情假意，而且球员也能一眼看穿。在球员和教练关系中，最核心的一点就是要让球员为自己的行为、犯下的错误、表现水准以及最终的比赛结果负责。足球本身就是结果导向的运动，有时候，一场6球大胜，哪怕其中有一粒连续25脚传递的进球，都比不上一场"丑陋"的胜利。我们的底线是——曼联必须是胜者。只有当我如实告知球员他在比赛中的表现，曼联才有可能延续赢家文化。是的，有时候我讲话的口气会比较伤人，富有攻击性，但我必须要明确地告诉球员，俱乐部希望从他们身上得到什么。

我想告诫那些年轻教练们：不要主动挑事，不然你的下场可能很凄惨。如果你主动找茬儿，球员可能会进行反抗，而且他们会合理利用"你先挑事"的这个优势。曾先后担任阿伯丁、曼联、苏格兰国家队队长的马丁·布坎曾经前往伯恩利执教，结果在上任的第一个周六，他就给伯恩利队长来了个下马威——朝对方脸上打了一拳。

"新官上任三把火啊，马丁。"我调侃他。

马丁是非常讲原则的人。球员时代加盟奥德汉姆时，他获得了4万英镑的签字费，这在当时是一笔巨额收入了。由于一直没能打出上佳表现，马丁把这笔钱还给了球队董事会。他无法心安理得地收下一笔与自己表现不相符的钱财，这件事放在今天也是不可想象的。

总体来说，在我的执教生涯中，很多人都揣测我精通"马基雅维利策略"，但实际上我根本不想掌握这种所谓的阴谋权术。我有时候的确会用一些小手腕，比如我们经常后程发力，以迅雷不及掩耳之势横扫其他球队，我觉得这也算是一种心理博弈了。说到这里，我对时任切尔西主帅卡罗·安切洛蒂在2009年冬天发表的一番言论深以为然。简而言之，他说，"亚历克斯总说曼联在赛季下半程会发力，真巧，我的球队也是这样"。的确，我每年都会这样说，"让我们看看下半个赛季会怎样吧。"这是我的原话，而且每次都会应验。这句话会给球员们积极的心理暗示，也会让对手在潜意识里对我们感到恐惧。赛季下半程，曼联会被一股势不可挡的力量推动着，球员眼中充满对胜利的渴望。的确，这成了球队自我实现的一种预言。

指手表是我的另一种心理策略，我其实并不会在比赛中一直关注时间，也不太看重比赛究竟过了多久，因为如果想知道比赛何时结束，需要准确计算伤停补时的时间，这可太难了。但有一个关键点不容忽视——最关心比赛何时结束的是对手，而不是我们。看到我指手表时，对方一定会疑惑，不是明明还有10多分钟才能听到终场哨响吗？每个人都知道曼联在最后几分钟经

第十八章 心理战术

常能打入制胜球，因此当曼联的对手看到我一直在指手表后，他们会加强防守，时刻准备迎接曼联狂风暴雨般的进攻。

他们会觉得自己被重重包围，因为他们知道曼联绝不会放弃进攻的机会，而且经常上演绝杀时刻。1999年欧冠决赛中，ITV的解说员克莱夫·泰尔德斯利就曾经在伤停补时开始时说道："曼联总会在这种时候进球的。"这句话堪比肯尼斯·沃尔斯滕霍尔姆在1966年世界杯决赛时所言，当时他说道："他们以为比赛结束了，现在才是真的结束了！"这就是一种心理战。

这种心理战术同样可以用于处理队内关系，如果球员的心理有起伏，我可以通过他们的眼神捕捉。毕竟每个人都年轻过，因此我会从球员的角度思考问题。你做了某件事，在等待接受惩罚，这时你是什么心情？你会想"教练会对我说什么"，或者"我爸爸会怎么说"。这么做的目的是为了让我接下来说的话，尽可能影响到球员。比如我会换位思考，当我在球员这个年纪时，什么样的谈话方式会让我终生难忘且受益呢？

本质上来讲，所有球员都想站在球场上。而教练的优势在于你可以剥夺他们的这项权利，这就让你抓住了球员的命门。这可是主教练的所有手段中，最具有威慑力的一项。

在圣米伦，当我和弗兰克·麦克加维发生争执后，我一直在告诉他，"你永远都别想出场了"。他相信了这句话，至少在冲突之后的三周里他对此都信以为真。最终他服软了，并且祈求我再给他一次机会。在合约在身时，弗兰克固执地认为，他能否上场完全由我说了算。

人们不停地谈论着我擅长心理战术，每当我公开发表一番言论后，就会有很多分析师开始仔细研究我话中是否隐藏着别的意思。实话实说，98%的时间里，我都是有一说一。但心理施压这种东西是有用的，每个人都会有心理弱点，哪怕那些只是迷信。

2010年，一位女士在海多克赛马大会上对我说："电视上的你总是一脸严肃，但现在却很和蔼。"

我告诉她："对待工作时不就应该严肃一些吗？我的工作需要我集中全部注意力，我要确保自己的一切想法是对球员有利有益的，我不能犯错。我不记笔记，也不依赖视频，同时我还得保证自己完全正确。足球是一个非常严肃的行业，我不能犯错。"

其实，我也犯过很多错误。在对阵多特蒙德的欧冠半决赛中，我坚信彼得·舒梅切尔犯了一个低级失误，那时我还没戴眼镜，彼得试图向我解释说那个球有折射。

"折射个屁！别扯了！"我大吼，"根本没有折射！"

后来我看视频回放时，发现皮球的运行轨迹的确发生了非常明显的变化，从那之后我就开始戴眼镜在场边观战了。我不能再犯这种令自己陷入尴尬的错误，就如同你问后卫"你为什么要造越位"，他的回复是"我没有故意造越位啊"。总之你必须对你的问题有十足的把握才可以。

另外，我认为不能让球员轻易察觉到你束手无策，如果你在专业问题的判断上产生偏差，久而久之，你的队员就会对你失去信心。作为教练，必须时刻在这种事情上保持高水准的判断，你对球员说的话也要准确无误。不过，也不是任何时候都要准确判断，偶尔预测一下未来也挺有趣。比如我经常和球员一起猜测对手的首发阵容。有一天晚上，我像往常一样对欧冠对手的首发名单做出了预测。结果他们首发名单出来后，穆伦斯丁对我说："老板，你猜错了6个位置。"

我愣住了，然后找到一个掩饰尴尬的办法——愤怒。"看见了吗？"我对球员大声吼道，"他们分明没把我们放在眼里！居然认为替补球员就足以从我们手里获得一场胜利！"

早年我还有一次"打脸"经历，那时我们在足总杯中即将主场迎战考文垂。而在前一轮比赛中，我们刚刚痛击同城死敌曼城，并把他们淘汰出局。

第十八章　心理战术

比赛前一周，我去看了考文垂对阵谢周三的比赛，无法相信他们踢得那么烂。于是比赛结束后，我和阿奇·诺克斯开开心心地驾车回家了。你猜怎么着？一周后，考文垂在老特拉福德踢了一场精彩绝伦的比赛，与一周前那个弱旅完全不同——战术巧妙，动力十足，所向披靡。在早期得到了一些教训后，后来我知道哪怕在曼联的主场，不管对手之前有多弱，都要打起百分之百的精神来应战，一定要让对手在比赛中无法踢出自己的节奏。

很多强队来到老特拉福德就像打了鸡血，尤其是阿森纳，切尔西和利物浦有时也会给我们带来"惊喜"。自从曼苏尔入主曼城，曼城每次来造访都会带着比上一次更强的必胜决心。前曼联球员执教的球队，在我们主场也是无所畏惧，比如史蒂夫·布鲁斯执教的桑德兰就从来不会在我们的地盘轻易缴械。

很多教练会在球队经历三连败后面临"帅位危机"，但我的长久任期和出色的成绩让我对此免疫。媒体的讨伐以及"下课"的质疑，在我这里完全不起作用，可你会看到他们对其他球队教练的，向来都是穷追猛打。同时，我的任教经历也能保证我在更衣室里更加强势，同时"教练不会轻易下课"这件事也生根在曼联球员的心里。既然教练不会轻易离开，那么球员自然也不会，同理，教练组和其他后勤工作人员也不会。这种稳定、持久的队内氛围已经在现代足球里很少见了。所以即便我们陷入低谷，也不会慌张。尽管我们讨厌失败，却从不害怕失败。

我认为曼联是有公平竞赛精神的。20世纪90年代，克鲁伊夫有一天晚上对我说："你永远不会赢得欧冠。"

"为什么？"

"因为你不作弊，也不会收买裁判。"他回答道。

我告诉他："如果要选一则墓志铭，我会把这句话刻上。"

现代足球需要强硬，这一点我早就知道了。以戴夫·麦凯为例，我在16

岁的时候和他交过手。那时候我在女王公园预备队踢球，他刚刚从脚趾伤病中康复，在哈茨的预备队踢比赛找状态，那时的哈茨有一套强大的阵容。

我当时是影子前锋，他是右前卫。他的胸肌像公牛一样发达，身体也非常强壮。我第一次触球时，他就毫不留情地给了我一个下马威，那可是一场预备队比赛啊！

我可咽不下这口气。

第二次碰上他的时候，我狠狠地还击了。

戴夫冷冷地看着我："你还想活着踢完比赛吗？"

"你刚才，你刚才踹到我了。"我支支吾吾地说。

"我只是铲了你脚下的球而已。"戴夫说，"如果我故意踹你，你现在早就不能站在这儿了。"

从那之后，戴夫就让我感到害怕，而在此之前我从不惧怕任何人。戴夫的气场非常强，也是个非常优秀的球员。我的办公室里至今还挂着一幅他拉拽比利·布莱纳的照片。我曾经厚着脸皮问戴夫："你最后打赢比利了吗？"在汉普顿公园挑选苏格兰历史最佳阵容时，我正好在场，但戴夫的名字一直没有人提及，每个人都为此感到尴尬。

我也会公开批评我的球队，但我从不会在赛后当着媒体记者的面指责某个球员。我认为球迷有权利知道我对球队的整体表现不满意，但他们不必了解在主教练看来究竟哪个球员没有发挥好。时光回到乔克·斯坦时代，我一直缠着他问东问西。在凯尔特人时，他非常谦逊，但我的死缠烂打差点把他惹怒。当我问他对吉米·约翰斯通和博比·默多克的看法时，希望他把所有的功劳都归功于自己对战术和阵容的安排上，但他却说："哦，吉米今天的状态真是太棒了。"他从来不会夸奖自己。我希望他对外公开说"是我决定今天踢4-3-3阵形的，真的奏效了"。哪怕只有一次就行，但他从没说过。是的，他就是这样谦逊，从不自夸。

第十八章　心理战术

乔克因为一场车祸错过了凯尔特人的美国之行，肖恩·法隆把三名行为不端的球员打发回家。我问乔克如果是他，会怎么处理这件事，乔克回答我，"如果是我的话，绝不会这么做，而且我和肖恩也是这么说的"。他接着说道，"当你这么做的时候，会在无形之中给自己树立很多敌人"。

"但球迷会认可这种做法的。"我反驳了一句。

"不要管球迷。"乔克告诉我，"这些球员都有母亲，你认为他们的母亲会觉得孩子糟糕到这种程度吗？他们还有妻子和其他亲人朋友，打发他们回家，会使你和他们的亲朋好友都产生矛盾。这种事关上门解决就可以了。"

有时候冷处理比发脾气更奏效。2010年纳尼在维拉公园被罚下后，他一直偷偷看我，期望在我这里找到一丝安慰，但我置之不理，让他自己消化。我知道伤人不是他的本意。记者提及这个问题时，我称纳尼的行为很"幼稚"，他不是一个恶劣的球员，但这的确是一次双脚离地的铲球，理应被罚下。我说得很直接，这样不会给纳尼带来较大的负面影响。我只提到他铲球时犯了一个错误，但我们都是人，都会犯错，更何况足球就是一个容易让人"上头"的运动。

人们总是揣测我在和温格打心理战，还总想着激怒他。但其实我不觉得我何时挑衅过他。从某种程度上来说，我的确有过一些心理博弈的小动作，比如公开对记者说些无关痛痒却又模棱两可的话，因为我知道记者们一定会把这些话列入心理战范畴。

我记得时任阿斯顿维拉主帅布莱恩·里托曾在我们两队交手前，就我此前发表的言论给我打过电话。

"你说这些话是什么意思？"他开门见山地问道。

"没什么意思啊。"我感到很困惑。

"你是不是又开始玩心理战那一套了？"布莱恩问我。当他放下电话的时候，很显然，很纠结"他到底想干什么？他到底什么意思？"

　　让对手在赛前焦躁不安，有时的确会对我们有帮助，但大多数时候，我无需刻意和他们玩心理战，凭实力也同样能解决战斗。换言之，我没有意识到所谓的心理战能起到这么大作用。

第十九章　灵动华丽的巴塞罗那（2009—2011）

毫无疑问，巴塞罗那是我执教曼联时遇到的最强对手，没有之一，他们对比赛的态度是格外积极。我们英格兰联赛的中场球员，例如帕特里克·维埃拉、罗伊·基恩和布莱恩·罗布森等，都是非常强壮的战士，也是冠军球员。而巴塞罗那拥有一群极具天分的一米七左右的球员，如狮子一样充满勇气，凭借无与伦比的控球能力在球场上躲过对手的侵犯。巴塞罗那阵中诸如梅西、哈维、伊涅斯塔等人都给我留下了深刻印象。

2011年，在温布利击败我们夺取欧冠冠军的巴塞罗那，和两年前在罗马与我们交手时相比，完全不可同日而语。2011年的他们已经达到其他球队难以企及的高度，并且球队中无论球员还是打法都非常成熟。赛后我尽力让自己相信，我的球队已经很优秀了，只是两次在决赛中遇到了比我们更优秀的球队而已。

我希望罗马决赛的第二天两支球队能重踢一次，是的，第二天立刻重赛。罗马奥林匹克球场的氛围非常好，在那个美好的夜晚，我经历了5次欧战决赛中的第1次失败。拿到欧冠亚军的感觉是非常苦涩的，尤其是我非常清楚，我们原本可以表现得更好。

和巴塞罗那交手，一定要勇敢无畏。毕竟那支巴塞罗那所向披靡，能与之一战的恐怕只有20世纪五六十年代的皇家马德里、20世纪90年代初期的AC米兰。当时巴塞罗那围绕梅西建立的世界级攻击体系无人能敌。我并不嫉妒巴塞罗那，当我输给他们的时候，会感到遗憾，但从不会妒忌。

与巴塞罗那的两次欧冠决赛中，每当我们摆出防守阵形就能限制住对手，但我们不能这么赢球。在2008年对阵巴塞罗那的欧冠半决赛中，我摆出了防守阵形，尽管最终赢下比赛，但"摆铁桶阵"非我所愿，也让球迷难以接受。我希望在对阵巴塞罗那时，我们的阵形更具攻击性，尽管这么做可能导致我们输球。如果我们龟缩半场进行防守，也许能够赢下比赛，但我不会自责，我只是希望曼联能用开放的打法取得更好的结果而已。

在罗马击败曼联一役，加速了巴塞罗那前进的步伐，一时之间，几乎没人能击败他们。是的，一场胜利就足以引发这种蜕变。战胜曼联之后，巴塞罗那拿到了四年中的第二个欧冠冠军，至此，瓜迪奥拉的球队成为西甲历史上第一支在同一个赛季拿到联赛、国王杯和欧冠三项冠军的球队。面对巴塞罗那，曼联没能延续胜利，没能成为历史上第一个成功卫冕欧冠冠军。

尽管如此，我还是认为我们不应该在罗马输掉比赛，其实我们之前验证过对抗巴塞罗那的踢法，找到了能限制住他们的球员，甚至限制住梅西的方法。一年前客场对阵巴塞罗那，我让特维斯后撤，把C罗顶到中锋位置，这样能保证我们在前场有两个攻击点。利用C罗和特维斯的渗透踢法，我们能把球控制住。

当然，即便如此，我和球员也觉得，面对巴塞罗那全队长期压倒性的控球战术，球员们的注意力很容易被带跑，逐渐沦为赛场上的观众，眼睁睁看着巴塞罗那控球倒脚。

我本来计划我们得球之后，C罗寻找传球空间，特维斯前插得球后进行射门。但当巴塞罗那控球时，他俩用眼神防守。半场结束后，我对球员说："你们就是来看球的，完全没有反击！"我们和国际米兰不同，他们是诱敌

第十九章 灵动华丽的巴塞罗那（2009—2011）

深入后，快速展开反击。下半场开始后，我们改头换面，开启了进攻模式。

现在我不得不说，在罗马唯一让我不爽的，就是我们下榻的酒店。那里真是一塌糊涂，餐厅灯光昏暗，食物冰凉，食材也不新鲜，他们后厨的人还不让我们的随队厨师插手。比赛那天早上，我们有些队员明显感觉不太舒服，尤其是吉格斯，其中有几个人那天还是咬牙坚持上场了。本来我给吉格斯安排的任务很重，在理想状态下，吉格斯应该扛住巴塞罗那后腰布斯克茨，然后再前插时扮演影子前锋的角色，同时还要回撤防守。但在身体抱恙的情况下，很难100%完成任务。

考虑到吉格斯平时在俱乐部中的表现，我不能把这场比赛完全怪在他头上。只能说我很遗憾，在罗马那天晚上，吉格斯并没有展现出他的正常水平。

那场比赛中，曼联开场占尽优势，短时间内C罗三次威胁到巴萨球门：第一次是一个任意球，后两个是远射，压力已经来到巴萨门将巴尔德斯这一边。但10分钟后，由于中场球员防守失误，伊涅斯塔摆脱我们的防守后传球给埃托奥，范德萨没能挡住埃托奥的射门，我们落后了。

巴塞罗那开场的站位是梅西在右侧，埃托奥居中，亨利在左。进球后，埃托奥换到右侧，而梅西后撤到中场。他们之所以这样换阵形，是因为开场后埃弗拉给了梅西很大的压力。埃弗拉在巴塞罗那的右侧横冲直撞，瓜迪奥拉意识到这一点后，决定变阵限制埃弗拉，顺便解放梅西。

在这之后，梅西回到了他熟悉的位置，踢得游刃有余。我的四后卫逐渐陷入了迷茫，不知道应该积极上抢，还是求稳留在后方。

埃托奥进球后，由于梅西回到中场，巴塞罗那在中场势不可挡，伊涅斯塔和哈维几乎整场都把球控制在脚下。他们传控的技术远强于我们，所以我识趣地放弃了控球。

把球权让给瓜迪奥拉的球队势必要付出高昂代价，因为在他们的阵形中，中场比我们多一个人，所以我们就又回到"围观比赛"的阶段。为了夺回控制权，中场休息时我用特维斯换下安德森。结果，我在场边目睹了特维斯错失良机。他本已过掉了一个后卫，却决定再戏耍一下对方，结果却丢掉了球权。在巴塞罗那打进第一球60分钟，又攻入了制胜球。哈维传球给梅西，梅西头球得分。

后来我和巴塞罗那前主帅范加尔讨论过巴塞罗那的踢法，他们的足球哲学奠基人是克鲁伊夫，正是这位杰出的教练奠定了巴塞罗那宽阔的视野和注重控球的打法，并且他们总会在中场多安排一人。博比·罗布森爵士离开后，巴塞罗那又回到了荷兰教练的手中，从范加尔到里杰卡尔德。瓜迪奥拉在前辈的基础上增加了一条——高压逼抢。瓜迪奥拉带领下的巴塞罗那有一个3秒训练，意思就是防守的一方要迫使控球方持球不超过3秒。

在罗马击败曼联夺冠之后，瓜迪奥拉说："我们很幸运拥有克鲁伊夫和雷克萨奇这样的传奇人物，他们造就了巴塞罗那，而我们只是跟随他们的步伐而已。"

我想不通他们的球员为何能踢那么多场比赛。那段时间，他们几乎每场比赛都派出同样阵容。成功总是有周期的，起起落落才是常态。巴塞罗那崛起后，就开始和皇马相互追逐、较量。我不愿承认我们被一支伟大的球队击败了，从我嘴里绝不会说出这些话。我最多只能说："两支同样伟大的球队在决赛中相遇，而我们输掉了比赛。"曼联的目标是长期位列"欧洲豪强"阵营中，永不掉队。

在当时，如果要击败巴塞罗那，球队需要囤积几个拼抢积极的中后卫。维迪奇和里奥因为年龄关系，更倾向于拖后求稳，这一点都没错。但对阵巴萨，你不能按常理出牌。球队需要那种必要时刻敢于阻击梅西而不去顾虑身后情况的中卫组合。只有让梅西在中路尝不到甜头，他才会走边路。虽然边路上的梅西依然是一个威胁，但至少没有他在中路时的威胁那么大了。

第十九章 灵动华丽的巴塞罗那（2009—2011）

巴塞罗那拥有皮克、哈维、伊涅斯塔和梅西世界级的球员。无疑，皮克是全队最被低估的人。在他早年间还在为曼联效力时，我就知道他是个非常出色的球员，时至今日，我依然这么认为。在一场关于欧洲足球的会议上，我和瓜迪奥拉相遇了，他告诉我，得到皮克是他们迄今为止最成功的一笔签约。皮克有速度，传球精准，也有自信，甚至还有一脚长传的功底。正因如此，我在赛前排兵布阵时强调前锋一定要积极前插，尽量抢先触球，贴身逼抢对手，从他们脚下抢球。在比赛前二三十分钟，曼联对这套打法贯彻执行得很出色，但当巴塞罗那射门得分后，我的球员们就仿佛泄了气的皮球。

巴塞罗那球员深谙"脱身术"。打个比方，钓鱼时你放饵下去，鱼可能会上钩，也有时候不会。在球场上，哈维给伊涅斯塔传球时，会营造一种假象——对手总感觉自己有能力拦截，但实际上他们在联手耍你。两个人之间传球的速度、力道和角度，让对手陷入一种"我是谁，我在哪"的迷茫。是的，他们深谙这种"骗术"。

英超球队非常需要在劳工证的问题上放松管控，尽管这样可能会泛滥，从而产生更大的问题。一旦放松要求，英超球队肯定会大量引入不够格的球员。但我觉得对大俱乐部应该相应放宽要求，因为他们有能力挖掘优秀外援。我承认这个观点有一点精英主义，但如果英超想在欧洲站稳脚跟，改变劳工证制度就是其中一个办法。在欧盟国家，我们最早可以在球员16岁时就进行交易。

两年后，曼联再次闯入欧冠决赛。那次的决赛场地是温布利。我们的目标和罗马那场决赛一样——赢得欧冠冠军。过程几乎如出一辙，我们开场踢得很好，但后劲不足，最终1∶3输掉决赛。那场比赛我摆出的首发阵容包括门将范德萨，以及后卫线上的法比奥、费迪南德、维迪奇和埃弗拉，中场吉格斯、朴智星、卡里克和巴伦西亚一字排开，鲁尼和埃尔南德斯出任前锋。

但我们还是没能防住梅西，曼联中后卫不习惯跟着球跑，反而更倾向于拖后。当然，为这场比赛做准备时，曼联呈现的状态是我印象中最好的一次。赛前10天左右，我们一直在演练阵容。但你知道这样的问题在哪儿吗？训练的东西无法在比赛中得到充分表现出来。以鲁尼为例，他那场比赛的表现就令人失望。我们原本计划让鲁尼找空当绕到对方后卫的身后发动进攻，埃尔南德斯负责吸引防守球员。埃尔南德斯做得很好，但我们没能合理利用好对方后卫身后的空当。安东尼奥·瓦伦西亚那晚的表现非常糟糕，他太紧张了，在赛场上不知所措。当然，我这么说并不是在吹毛求疵。

尽管巴塞罗那的首发左后卫刚刚伤愈复出，但我们没能对他造成什么威胁。我们本以为这是巴塞罗那最薄弱的点，值得我们好好利用，无论是阿比达尔还是普约尔打这个位置，对我们来说都是利好消息。瓦伦西亚随球队一路打到欧冠决赛，在决赛前他的表现都无可挑剔。两三周前，他把阿什利·科尔折磨得叫苦不迭，对阵沙尔克的比赛中，他也把对方后卫耍得团团转。对阵巴塞罗那时，最好的方法还是退守到本方半场打防守反击，但我们理应在防守梅西的时候表现得更好，那晚卡里克也没能发挥出他平常的水准。

那场比赛开打前，队内曾有一点不和谐的声音，因为我最终决定把贝尔巴托夫排除出大名单，欧文取而代之。贝尔巴托夫气急败坏，而我则有一丝内疚。温布利球场有一个非常隐秘的教练休息室，我把贝尔巴托夫叫过去，想向他解释一下。对我来说，他的状态有些下滑，和欧文比起来，他显然是更合适做替补。我对他说道："如果我们和对手纠缠到了最后一分钟，有一个机会出现，我觉得欧文禁区里的射门感觉会更好。"我知道这对贝尔巴托夫来说并不公平，但现实情况确实如此，我必须做出正确的决定。

2008年夏天，我签下贝尔巴托夫，他用在禁区内的沉着冷静打动了我。我认为他能很好地弥补队内现有进攻球员的短板，但显然这也无形中压缩了特维斯的出场时间。他在曼联阵中从替补变成首发球员，现在又变回替补。

第十九章　灵动华丽的巴塞罗那（2009—2011）

公平地说，特维斯跑动积极，依然能有上佳的发挥。他可能离队的消息传出去，也给他的团队留有讨价还价的余地。

出乎我意料的是，贝尔巴托夫极度缺乏自信。他完全没有坎通纳或安迪·科尔那种舍我其谁的气质，退一步讲，他在场上的气场甚至不及泰迪·谢林汉姆。反观埃尔南德斯就很有自信，阳光又健谈。贝尔巴托夫的不自信并不是源自他能力不足，而是因为他的踢法。曼联有一套固有的速度型打法，这使他不能完全适应。他不是那种可以进行快速反应的球员，更倾向于慢节奏的比赛——以他的方式，在他所认可的时机下，带球进入禁区射门，或者在禁区外组织进攻。他的能力对曼联很重要，尽管在2011年夏季转会期，曼联接到了几份对他的报价，但我并不想让他在此时离开。我们花了3000万英镑才将他买下，我不希望仅仅因为他一个赛季错过了几场重要比赛，就把他卖掉。我倾向他留队，给他机会上场。

在训练中，他一直努力提升自己的接应速度，但当比赛没能如他所设想的那样进展时，他就不会持续跑位了，这是我不能接受的。我们必须快速站好队形，否则就会因为阵形整体前压而在身后出现太多的空当。我们需要一个丢球后能够迅速反应、持续给对方后卫施压的球员，而他显然无法做到，即便他在某些时候依然能打入精彩绝伦的进球。他还有一点和巴特很像，都是大胃王，吃不了时打包回家。

在温布利对阵巴塞罗那一役，即使我把贝尔巴托夫放进大名单，也不会让他上场。根据场上的情况，我被迫用纳尼换下法比奥，使我手上只剩下两个换人名额。由于我需要一个富有经验的球员稳定军心、控制传球，因此我用斯科尔斯换下卡里克。在那之前我已经和斯科尔斯就他退役的问题谈过好几次，试图挽留他再踢一个赛季，但他认为一个赛季踢25场比赛，不足以维持他的竞技状态。同时他也承认，他的体力不足以支撑他踢完全场比赛，当比赛进行到60分钟左右，他就有点跑不动了。他曾经做过两次膝盖手术，并且饱受眼疾困扰，这让他有几个月无法上场。可他一旦上场，便又能恢复到大师级水平。真的，他是现象级球星。

斯科尔斯在他的纪念赛上打入的那粒进球堪称完美，皮球像火箭一样钻入球网，门将布拉德·弗里德尔望球兴叹。作为客队主帅的埃里克·坎通纳甚至为此进球拼命鼓掌。在赛后的体育访谈节目上，解说员认为，斯科尔斯排不进现代英国足球代表人物的前四名，加斯科因、兰帕德和杰拉德都比他强，我觉得这个人完全是在胡扯。

第二次在欧冠决赛中输给巴塞罗那之后，我不禁问自己：问题到底在呢？首先映入我脑海的事实是，决赛中我们的一些球员发挥远在正常水平之下。另外一个可能的影响因素是，以前我们习惯将球控制在自己的脚下，一旦角色反转，球员的信心和注意力就大打折扣。当曼联球员不能在比赛中处于主导地位时，就会显得无所适从。即便是对阵切尔西时可以满场飞奔的吉格斯和朴智星等人，对阵巴塞罗那时也变了一副样子。毕竟对手派出的是闪闪发光的黄金首发：巴尔德斯；阿尔维斯、皮克、马斯切拉诺、阿比达尔；布斯克茨、哈维、伊涅斯塔；梅西、比利亚和佩德罗。

佩德罗接到哈维的精准传球（当然，哈维的每脚传球都如手术刀般精准），起脚射门为巴塞罗那首开纪录，随后鲁尼在与吉格斯快速换位后打入了扳平比分的进球。接下来，巴塞罗那开始他们擅长的传控打法，梅西掌控着比赛的节奏。这是范德萨为曼联出战的最后一场比赛，但梅西和比利亚的进球让我们吞下了失败的苦果。

半场结束后我犯了一个错误，我依旧想迅速拿下这场比赛，于是嘱咐鲁尼应该不断努力深入对方后卫身后的开阔地。"只要你这么做，我们就能赢下比赛。"我一直敦促他。我忘记了我们的对手是巴塞罗那。大部分时候，他们在下半场开场15分钟之内就能让比赛失去悬念，这么重要的一点，我却忘记提醒球员。如果可以重来，我也许应该让朴智星在下半场前15分钟贴防

第十九章 灵动华丽的巴塞罗那（2009—2011）

梅西，同时让鲁尼游走左边路。如果这么安排，说不定可以偷到一粒进球。我们也许还能打出防守反击。这种变阵在一定程度上会解放了布斯克茨，因此我们要回收到本方禁区。不过只要鲁尼在左路发起进攻，曼联还是能够制造更多威胁的。

下半场开场10分钟后，我本打算换下瓦伦西亚，但法比奥的再次抽筋，让我被迫重新调整换人策略。以往我总是在决赛里被幸运女神眷顾的那一方，但这次她好像忘记了我。平心而论，考虑到以前我经历过的那些重大比赛，以及种种胜利时刻，温布利其实算是曼联的福地。毕竟1968年，曼联曾在此大胜本菲卡。

我们本以为可以通过角球创造机会，但他们一次都没让我们得逞。在我们输球已成定局后，巴塞罗那并没有为此得意忘形。终场哨响，哈维做的第一件事就是找斯科尔斯交换球衣。在我看来，足球运动员应该有自己的偶像，看着自己的偶像默默鼓励自己，"我想达到他的成绩"。丹尼斯·劳就是我的偶像，他比我大一岁半，我曾看着他，暗自说道，"我要成为那样的人"。

失利的第二天，我开始认真钻研曼联青训的教练体系。加里·内维尔、保罗·斯科尔斯和我进行深入探讨，我觉得应该在青训队中安排一个技术教练。我们的俱乐部是巨星的摇篮，而且巴塞罗那的下一代青训成果并不一定比我们强，不，是绝对不可能比我们强。蒂亚戈·阿尔坎塔拉和维尔贝克、克莱维利实力相当，其他人不足为惧。

目光长远很重要。早在欧冠决赛之前，我们就想运作菲尔·琼斯的转会了。2010年，我本想买下他，无奈当时布莱克本不卖。另外，我对阿什利·扬的定位是吉格斯的接班人。让我安心的是，门将位置已经在12月就尘埃落定。诚然，大卫·德赫亚在曼联的开局很难熬，但我相信他一定会成长起来的。斯莫林和埃文斯也都是前途无量的年轻人。同时我们还有正在逐渐走向成熟的法比奥、拉斐尔、维尔贝克和克莱维利。那年,纳尼才24岁,鲁尼也不过25岁。显然,我们的核心球员刮起了一股"青春风暴"。

那个夏天,我们清洗了5名球员,琼斯的到来进一步压缩了韦斯·布朗和约翰·奥谢出场时间。他们都是非常勤恳的球员,所以作为教练,我很难开诚布公地告诉这种兢兢业业的球员:"你不在我的计划内了。"英超冠军巡游后,我们冒雨回到训练基地。我和达伦·吉布森聊了聊他的未来,也许基地并不是适合进行这种对话的场所,但吉布森很快明白了我的意思。他那天晚上就计划去休假,因此我们必须要尽快谈一谈我对他的未来规划。我忖度良久,最终还是打通了韦斯·布朗的电话。让那些经验丰富且对球队忠诚的球员,从我嘴里听到这些决定,真的很残忍。

那个赛季结束后,有5名30岁以上的老将离队,同时离开的还有哈格里夫斯。我们召回了租借在外的维尔贝克、克莱维利、马默·迪乌夫和马切达,还签下3名新援。至此,球队阵容的平均年龄降到24岁上下。

对于斯科尔斯和内维尔,我希望他们能留在曼联发挥余热。针对青年队、青训营和预备队,我们三个人想坐下来一起聊聊。我需要依靠他俩一起规划球队的未来,因为他俩本身就是球队的成员,比任何人都了解如何在曼联获得成功。我年复一年都想做同一件事——用我培养出来的优秀球员,以老带新。

斯科尔斯是一个有真知灼见的球员,他的评价总是一针见血,简明扼要且直戳要害,连"也许"这种不确定的字眼都很少从他嘴里说出来。当我和范尼之间出现问题时,斯科尔斯立刻意识到不能让范尼在球队中发出不和谐的声音。他总是很果断,加里有时会打趣地问他:"你真这么确定吗?"但我们都知道他对自己的判断坚信不疑。

当时在教练团队里,我们拥有布莱恩·麦克莱尔、米克·费兰、保罗·麦吉尼斯、吉姆·瑞恩和托尼·惠兰。他们都曾经效力过曼联,或出自曼联的青训，我想沿用并且强化这种运营模式。克莱顿·布莱克摩尔以及昆顿·福琼也对培养青少年球员做出了一些贡献。

经过一番反省后，我告诫自己："如果下次还有机会与巴塞罗那在决赛中会师，我会派出斯莫林与琼斯或者埃文斯的组合去防梅西。"我绝对不会让巴塞罗那再这样折磨我们了。

第二十章　媒　体

我曾经从朋友保罗·多尔蒂那里得到过一些关于如何应对媒体的建议。他是特别棒的小伙子，后来去格拉纳达电视台工作了。有一天他找到我说："我一直留意你接受采访的状态，觉得你需要做出一些调整。你完全没有掌握主动权，被他们牵头鼻子走，以致你很焦虑。现在你看着镜子，拿出真正的亚历克斯·弗格森的样子。"

他说得没错，表现出焦虑并不能让媒体放过我，苦大仇深也不能帮助球队进步，或者带领球队赢下周六的比赛。保罗找到我时，恰逢我在工作上遇到很大压力。我暗下决心，不能让新闻发布会成为我的刑场，我有义务也有责任维护俱乐部的尊严。镇定自若地站在镜头前，尽量掌握全局，对教练而言是非常重要的事情。

当我推开新闻发布室的大门，需要做好一切心理准备。这时候，我丰富的经验可以帮到我。我记得有一次，周五的赛前发布会之前，我拿到记者列的采访大纲，顺着大纲，我能凭借经验分析出他们究竟想了解什么。我知道有时多家记者会抱团合作，比如他们会和对方说："接下来你先问那个，然后我马上追问这个。"我能从他们的访谈大纲里读出这一切。另外，面对记者的时候，我浑身所有的机能都会被调动起来。我很喜欢记者问我冗长的问题，因为那样我就有时间思考如何回应。相反，我最害怕特直接的问题，比如："你为什么这么难过？"

这种直截了当的提问，很难回答。你需要一边组织语言，一边思考，因此往往会说得特别多。到最后，甚至把你的世界观都拿出来和对方分享。如何隐藏队伍的弱点，是一门艺术，也是必须要做到的事情。比如三天后我就有一场比赛，我需要时刻保持警惕不要说漏什么。在新闻发布会上，记者只关心你有没有赢球，并不会关心你的球员如何赢球。

面对记者的第三个要点，是不要给出愚蠢的回答。不过当我被记者反复追问的时候，总会忘记这一点。当然，巧妙地回答问题，并不是一门能立刻掌握的技能，我就花了很长时间才参透其中的精髓。当我还是年轻球员的时候，有一次记者问我如何看待自己被苏格兰足协停赛6场的事情，我支支吾吾地对着镜头说道："这就是苏格兰的'刑事法庭'吧，真公正。"

很快，苏格兰足协的信就寄到了俱乐部。的确，有时候我只顾着表现所谓的幽默，而口无遮拦地说出让自己后悔的话。最终我不得不给苏格兰足协上交一份书面说明，解释我的言行。球队经理问我："你怎么会说这种话？"

我对他实话实说："我正在读一本相关的书，觉得这个引用挺合适的。"

当然，我和BBC曾经打过一场持久战，直到2011年7月，在忍受7年之后，我实在是受够了。BBC一直在挑战我的忍耐极限，包括在《英超精华》杂志中发表过一篇针对我的文章。但2004年5月7日，在BBC三台播出的《弗格森父子》纪录片真的惹恼了我。这部纪录片对我的儿子杰森进行了非常过分的无端指控。他们调查了斯塔姆去拉齐奥和泰比去雷吉纳的两笔交易，并认定杰森从中谋利。在播出之前，曼联董事会已经查明，我、杰森以及精英公司在转会中没有暗箱操作。但为了避免引发类似不必要的麻烦，董事会决定不再让杰森参与俱乐部转会事宜。

第二十章 媒 体

BBC并没有为此片的不实内容道歉，即便他们在片中做出的所有指控都是虚假的。

纪录片播出后，BBC的彼得·萨勒曼来找我。我劈头盖脸地问他："你看完之后告诉我，这部片子有没有给BBC增光？"我想起诉他们，但我的律师和杰森都认为没有必要闹得这么大。萨勒曼也试图用我们过往的交情劝我消消气。

"BBC已经在曼彻斯特开设分部了。"他说。

"很好。"我回答道，"你们必须向我道歉。"

他没有回答。他想请我做客克莱尔·巴尔丁的访谈节目专门聊一聊《弗格森父子》。我凭什么答应？最后我们各退一步，在这之后我依旧接受BBC采访，但我想我已经表达清楚了自己的态度。

天空电视台逐渐崛起改变了英格兰媒体环境，让业内也充满竞争。同时，各家媒体为了销量更是不惜过度解读。拿2013年春天苏亚雷斯咬人这件事来说，当时在新闻发布会上，记者问我对此有何看法。我原话是："我能体会利物浦现在的心情，当时坎通纳因为飞踹球迷被禁赛9个月"。结果第二天报纸标题却成了《弗格森同情利物浦》。我的意思明明是，禁赛10场和禁赛9个月怎么比？但到了媒体那里，却成了我在同情苏亚雷斯。

还有一个例子，当时媒体采用的标题为《弗格森说何塞·穆里尼奥要去切尔西了》。其实他们问我的问题是："你觉得明年谁是你最大的对手？"我的回答是："如果如媒体所言，下赛季穆里尼奥回归切尔西，那么蓝军将是我们最大的争冠对手。"结果标题却在暗示读者，我知道穆里尼奥回归的内幕。

这使我不得不给穆里尼奥发短信解释。他回复我说"没事，我明白你的意思"。这则标题在当时引起了极大轰动。尽管最终穆里尼奥的确回归切尔西了，但和我一点关系都没有。

所以我说，和媒体打交道会特别紧张，也不是每次都能发挥好，我必须承认，我不擅长和媒体打交道。刚到曼彻斯特的时候，我面对媒体谨小慎微，随着时间的推移，这种情况依然没有改善。约翰·比恩、彼得·费顿特别好，比尔·桑顿、大卫·沃克、史蒂芬·米拉尔也不错。他们都是我早年认识的媒体朋友和我关系很亲密。

我们外出比赛时，我经常会和关系不错的媒体朋友一起出去玩。有一天晚上我们从外面回来，大家一股脑来到了我的房间，比恩穿着非常抢眼的衣服在我的桌子上跳踢踏舞。还有一次，晚上11点左右，我已经睡下了，结果电话响了，那头传来约翰·比恩的声音："亚历克斯，你承认今晚和马克·休斯坐了同一辆出租车吗？"

我回答："怎么可能呢约翰，他今晚可是在为拜仁慕尼黑踢欧冠呢。"

"哦，也对，那场球我还看了。"约翰说。

然后我直接挂断了电话。

周五约翰来找我，"亚历克斯，非常抱歉，我知道你会接受我的歉意。"然后我们像什么都没发生过一样继续聊天。

后来，新闻行业中逐渐冒出来很多穿着随意的年轻记者，他们的着装和我早年认识的那些老朋友们大不相同。也许这是个潮流，但我并不喜欢。我能理解年轻记者受到了主编施加的各式各样的压力，因此需要努力写稿博眼球，但与此同时，我们之间也再不会有"私下聊聊，不上报纸"这种说法了。我曾经在2012/2013赛季禁止好几个记者随队采访，因为他们把和我"私下聊"的内容公之于众。曾经有一个记者造谣说，我和鲁尼在训练场上互不理睬，这绝对是凭空捏造的，俱乐部的所有人都能作证。而我自那之后拒绝接受他的任何采访。

我不是每份报纸都读，但是我们媒体部的同事总会过来找我，并指出一些关于我的莫须有的报道。这个过程很折磨人，早年间我还会反击，但最终

第二十章 媒 体

的结果只能是白费力，甚至可能是白花钱。有些媒体可能会道歉，但也只是在没人注意的版面刊登豆腐块大小的道歉信，和用加粗字体刊在头版头条的胡言乱语相差甚远。所以，我后来想通了，这样做有什么意义呢？

对于那些被我"封杀"的媒体记者，我一般会明确表示"不能接受你写的那些内容"。很明显，我在和他们的交锋中处于强势地位，毕竟我是曼联老帅，且执教成绩不错。如果换成一个可怜兮兮的、在保级泥潭里挣扎的球队主帅，情况就会出现反转。其实我很明白，正是因为媒体行业竞争非常激烈，所以记者才会夸大其词，写一些博人眼球的标题或文章。小报记者们就是靠这一套来和天空电视台、网站以及其他社交媒体频道争夺读者的。

每个英超主帅都需要一名得力、有经验的新闻官，这个人必须能够读懂媒体的想法，并且对于一些报道进行快速反应。也许新闻官无法阻止所有的不实报道，但他们至少应该能提醒读者，记者这样的报道是在骗人，并且尽量说服媒体进行更正。或者说，一个优秀的新闻官可以把球队主帅从媒体疯狂逼问的漩涡中拽出来。天空体育每天24小时不间断地滚动播出各种新闻，同样的故事或者报道可能一天内出现无数次。如何面对媒体，逐渐成为让主教练们头疼的事情。

以保罗·兰伯特为例，当他带领的阿斯顿维拉战绩不佳时，可以想象到新闻发布会上记者一定会对他穷追猛打。只有熟悉记者的新闻官才能帮助教练渡过这一关。当我带队成绩不佳时，保罗·多尔蒂就对我说："你看起来太紧张了，他们绝对不会放过你。你去出席新闻发布会之前，先照照镜子，搓搓脸，然后微笑，努力演戏就行。你要坚信记者不会把你怎么样。"

这个建议让我受益匪浅，我需要这样去做。很多时候我只要跟着记者的节奏走，小心讲话就可以了。我经常会遇到一个常规问题：你感受到压力了吗？我当然会被压力笼罩，但我绝对不会给记者用这个大做文章的机会。比起其他教练习惯在训练后召开记者会，我更倾向在训练之前。因为这样我可以专注于接下来的训练课，而不会在训练中还琢磨一会儿要怎么回答记者问题。早上9点召开记者发布会之前，我会让我们的媒体总监菲尔·汤森德给我一份简报，里面罗列着媒体可能问及的问题。

比如菲尔会告诉我，记者可能想请我点评苏亚雷斯咬人风波，或者格尔多芬马场兴奋剂丑闻，抑或关于莱万多夫斯基等人的潜在东家等。通常情况下，我会以本场比赛可以首发的球员名单开场，然后聊聊和即将到来的比赛相关的事情。《星期日泰晤士报》的记者喜欢围绕一个主题深挖内容，比如迈克尔·卡里克。

在新闻发布会上我通常表现得很友善，但如果提起比赛中判罚有失偏颇的裁判，我就控制不住脾气。我经常因为对裁判发表不当言论被处罚，但我觉得自己评判源于足球的标准，而不是裁判的个人标准，我对那些裁判给自己定的标准压根不感兴趣。作为主帅，我希望裁判的水平能配得上他们执法的比赛水准。在我看来，作为一个群体，裁判们并没有做好自己的工作，反而总是出现各种各样的误判。现在人们觉得裁判已经具备全职工作的能力了，但在我看来，真正的全职裁判根本不应该有如此令人啼笑皆非的表现。

很多人从16岁，甚至更小的时候就立志当裁判，我很欣赏这种精神，比赛需要他们这样的人。我希望能在英超赛场上看到更多诸如罗伯托·罗塞蒂那样出色的裁判，他身高一米九，体型健壮，像个拳击手。他能出现在球场上任何你希望他出现的位置，并且可以让球员冷静下来。他是能掌控比赛的那类裁判。我欣赏这样的顶级裁判，因为我希望自己球队的每场比赛都能被公平、公正地对待。

很显然，在英超赛场上，不可能因为一个裁判能力不行，或者体重超标，就不再让他吹比赛了。每个裁判都有律师支持，而且这个群体非常的强大、团结。再加上年轻的裁判尚未成熟，所以现如今也只能依赖这些裁判了。

第二十章 媒 体

在新闻发布会上，当记者提出关于裁判的问题时，我或许应该闭口不谈。接下来的一周，曼联没准又会成为争议判罚的受益者。因此，如果我指责裁判执法不公，就可能被认为是占便宜没够，吃亏难受。

我一直支持裁判协会。在阿伯丁时，我甚至会带领裁判训练，以保证他们的体测都能达标，但我认为英格兰足球现行的裁判体测标准应该进行优化。他们能跑多远并不应该成为测验的最高指标。真正应该考量的，是裁判能在最短的时间里到达需要他出现的位置。如果球场上出现了快速反击，裁判能否及时赶到？回看2009年曼联对阵阿森纳的欧冠半决赛，当我们射门得分时，当值主裁罗塞蒂距离球门还有20码的距离。我们从得球到射门，只用了9秒，也就是说，裁判需要在9秒内跑100码，估计只有博尔特才能做到了。

我觉得英足总有时会重点"关照"表现突出的明显球员，以博取球迷的关注度。鲁尼曾经在对阵西汉姆联的比赛中对着摄像机咒骂，那时我们觉得他会被英足总收拾，果不其然，鲁尼因为这个举动被停赛3场。罚单中给出的原因是，对着摄像机爆粗口会给正在看比赛的未成年人造成负面影响。我不是很理解。这么多年来，我们看到的球员骂街还少吗？

你永远也猜不透究竟是谁在掌管英足总，新任主席格雷格·代克应该削减决策者的数量，一个由100人组成的委员会显然不可能产出有效结论。这样的机构，组建原因根本不是提高英足总运行效率，而是为了给那些"对足球做出卓越贡献的人"一些表彰。这其实涉及机构体系的问题了，有很多人曾经试图改革，却遇到了无穷无尽的阻力。

在关键比赛中，我和球队的行为举止都非常得体。有一家媒体曾经报道裁判安迪·德乌尔索受过罗伊·基恩和斯塔姆骚扰，我们否认了这种说法。显然，我说的那句"不关他们的事"惹恼了英足总。我甚至指出，这个冲突发生在联赛杯，而非报道中提到的足总杯。说实话，我对英足总内合规部的工作实在不想说什么。

2009年我曾经批评过阿兰·威利的身体条件，其实我想说在身体素质方面对裁判的要求应该再严格些。当时我们在主场2∶2战平桑德兰，赛后我对主裁判威利体重超标表达了不满。我的一番言语让自己深陷争议之中："现如今的比赛节奏对裁判的身体素质要求很高，而威利显然不合格。你们可以看看，国外裁判的身体素质都很好，而威利竟然花了30秒才跑过去给球员出牌。我觉得他暂时不应该再执法了，今天他还能上场简直太荒唐。"

后来我对此番言论公开道歉，并强调我的初衷只是"希望大家能够注意到这些严重影响比赛进程的事实"。但16天后，我收到了英足总关于我发表不当言论的指控。2003年我两次被罚出场，2007年我针对裁判马克·克拉滕伯格说了一些不合时宜的话被罚上看台。后来又在客场1∶2输给切尔西的比赛中因为抨击当值主裁马丁·阿特金森，我收到了英足总开出的罚款3万英镑、禁赛5场的超级罚单。在我对阿兰·威利发表了评论之后，退役裁判杰夫·温特尔还曾经建议应按照国际足联的标准对我进行禁赛处理。

最后，我觉得英超赛场已经很长时间没有出现过真正的顶级裁判了。我知道格拉汉姆·波尔有些狂妄，但相比起来他算是联赛中难得一见的好裁判。尽管他的自大给他减了不少分，而且他暴躁时，判罚尺度会非常严格，但他却是我在曼联执教期间遇到过最好的裁判。

当一个裁判在安菲尔德4.4万名球迷，或者面对老特拉福德7.6万名死忠面前，如果做出对主队不利的判罚，就一定会遭到球迷疯狂谩骂，这的确会给裁判带来很大的负面影响。但与此同时，这又是裁判必须具备的一个品质——敢于在狂热的球迷面前顶住压力，做出正确的判罚。过去曾经有句玩笑话，说主裁判是"主场球迷的一员"，这句话有时的确适用，但它不是在说裁判被主队买通了，而是强调他们可能会受到主场球迷的影响。

在我看来，安菲尔德是让裁判最难客观执法的球场，因为那个球场空间小，球迷又非常疯狂。在和利物浦的比赛时，你总能感受到贯穿全场的可怕气场，这种气场会由球迷传递给裁判。

40年前，球迷远没有如今这般疯狂。所以让主裁判和团队一起出席新闻发布会，向公众解释在场上发生的一切，可能会成为一种新的重要需求。比如，在2013年3月曼联主场对阵皇马的比赛结束之后，我很想听一听当值主裁如何复盘他罚下纳尼的全过程。那可真是个莫名其妙的判罚。

一个简短的裁判新闻发布会，在某种程度上也代表着一个进步，人们不能停止进步。拿足球鞋来说，我很反对那些所谓现代战靴的销售手段，可制造商会往你身上砸很多钱。因此，我不能再和他们叫板了。现在商家圈钱的手法多种多样，他们会生产粉色、橙色的足球鞋吸引年轻人。很多俱乐部甚至会用自己的球衣赞助作为签约新援的条件之一，例如保证他们会获得阿迪达斯或是耐克的赞助合同等。因此，赞助商需要通过售卖球鞋，让他们的投资回本。

观众永远不会对裁判百分之百满意，因为他们或多或少都希望裁判偏向自己主队。裁判专职化虽未完全成功，但这个概念在人员管理上还是有必要的。毕竟，我觉得一个人不可能一边做着本职工作，一边参加裁判所需要的高强度训练课程，这也正是裁判体系的瑕疵所在。我觉得有些专职裁判应该每天都去圣乔治公园报到。有人或许会问，怎么可能让裁判每天往返于纽卡斯尔和伯顿之间？这样说吧，如果我们签下一个住在伦敦的球员，我们会在曼彻斯特给他找一处居所。范佩西就是个活生生的例子。如果英足总希望构建一个完善的裁判体系，就应该用从英超联赛赚到的那些钱，让自己做到和英超俱乐部一样专业。

职业赛事裁判委员会的主管麦克·莱利曾抱怨道，他们没有足够的资金搭建裁判系统。假设他说的是真的，那简直太荒谬了。每个赛季5000万英镑的电视转播费，还不能满足职业裁判日常的合理开销，谁会信？这还没算上每个赛季英超俱乐部从欧冠联赛获得的分成奖金呢。如果需要专职裁判，那配套的体系必须跟上才行。

欧冠联赛的主裁判们胆子就大多了，因为他们知道赛后大家基本不会再见面。我曾经带队4次闯入欧冠决赛，但其中一个裁判在我看来能配得上顶级裁判——1999年欧冠决赛主裁皮埃路易吉·科利纳。

我曾两次在欧冠生死战中输给穆里尼奥，输球的原因不仅因为球员表现，还有裁判因素。2004年与波尔图的比赛让人难以置信，那晚裁判最愚蠢的判罚并不是吹掉斯科尔斯的进球，尽管我们本可以凭借这个球总比分2∶0占据先机，而是在完场前几分钟，当C罗被左边后卫放倒之后，边线裁判举旗示意这是一个任意球，但主裁却要求继续比赛。波尔图由守转攻获得任意球，被蒂姆·霍华德封住，但随后波尔图在伤停补时阶段破门得分。往好处想，这场比赛足以让我们不再惧怕欧冠赛场上的任何不公正判罚。

有一次，我在观看米兰德比时，一位国际米兰的高级官员对我说："你知道英国足球和意大利足球的区别吗？在英格兰，没有人会操纵比赛。但意大利足球却告诉人们，没有比赛是不能被操控的。"

在英格兰，积极的一面在于从业人员管理方面有了进步，我觉得这点很不错。比赛官员和球员之间的沟通日趋积极有效。位居高位的管理者必须有快速做出决策的能力，尽管他们中的大部分人响应速度还不够快。的确，裁判也是人，不可能不犯错。但好裁判正确的判罚会远远超出误判。而判罚出现一两次偏颇的裁判并不代表他们不合格，只是他们需要加强瞬间对情况做出正确判断的能力。

球员也是一样，在对方禁区里，什么东西最重要？你的决策能力。我们一直对球员强调这一点，如果可以从头开始执教之旅，我会逼迫每位球员都去学习国际象棋，因为我觉得这能让他们集中注意力。象棋初学者可能需要三四个小时下一盘棋。当他们越来越娴熟，落子越来越快时，才算是出师了。重压之下的快速决策，正是现代足球的奥义所在。

第二十一章　第十九个冠军

在曼联追逐第19个英格兰顶级联赛冠军的时候，总有人拿我们和利物浦比较，并热衷于讨论我们何时能超越利物浦的夺冠次数。对我来说，超越他们的18冠纪录是迟早的事，没必要非得在某个特定的赛季完成。作为教练，我希望全队能把注意力放在争冠上，而不是纠结于何时能超越别人。但坦白说，拿到这第19个冠军确实是我们的一大目标。

20世纪80年代，我刚刚南下来到曼联当主帅，而索内斯和达格利什麾下的利物浦则已经成为"英格兰足球"的代名词。那时的利物浦所向披靡，我曾在执教阿伯丁时与他们踢过比赛。在欧战赛场上我们主场0∶1输了；移师安菲尔德的客场比赛中，前20分钟阿伯丁踢得非常出色，但半场结束时，我们却以总比分0∶2落后。中场休息时，我和往常一样在更衣室里给球员们布置战术，临上场前，德鲁·贾维喊道："伙计们，好好踢啊！我们进两个球就能和他们回到同一起跑线了！"

结果，那场比赛我们0∶3落败，德鲁说的那两个进球的确进了，只可惜是利物浦队员打进的。我对德鲁说："老天保佑你。"果不其然，他因为中场休息时的"预言"被球员们狠狠地调侃了一番："搞清楚！我们的对手可是利物浦啊！"

在当时，利物浦只要在比赛里取得一球领先，对手就别想从他们手里得到任何追平甚至反超的机会。他们会不停地进球、进球、进球。索内斯会把自己的控场能力发挥到极致。汉森、劳伦森、汤普森，无论利物浦后场球员如何排列组合，他们都是游刃有余的。当我来到曼联当主教练时，他们已经拥有伊恩·拉什、约翰·阿尔德里奇这样的传奇球员。而约翰·巴恩斯、彼得·比尔兹利的到来，让利物浦本就强大的阵容更加熠熠生辉。

我曾经放出豪言："我要把利物浦拉下王座。"其实我不记得自己什么时候说过这句话，但所有人都说这句话出自我的口中。但不管我有没有说过，这确实是我内心的真实想法，所以报纸爱怎么报道就怎么报道吧。尽管这几年情况有所变化，但无论从哪个层面来讲，曼彻斯特联队最大的对手都应该是利物浦。因此我们两队交手时，氛围总是异常紧张。

自1993年夺得英超联赛冠军开始，直到世纪之交到来前，我们一共拿了5座英超冠军奖杯。2000年，我知道利物浦很难重铸之前的辉煌了。他们的青年队不能为一线队连续输送优秀球员，导致青黄不接。从那时开始，我不再把利物浦看作我们夺冠的障碍，我们最大的敌人是自己。当我们追平他们的顶级联赛18冠纪录时，我坚信按照曼联现在的运作模式，我们迟早会超越他们。而勇夺19冠之后的冠军巡游，是曼彻斯特这座城市一次无与伦比的盛典。那个赛季，我们的同城死敌曼城，在足总杯决赛中1∶0战胜斯托克城，赢得了他们自1976年联赛杯后的首个冠军。反观曼联，在与布莱克本1∶1的比赛中，凭借鲁尼第73分钟的进球，我们夺得了队史第19个顶级联赛冠军。1986年，我接手曼联时，曼联和利物浦的顶级联赛夺冠数量是7∶16。2010/2011赛季，曼联第19次站在英格兰足球之巅。那个赛季，我们的争冠对手切尔西在托雷斯身上砸下5000万英镑，曼城花了2700万英镑引进哲科。而曼联买下夺冠功臣之一哈维尔·埃尔南德斯，却只花了600万英镑。

在2011年2月5日爆冷被狼队击败之前，我们已经保持了24场联赛不败的

第二十一章 第十九个冠军

战绩，待到赛季结束，我们也仅输掉了4场比赛。我们的赛季转折点出现在4∶2客场赢下西汉姆联的那场比赛。半场休息时我们0∶2落后，但我注意到一些没拿过冠军的球员，都拥有对冠军的渴望，比如瓦伦西亚、斯莫林和埃尔南德斯。

赢得冠军是整个赛季至关重要的目标，而在夺冠数量上超越利物浦则是锦上添花。夺得19冠后，我们的目标是拿下第20个顶级联赛冠军，球迷也经常在赛场上唱类似的歌曲为我们加油。在我执教曼联的最后一个赛季里，尽管利物浦偶有亮眼表现，但我依然不觉得他们具备了和我们争夺冠军的实力。2013年4月的一天，我和夫人从赛马大会现场出来时，遇到了两个利物浦球迷，他们没有恶意，只是过来和我说："嗨，弗吉，我们下个赛季绝对会把你们打趴下。"

"那你们得买9个人，才有可能啊。"我这样回应。

这两个人看上去非常震惊："9个？"

其中一个人说："等等，我要尽快告诉酒吧里的兄弟。"我甚至一度怀疑他是埃弗顿球迷。

"我觉得我们不需要补9个人吧，这也太多了……"另一个人边走边嘀咕。我冲他们喊："好吧！那就买7个吧！"然后我们都笑了。

那个夏天，我能感受到，我们的威胁不再只是来自伦敦和默西赛德了，同城球队曼城也逐渐强大起来。我们两队的距离太近了，我甚至能从空气中嗅出他们的危险气息，一个实力强大的对手想要与我们争夺这个城市的控制权。我希望曼联能继续走自己的道路，不断补强阵容。

眼下我们需要一个人来替代埃德温·范德萨，尽管大多数人认为我们会买下诺伊尔（他的确在我们的关注名单上），但其实我们已经关注大卫·德赫亚很久了，甚至从他的孩提时代开始，我们就派人关注他了。我们坚信他能够成为顶级门将。

2011年夏天,阿什利·扬与阿斯顿维拉的合同只剩下一年,买他肯定是一笔划算的买卖。他是本土球员、多面手,两条边路能胜任,也能作为前场的一个攻击点,具备得分能力。考虑到朴智星已经31岁,吉格斯也过了当打之年,我认为是时候买下他了。

我们在阿什利·扬身上花了1600万镑,考虑到他的合同快到期了,这个价格还是比我们的预期稍微高了一点,不过总体来说还算合理,因此我们很快完成了交易。

2011/2012赛季,阿什利·扬在对阵女王公园巡游者的比赛中遇到了一点麻烦。当时对方的肖恩·德里被罚下场,阿什利·扬被也因此指控假摔。之后的那场比赛,我把他拿出首发阵容,同时告诫他,作为曼联球员,自毁名声的事绝不能做。坦白讲,那个点球不该判,德里的红牌也没法被撤销。而且这是阿什利·扬连续两场出现假摔,这在我看来是不可容忍的,所以必须及时制止他。

C罗年轻时也有这个坏习惯,但他的队友会在训练场上教训他。C罗的速度很快,对手只能尝试放倒他。我们就假摔问题和C罗谈过很多次。"他对我犯规了!"C罗每次都这么说。"是的,但你反应过度了,不要这么夸张。"我一般会这样回复他。渐渐地,C罗不再假摔了,变成了一个成熟的球员。

卢卡·莫德里奇是所有球员的榜样,他总是站得稳稳的。吉格斯和斯科尔斯也从不假摔。德罗巴则是一个反面典型,2012年巴塞罗那在斯坦福桥对阵切尔西的比赛就是个例子。除了那次,媒体对德罗巴一贯好评如潮,但这件事成为他职业生涯上的一个污点。如果5年前媒体能集体声讨德罗巴假摔,可能也不会出现之后这一幕了。

菲尔·琼斯的交易已经酝酿良久,从山姆·阿勒代斯执教布莱克本的时候就开始筹备了。当他们在青年足总杯击败曼联之后,第二天我就给山姆打电话："聊聊那个叫琼斯的男孩吧。"

山姆大笑："不可能的，周六他就会出现在一线队名单里。"他还真没骗我，琼斯很快就代表一线队出场了。山姆非常器重他，后来成为布莱克本的主力。2011年1月冬季转会窗口开启，保级形势严峻的布莱克本不愿放人。等到赛季结束，除了我们，其他英超强队也在追求琼斯，其中还包括利物浦、阿森纳和切尔西。琼斯和4家俱乐部谈了一遍，最终，我们成功拿下了这位19岁的新星。

签下菲尔·琼斯的时候，我不太确定他适合踢什么位置。和球队磨合了一阵后，我感觉他更适合踢中后卫。无疑，琼斯几乎可以踢任何位置给我们后场提供了多种选择。2011年社区盾杯下半场刚开始，我用琼斯和埃文斯换下了费迪南德和维迪奇，希望借此给对手施加更多压力。埃文斯和琼斯一样出色，他擅长持球推进。相比起来，维迪奇和费迪南德的踢球方式更保守。埃文斯和琼斯的搭档很合拍，他们都很聪明，也能很快读懂比赛。如此一来，我在中卫位置上逐渐就能尝试更多的组合方式，而琼斯总会占据一席之地。

说到埃文斯，我需要说明一点。当时他对我签下琼斯和斯莫林有一些不满，还就此猜测教练组是不是质疑他的能力。但令我欣慰的是，埃文斯很快调整过来，重新证明了自己，并且发挥非常稳定。我对埃文斯这种球员非常欣赏，担心新人威胁自己的地位，却不为此自怨自艾，而是努力提升自己。

汤姆·克莱维利是我们队中另一个极具天赋的年轻球员。2010/2011赛季初，他在对阵博尔顿的比赛中脚踝重伤。自那之后的很长一段时间，他都在被这个伤病影响着。原本只用了一个月，克莱维利就伤愈复出，我安排他在对阵埃弗顿的比赛中出场，结果他旧伤复发，被迫再次休息3个月。我们计划让他做手术，但他不同意，因为那将意味着他将近9个月不能踢球。而即便坚持保守治疗，等他伤愈归队后，斯科尔斯和卡里克也回来了，于是他的上场时间变得不再固定。

克莱维利非常聪明，智商和球商都很高。他擅长跑位，有终结比赛的能力。知道他入选了伦敦奥运会阵容后，我很开心，因为我觉得他需要一个能提升自信的机会。

当时，达伦·弗莱彻饱受结肠病的困扰。2012年夏天，他原计划要做手术，但由于身体条件未达标而延迟。基于此，弗莱彻最早也要到12月才能归队。之前一个赛季，我有时候会带着他去曼联预备队指导年轻球员，他很享受这个过程。后来在预备队几场比赛的中场休息时间，弗莱切负责给队员讲解战术，他做得非常出色。

我们从马德里竞技以2400万欧元的价格签下德赫亚时，他才20岁，双方显然还需要好好磨合一段时间。和舒梅切尔、范德萨比起来，德赫亚的身体素质要差一些，于是我们设计了一系列训练项目帮他增肌。2011/2012赛季揭幕战，后防两员大将费迪南德和维迪奇缺阵，让尚未适应英超节奏的德赫亚有些慌乱。尽管那场比赛我们最终以2∶1赢下了西布罗姆维奇，但德赫亚没能防住肖恩·朗软绵绵的射门。对这次失误，我没有过多指责德赫亚，只对他说了一句"欢迎来到英格兰"。

维迪奇缺阵长达六周，里奥则有三周无法出战。于是我派出斯莫林和琼斯组合后防线——他们都是年轻球员。德赫亚后面表现得比较稳健，但也偶尔会犯错，他在和身前队员的配合上还有提升的空间。我们1月在足总杯中遭遇利物浦时，他没能防住对方一次角球进攻，以他的能力原本应该处理得更好。不只是德赫亚，他身前的斯莫林和埃文斯也应该反思这粒失球。

丢球的时候，后卫的站位非常糟糕，使得德赫亚无法在六码区域内出击。可每当有这种失误发生，人们只会嘲讽门将。第二年我们客场与曼城的联赛对决非常关键，琼斯挡住了德赫亚的视线，导致德赫亚无法及时出击处理球。孔帕尼抓住这个机会，一击致命。随着时间的推移，德赫亚开始变得

第二十一章 第十九个冠军

稳健且自信,能够在比赛中奉献精彩绝伦的扑救,这也证明当初我们买他没有看走眼。他当时是世界足坛最出色的青年门将,我们也很高兴能和他一起并肩作战。在曼联,他可以和其他出色的队友们一起成长。2013年2月,在与皇家马德里的欧冠1/8决赛首回合较量中,他发挥异常出色,先后封堵了C罗、科恩特朗和赫迪拉的射门。

刚到曼联时,德赫亚不怎么会说英文,开车也要现学。对于门将来说,20岁来到英格兰谈何容易。细数过往20年最重磅的门将转会,莫过于布冯转会尤文图斯,他年纪轻轻加盟尤文后就一直表现得无懈可击。我们一直愿意培养年轻球员,但很少有像德赫亚这样与曼联如此契合的。我坚信他的未来将会非常出色,在我执教曼联的最后一年,他还入选了英格兰职业球员工会评选出来的最佳阵容,这让我倍感欣慰。

琼斯在2011/2012赛季饱受伤病困扰,而对打进8个球的阿什利·扬来说,则算是一个高光赛季。对一名边锋来说,这样的表现不算太差。阿什利·扬能阅读比赛,永远活力十足。如果他速度能再快一点,射门就会更容易。不过阿什利·扬也不能算慢,内切打门也是一绝。另外,阿什利·扬在中路也表现得非常出色,只不过我们在这片区域囤积了太多优秀球员。不管怎样,我还是很欣赏他的。他是个安静的男孩,也很刻苦。他和琼斯、德赫亚都是球队杰出的年轻才俊。

从另一个层面出发,斯科尔斯重返英格兰国家队的可能性很小。职业生涯晚期,他的体力不足以支撑整场比赛,因为他并不是吉格斯那种"跑不死"的人,而且他也无意再为国家队效力了。2012年1月复出后,斯科尔斯依然是曼联的节拍器。在对比赛节奏的把控上,全队没人比得过他。英足总明白他的想法,也接受了他的决定。卡佩罗团队在2010年世界杯前曾经联系过他,2012年欧洲杯时就没有再找过他。

迈克尔·卡里克也是个值得拿出来聊聊的人,没有一任英格兰主帅会将他视为首发中场，迈克尔从来都只能坐在板凳上看队友们在场上发光发热。2012年欧洲杯，他不想再一整个夏天坐冷板凳，于是拒绝了英格兰代表队的征召。好在他没有虚度这个假期，彻底治好了他的脚踝。

迈克尔的问题在于，他缺乏像弗兰克·兰帕德或史蒂芬·杰拉德那样的霸气。兰帕德是非常适合切尔西体系的球员，但我没觉得他在国家队的表现有多好。此外，我应该是少数几个认为杰拉德并非顶级球员的人。当我们有斯科尔斯和基恩压阵的时候，杰拉德很少在我们面前有什么亮眼发挥。在英格兰国家队，"双德"是迈克尔·卡里克无法逾越的两座大山。

如何让这对组合在4-4-2的阵形里兼容，成了英格兰主帅最头痛的问题。2006年，有了哈格里弗斯坐镇中场，整个球队的运转才更加流畅。那届世界杯1/4决赛，英格兰输给葡萄牙。我告诉史蒂夫·麦克拉伦，他和埃里克森应该带球队在点球大战前简单庆祝一下。尽管最后输了比赛，但在鲁尼被罚下后，10人作战的英格兰仍然撑到了点球决赛。那些站出来罚点球的小伙子们理应受到赞扬。带球员们放松和庆祝看似是件小事，但其实非常鼓舞士气。

我和英格兰国家队的官员之间的关系很微妙。卡佩罗被解雇后，英足总特意通知我不要对英格兰主帅人选发表任何言论。那时候，所有人都认为哈利·雷德克纳普会成为下一任国家队主帅，而我只是对此表态支持，毕竟我也认为哈利是理想人选，不知道英足总为什么要跳出来针对我。但显然，尽管所有人都觉得应该是哈利，英足总并不这么想。

我曾两次受邀出任英格兰主帅。2001年埃里克森挂帅之前，时任英足总首席执行官亚当·克罗齐尔曾找过我。在那之前还有一次，当时曼联主席还是马丁·爱德华兹，不过那次凯文·基冈最终接过了国家队教鞭。

无论如何我都不会执教英格兰的。你能想象到一个苏格兰人执教英格兰国家队的画面吗？我经常开玩笑说，如果苏格兰排世界第149名，我就带领英格兰掉到第150名。

第二十一章 第十九个冠军

英格兰主帅需要掌握一项特殊技能——能从容应对媒体。麦克拉伦曾经因为和一两家媒体要好,不慎得罪了其他媒体。英格兰主帅的位置就是这样,你给一两家报纸独家消息,其他媒体就会像猎犬一样盯着你。总之,英格兰主帅这个位置,我绝对不会碰。

第二十二章　曼城夺冠

每当回忆起那个周五，夫人凯茜言犹在耳："那是我人生中最糟糕的一天，无论如何我也接受不了。"是的，就在那一天，我和曼联全队的心理防线被击垮了。对于中立球迷来说，那天上演了历史上最刺激的英超冠军争夺战大结局。对曼联来说，我们浪费了太多扩大分差的机会，最终也因此失去了主动权。简单来说，曼彻斯特这座城市不再只有曼联一支英超冠军球队了——2012年5月13日，曼城捧起了英超冠军奖杯。

我当时还有心情自嘲，而我的妻子甚至比我还悲痛。

"凯茜。"我说，"我们已经很好了，之前都很辉煌。"

"我知道。"她回答，"但我不想出门，周围有太多曼城球迷在庆祝了。"

有时候人们没有意识到，比起自己，挫折对家人造成的负面影响可能会更大。我的三个孩子已经在成长中习惯了荣誉与灾难的周而复始，但孙辈们还很年幼，不会懂得这些。实话实说，这次冲击来得太猛烈了，曼城的成功建立在曼联的悲伤之上。我们曾有机会夺冠，却把它拱手让给同城死敌。在我所遇到的所有挫折里，没有什么比让曼城夺得联赛冠军更令人沮丧了。

自1986年上任以来，我在球队里眼看着曼城帅位14次易主。最终，他们在新任主帅的带领下给了我和曼联一记重拳。夺冠之后的那一年，罗伯托·曼奇尼的帅位不再稳固，我感觉他会成为我离开曼联前又一位下课的曼城主教练。果不其然，2013年5月，尽管罗伯托率队赢得了与维甘竞技的足总杯决赛，但两天后他就被曼城辞退。与此同时，我和球队一起夺得了曼联历史上第20座顶级联赛冠军奖杯。是的，在与曼城的较量中，我扳回一局，而且他们没机会再挑战我了，因为我退休了。

2011/2012赛季伊始，我觉得我们和曼城、切尔西都是冠军的有力争夺者。尽管我们迎来了梦幻开局，但后来球员频繁受伤，我被迫做出调整。那个赛季8∶2狂屠阿森纳的比赛，是枪手自1896年0∶8输给拉夫堡镇后遭遇的最大失利。我觉得我们应该能进20个左右。坦白讲，那天我甚至暗暗祈祷队员们不要再进球了，毕竟这对温格来说是天大的耻辱。那天阿森纳全队精神崩溃，反观曼联却踢出了漂亮足球。如果算上两边错失的射门良机，这场比赛或许会以12∶4或者12∶5收尾。

那天阿森纳让一个年轻小将弗朗西斯·科奎林镇守中场。我之前从没听过他，但我估计他后面也很难获得上场机会了，因为他的表现完全是一场灾难。那天真正让我失望的人是阿尔沙文，他应该因为两次恶意铲人被红牌罚下。阿尔沙文在场上仿佛变了一个人，通常情况下他都在扮演受侵犯一方，但那场比赛中，他总在对我的球员下黑脚。他的行为完完全全震惊了我，而且我觉得他那场比赛没给阿森纳做出任何贡献。即便身为对手主帅，我还是对他非常失望，最终温格用一个小将把他换下场。法布雷加斯和纳斯里的离开，使得阿森纳原有气势所剩无几。

也正因如此，我没把阿森纳视作争冠对手。在我看来，中后卫彼得·默特萨克这笔签约不值得一提，因为德国这类球员真的太多了。虽然不能说这是一笔糟糕的签约，但他的到来显然无法帮助阿森纳提升一个档次。阿森纳真正需要的是一个能直接影响球队表现和比赛结果的球员。

第二十二章　曼城夺冠

其实，阿森纳一直在转会市场上寻找这样的球员，他们在2010年签下了波尔多前锋马鲁万·查马克。曼联在法国有很多球探，但我从没听过他们提起过查马克。后来，阿森纳还买下奥利弗·吉鲁。我觉得温格对法国球员有一种执念，不得不说，他高估了当时法国足球的整体实力。

8∶2狂屠阿森纳之后，我们在主场被曼城1∶6打得体无完肤。比赛前40分钟曼联占据了上风，球队的表现真的让曼城束手无策。我们本应该3球或4球领先，但理查兹对阿什利·扬的犯规裁判熟视无睹，随后又接连忽略了曼城那边的5个犯规。下半场，我们有球员因为犯规被红牌罚下，如果去看比赛回放，就会发现其实是马里奥·巴洛特利拉扯埃文斯在先，但裁判却只注意到埃文斯在禁区边缘放倒对手。

0∶2落后时，我换上了菲尔·琼斯。直到我们打进首粒进球后，主场球迷都兴奋起来，他们看到了翻盘的机会。弗莱彻那粒进球吹响了反攻的号角，但结果却是在比赛最后7分钟里我们连丢3球，太丢脸了。

比起被羞辱，这场比赛更像是曼联自取灭亡。整场比赛中，曼城一刻都没有完全压制住我们。的确，当曼城3∶0领先时，他们的球员踢得很放松，但那根本不至于将我们的防线撕碎。

这场比赛撕下了曼联的最后一块遮羞布。我意识到自己不应该再拿里奥·费迪南德来冒险了。以前他的攻击性很强，速度很快，丢球后也能迅速就地反抢。但那天，他根本跟不上大卫·席尔瓦的脚步。大卫·席尔瓦的冲刺速度太快了。毫无疑问，里奥早已不复当年之勇。

德赫亚的表现也很糟糕，他眼睁睁看着自己把守的球门6次被敌人洞穿却无能为力。同样梦游的人还有维尔贝克，他本应该成为我们的一个攻击点。

终场哨响后，我告诉球员们这是在自取其辱。后来我们把训练的重点放在防守端，既然在防守上吃亏，就要努力补回来。之后的一段时间里，球队后防线表现非常稳健。因为我们的确在训练队员及时回位、正确跑位等方面下了大功夫。

惨败过后，我们一度在积分榜上落后曼城9分，但到了新年那天，分差缩小到3分。主场输给布莱克本实在出乎我的意料，更何况那天还是我70岁的生日，不过我对很多事已经看淡了。50岁生日那天，我还目睹过球队1：4输给了女王公园巡游者队。由于外出狂欢影响训练，与布莱克本一役，我内部禁赛了埃文斯、吉布森和鲁尼。卡里克和吉格斯也受伤了，迫使我只能在中场派出拉斐尔和朴智星的组合。那天布莱克本表现完美，我们2比2追平比分后，布莱克本获得角球机会，而德赫亚没处理好，让本特利偷袭得手，帮助布莱克本赢得了比赛。

与此同时，曼联正计划以我的名字命名一个看台，而我对此一无所知。直到与桑德兰的比赛开始前我走上球场，被双方球员列队欢迎，并感谢我25年来为曼联的付出我才知晓这一切。桑德兰球员奥谢、布朗、巴德斯利和理查德森也都对我报以微笑和感激，我对执教曼联的经历非常自豪。工作人员让我走到中圈附近，和大卫·吉尔站在一起，当时吉尔脚旁放着一个东西。我以为是给我的纪念品，结果当我走过去时，吉尔让我看向南看台。显然，除了他和施工方之外，没有太多人知道安排，一切都是秘密进行的。

吉尔说了几句，然后让我注意南看台上的那些文字。人生中总有一些时刻，你会觉得自己配不上眼前的种种，而此时的我就是这种认为。吉尔非常用心地帮我庆祝这个曼联执教生涯的25周年纪念，而这就是他想出来的点子。吉尔对我说："我们本想给你立一座雕塑，但后来又觉得这件事等你正式退休后再做也不迟。"他在仪式上对我说的最后一句话是，"我们觉得应该做点什么为你庆祝，但又不确定应该怎么做你才会喜欢"。我已经执教了曼联1410场比赛，在这个过程中我从未认真思考过什么时候退休。但在2011/2012赛季的最后一场比赛踢完之后，我对球员们说："时间差不多了，

第二十二章　曼城夺冠

再带你们一个赛季，然后我就退休。"因为我觉得这么多年下来，自己为球队付出了太多，在告别曼联帅位的最后一刻，我对球队依然会倾尽所有。

那个赛季，曼联在欧冠小组赛未能出线，都是我的责任。以前我们在小组赛中总能轻松晋级，所以这回我没有对小组赛对手特别上心。尽管我从没有公开点破过这层原因，但我心里知道是自己太自大了。

客场对阵本菲卡，我让两三个球员轮休，尽管我们踢得不错，却收获了一场平局。接下来对阵巴塞尔的比赛，取得2∶0领先后球员们开始松懈了，最终被对手3∶3逼平。由于巴塞尔在第一轮比赛中已经赢球，因此他们在积分榜上领先我们两分。我们赢下了对阵克鲁日的两回合比赛，但本菲卡和巴塞尔依旧在积分榜上保持出线希望。

主场对阵本菲卡的比赛我们表现不错，但又以一场平局收场，这就意味着如果在末轮输给巴塞尔，我们的欧冠之旅就结束了。那场比赛我印象深刻，瑞士的草皮非常软，而且上半场维迪奇就遭遇了严重的伤病，我被迫做出调整。反观巴塞尔，则是派上了几个能力的不错的前锋，比如弗莱和斯特雷尔，最终他们2∶1赢得了比赛。那场比赛是巴塞尔的主场，他们的球员心态很放松，防守端做得很好，我们几乎得不到什么机会。

在英格兰联赛杯中，尽遭年轻球员出战的我们，被有备而来的水晶宫队淘汰出局。不过，我们向来不重视联赛杯。而在足总杯淘汰曼城之后，我们也仅仅坚持到第四轮而已。鉴于此，我们把大部分精力放在联赛上。在欧联杯中我的球队也遇到了阻碍，3月初我们在主场被毕尔巴鄂3∶2击败后惨遭淘汰。我其实非常希望能在欧联杯赛场取得一些成绩，但我们那年欧战的主场战绩一塌糊涂——五战一胜。

在那一刻，我忽然感受到莫名的难过。我们在欧冠小组赛被淘汰出局，1∶6被曼城狂虐，甚至联赛杯的比赛我们也在主场不敌水晶宫。我们面临着很大的挑战，但幸运的是，我和我的球队擅长面对挑战。我们有充足的时间和精力准备联赛，在被布莱克本击败后，我们又开始一路高歌猛进，从1月到3月初，我们接连在客场战胜阿森纳和热刺，赢下利物浦，打平切尔西。

2月，苏亚雷斯和埃弗拉的冲突再次发酵，在老特拉福德，苏亚雷斯赛前拒绝和埃弗拉握手。赛前，我把球员叫到一起告诫道："你们的心胸应该宽广一点。"但大伙儿显然不想对苏亚雷斯展现出友善的一面。我坚持我的看法：你的格局一定要比对手更大。球员们逐渐接受了我的劝导，并决定要在赛前和苏亚雷斯握手。费迪南德最不好受，因为他经历过自己的弟弟安东·费迪南德和约翰·特里之间的冲突。周五比赛前，所有球员都接受了这个决定——埃弗拉和他的队友们会和苏亚雷斯进行赛前握手。

后来，我重新看过好几次那场比赛的回放，苏亚雷斯企图快速走过埃弗拉身边，他觉得可能没有人会注意到这个举动。当苏亚雷斯忽略了埃弗拉的礼貌性握手后，埃弗拉被激怒了，并且出言不逊。这件事瞬间发生，但造成的影响却持续很久。

赛前肯尼·达格利什接受采访时曾经说，苏亚雷斯同意和埃弗拉握手，但结果所有人都看到了。我认为如利物浦一样名声在外的球队应该对球员采取一些措施，但苏亚雷斯依然正常出场。我公开批评了苏亚雷斯"太给利物浦丢人了"，还说利物浦应该"清洗"他。此外，我还因为埃弗拉庆祝时故意离苏亚雷斯太近而训了他一顿。

这一切的起因都始于之前一次客战利物浦，当时我看到埃弗拉坐在角落里情绪很差，于是问他："怎么了？"

"他叫我黑鬼。"埃弗拉回答。

我和他说应该首先将这件事报告给当值主裁，于是我和埃弗拉走进裁判休息室。

"帕特里斯·埃弗拉说他受到了种族歧视性辱骂。"

第二十二章 曼城夺冠

第四官员菲尔·多德记录事件详情,主裁安德烈·马里纳对我说,他知道比赛时两人有些摩擦,但他不是很确定他们在冲突中具体说了些什么。埃弗拉直言自己多次受到辱骂。之后,肯尼·达格利什也被叫过来。从裁判休息室出来后,我和肯尼去喝了几杯酒,利物浦老板约翰·亨利后来也过来了,但他没怎么说话。史蒂夫·克拉克的儿子给我们倒酒,后来又有几个老相识过来和我们一起喝酒。

涉及种族歧视的事情,没什么商讨的余地,苏亚雷斯和埃弗拉的冲突也被报纸报道出来。整件事情我最不能理解的是,利物浦竟然穿了支持苏亚雷斯的T恤,我认为他们这种级别的俱乐部不应该做出这样的事情。反观曼联,我觉得我们处理得当,尤其是在知道这件事情我们占理的情况下。英足总多次出面要求不要在公开场合谈论此事,但利物浦却到处议论。换做是大卫·吉尔,他绝对不会让球队主帅这样做,博比·查尔顿也不会。他们都知道深浅,而当时利物浦没有人能管得住肯尼。

苏亚雷斯在听证会上说,他管埃弗拉叫"矮黑人"。专家在庭上说,你可以这样称呼关系不错的朋友,但如果用它来称呼陌生人,就是种族歧视。

老特拉福德"握手事件"发生后的第5天,我们迎来了欧联杯对阵阿贾克斯的比赛。我没有带上埃弗拉,经历过这件事之后,他更需要的是休息。他是很坚强,每隔一段时间我就会和他聊一聊,了解一下他的精神状态。他对我说:"我很好,没什么可羞愧的,我觉得我做了正确的事情。反倒是苏亚雷斯应该为他对我说的话而感到羞耻。"他还告诉我,他只是为自己争取利益,根本无意将此事扩大成敏感的政治事件。

我觉得肯尼在这件事的处理上可能故意和我们对着干。问题的关键是,安菲尔德没有彼得·罗宾逊这号人物了,要是罗宾逊在,绝对不会让肯尼如此处理苏亚雷斯事件。现在这批年轻的俱乐部主管视肯尼的话为圣旨,因此他绝对不会对肯尼说:"注意你的行为举止,你有点太过分了,请记得你对外代表的是利物浦俱乐部。"我也理解他们为什么能如此容忍肯尼，毕竟肯尼在处理希尔斯堡惨案时的表现让人倍感尊重。

在以我的名字命名曼联看台之后，我还获得了2011年国际足联主席特别奖。颁奖仪式上，我坐在瓜迪奥拉旁边，身后坐着梅西、哈维和伊涅斯塔，我很荣幸能和他们坐在一起。巴塞罗那的"三个火枪手"看到我，就过来祝贺我，期间哈维还询问了斯科尔斯的近况。夺得金球奖后的发言中，梅西特意强调这个奖项应该属于哈维和伊涅斯塔，"是他们成就了我"。梅西如此说道。他真的是一个非常谦逊的人。

那天晚上让人难忘，国际足联主席塞普·布拉特对我致以最诚挚的祝福，然后现场播放了一些无法到场的人录制的视频，其中包括时任英国首相的戈登·布朗、前英国首相托尼·布莱尔、何塞·穆里尼奥、埃里克·坎通纳、C罗和大卫·贝克汉姆。这个奖项主要是为了表彰我在曼联25年中的付出。我说这是我"执教生涯最后几项荣誉之一"，如果从2011/2012赛季结束的节点上分析这句话，你会认为我说得没有错。

我并没有刻意与曼城较量，因为我觉得那个赛季都在我们的掌控之中。但帕特里克·维埃拉却认为，我在2012年1月重新重用处于职业生涯末期的斯科尔斯，对曼联来说不是什么好事。我们在那一季的争冠拉力赛里一直保持领先，直到在客场输给维甘竞技。坦白说，那场比赛我们的确发挥得很差。但真正扼杀我们夺冠希望的是4月22日主场迎战埃弗顿的比赛，终场前7分钟，我们4∶2领先，埃弗拉射中门柱后，埃弗顿利用反击机会破门了。本该5∶2的比分瞬间变成了4∶3，埃弗顿吹响了反攻的号角。而在4∶4战平埃弗顿之后，冥冥之中，我知道我们要与冠军失之交臂了。曼城在客场轻取狼队，与我们的分差缩小到3分，我们即将在伊蒂哈德球场正面交锋。战平埃弗顿的这场比赛，无异于曼联的自我毁灭。我知道曼城主场表现一直都很强劲，也能够预料到，在和曼联交手时，曼城会想办法赢得比赛。他们会放慢

第二十二章　曼城夺冠

速度，合理犯规，并在抢下球权后迅速将球交给纳斯里和席尔瓦处理，曼城当时就已经把这一招玩得驾轻就熟了。

在伊蒂哈德球场，我希望边路球员能同时向前压上，支援中路的单箭头前锋鲁尼，并让朴智星对位亚亚·图雷，分散图雷的注意力。只有朴智星才能胜任这个工作。虽然图雷的身体格外强壮，朴智星和他不在一个级别，但我需要赌一把，让朴智星遏制图雷的发挥。但我还是犯错了，纳尼当晚的表现堪称灾难。后来我换上了瓦伦西亚，他的表现要好很多，但上半场结束前，大卫·席尔瓦开出角球，斯莫林没能防住孔帕尼，孔帕尼头球帮助曼城1∶0取得领先，这令我无法接受。

比赛前20分钟我们表现尚可，控制住局面，也获得过几次机会。我们需要对对手保持高压状态，但萨巴莱塔一直在我们底线附近活动，并且获得了角球机会。另一侧的克里希则毫无作为，曼城赢球全靠萨巴莱塔，就是他制造的那个角球，让曼城赢下了整场比赛。

如果我们能把0∶0的比分保持到上半场结束，就有很大把握赢得比赛。我们已经设计好下半场的战术，也用维尔贝克换下了朴智星。但德容从后面直接铲倒了维尔贝克，也导致他因伤错过了曼联该赛季的剩余比赛，而德容仅仅吃到一张黄牌。

罗伯托·曼奇尼整场都在和第四官员抱怨，我认为当值官员麦克·琼斯的耳根子太软。当德容铲倒维尔贝克后，曼奇尼冲过去保护自家球员，我告诉他安静地坐回去，于是我们之间爆发了一场小冲突。曼奇尼试图主导第四官员的看法，而整场比赛都在隐忍的我简直受够了。曼奇尼希望裁判过来和他沟通，顺便利用主场优势压制裁判，安德烈·马里纳选择让麦克·琼斯解决这个问题。整场比赛，曼城最让我赞叹的球员是亚亚·图雷，他改变了比赛走向，真的太优秀了。

我们并没有把比赛中的争执带到场下。赛后，我和曼奇尼想一起去喝一杯，可当时几乎所有人都挤在办公室里吵吵嚷嚷。我对曼奇尼说："太荒唐了，这里人太多，我们还是换个地方聊聊吧。"

曼奇尼执教曼城时，最让我震惊的就是他处理特维斯事件的方式。他本有机会灭一下这个球员的嚣张气焰，要换作是我，会直接把特维斯扫地出门。他们在德国备战欧冠比赛时爆发了冲突，然后特维斯径直去阿根廷休了三个月的假，天天泡在高尔夫球场，之后他又回到球队，对曼奇尼说他想为球队争冠出一份力。

我无法理解曼奇尼同意特维斯归队的做法，不过转念一想，也许球队老板曼苏尔从中斡旋，试图解决这次争端。我记得曼奇尼曾经撂下狠话，"我永远不会再用这个人！"假设哲科或巴洛特利也耍小性子，一声不吭地消失三个月，曼奇尼会对他们如此宽容吗？他这么做简直就是打自己的脸。换句话说，曼奇尼作为主帅的威望，就这样被自己踩到脚下。

我知道曼城队中有很多人不喜欢曼奇尼，不过并不是为了取悦他们才来到这个球队。带队成绩是他最好的倚仗。他在排兵布阵方面很有一套，也很擅长平衡老中青球员。我感觉曼奇尼倾向于启用25—30岁之间的球员，因为他的固定阵容里的球员年龄基本都在24—28岁之间。大部分球员都正值当打之年。换言之，这套阵容至少还能用上两三年。

从风格上看，他的确是一个典型的意大利教练。当球队领先时，他会在后防线安排5个后卫。防守是融在他血液里的东西，无论如何都不能乱丢球。当然，有时候这样做也需要付出一些代价。

净胜球也会影响积分榜次序，曼联2011/2012赛季的最后两场比赛分别对阵斯旺西和桑德兰，当时我们正在努力追分。与斯旺西的比赛，斯莫林和吉格斯错失破门良机，否则我们在上半场结束时至少应该5球领先。下半场开始后，鲁尼和克莱维利也相继错过必进球机会。如果我们能够5：0击败斯旺西，与曼城的净胜球差距就只剩5个了。在对阵桑德兰的比赛中，他

第二十二章 曼城夺冠

们的门将西蒙·米尼奥莱犹如天神下凡。我们击中两次立柱，鲁尼的进球也被横梁拒绝。那场比赛我们本能8∶0取胜，如果是那样的话，曼联将会凭借净胜球优势夺得英超冠军，那将是无比精彩的一种夺冠方式，想想就让人激动。

到头来，对阵桑德兰的比赛中，鲁尼接瓦伦西亚传球打进了赛季联赛个人第34粒进球，也是那场比赛的唯一进球，我们的球迷陷入癫狂。我抬头看向天空体育的小伙子，他告诉我此刻曼城正以1∶2落后。留给我们的时间还有多久？补时5分钟而已。可我担忧的事情还是发生了，哲科和阿圭罗在最后125秒里为曼城连进两球。91分15秒，哲科头槌扳平。接着巴洛特利传球，阿圭罗在禁区边缘劲射破门，这两粒进球为曼城带来了44年来的首座英超冠军奖杯。此时，这场比赛进行到93分20秒。

曼联当了30秒的冠军。当我们这边的终场哨吹响时，曼联暂时领跑英超积分榜。但我的球员都明白，此刻的主动权不在我们手里。

而当结局最终确定，我告诉球员："你们走出这扇门时一定要昂首挺胸，没什么丢脸的。也不要显得很软弱。"小伙子们明白了我的意思，在赛后接受采访时，他们的态度很积极。我也做了我应该做的事情——祝贺曼城夺冠。这对我来说并不是什么难事。

我不会让自己沉浸曼城与女王公园巡游者队的比赛里难以自拔，这样做没有意义。在我担任曼联主帅的岁月里，我们经历了各种各样的挫折，然后克服了它们，所以我并不担心什么。但那个夏天有一个问题萦绕在我脑海里：曼城还会变得更加强大吗？夺冠让他们对自己更有信心了，而且他们阵容十分健康，都是一帮二十五六岁的精兵强将。转会费对他们来说不是问题，但因为财政公平原则的制约，他们的工资结构可能会阻碍他们买人的步伐。对自己，我的问题是：曼联可以在下一个赛季尽量减少伤病吗？

我还需要一个更年轻的保罗·斯科尔斯，他应该富有创造力，能带领球队前进。有人向我推荐莫德里奇，但自从贝尔巴托夫的交易之后，我们和热刺的转会通道关闭了。

拉斐尔逐渐成长为非常优秀的球员，但他有时也会犯错。球员总会不断地犯错，但他们之中的一些人却会从错误中总结经验。拉斐尔在对阵拜仁的比赛中被罚下场，自那之后，他在球场上的纪律性提高了一大截。他好胜心很强，速度也很快，在比赛中表现得十分积极。更重要的是，他对自己信心十足。他总是抱着极大的热情踢比赛。此外，我们需要对左后卫进行补强，上个赛季埃弗拉踢了近50场比赛，我们需要轮换。

我在新闻发布会上对曼联球迷说，你们要接受曼城夺冠这一事实，因为这是一支和以前完全不同的、全新的球队了。我们两队之间的较量不会再是向曼联一边倒了，我很期待在欧冠联赛里和曼城相遇。

2012/2013赛季，我吃一堑长一智，认真对待欧冠小组赛的每场比赛，再没有轻敌，球队也成功从小组赛晋级。

曼城夺冠那年的英超最后一轮比赛前，我和米克·费兰一起去现场看德国杯决赛，我们此行的目的是考察香川真司、罗伯托·莱万多夫斯基和马茨·胡梅尔斯。我告诉麦克："曼城唯一能够夺冠的办法，就是绝杀取胜。我猜他们对阵女王公园巡游者的比赛会是一场硬仗，如果女王公园巡游者在曼城身上拿到分数，我不会感到意外，但曼城一旦在比赛最后阶段进球，那么冠军就是他们的了。"

我们以89个积分结束了2011/2012赛季的比赛——历史上积分最高的亚军。回过头来看，我觉得我们在防守端缺乏一定的稳定性，尤其是维迪奇受伤后的那段时间。不过等到埃文斯和费迪南德磨合好之后，他们为曼联的后防筑起了一道钢铁防线。我们在进攻端发挥稳定，而且89分也证明我们其实还不错。但考虑到我们从联赛杯、足总杯和欧冠赛场上早早出局，2011/2012赛季也谈不上成功。

第二十二章　曼城夺冠

我感到难过，但不至于气急败坏。我觉得手下的核心球员们，比如拉斐尔、琼斯、斯莫林、德赫亚、克莱维利、维尔贝克、埃尔南德斯等，一定会利用休赛期好好提升自己。从长远来看，我们的队伍结构非常合理。唯一的问题是需要有人能替代斯科尔斯，我不知道应该到哪里找这样的人，健康的安德森可以在一定程度上填补他的空缺，但终究无法完全取代他。我们的计划是签约香川真司和来自克鲁的年轻球员尼克·鲍威尔。我们已经囤积了5个中后卫，还有瓦伦西亚和纳尼，同时，阿什利·扬是个万金油，这给了我们充足的组合空间。我和球队清楚最大挑战来自于哪里——那个吵闹的邻居。但从另一个角度来说，如果他们的阵容日益强大，也会被欧冠牵扯更多的精力。

有一个周二，我们北上去贝尔法斯特参加哈利·克雷格的纪念赛。我原本以为这种比赛会让球员们非常压抑，但结果他们完全被赛场的气氛感染了。毕竟哈利·克雷格是一个伟大的球员，球迷们也很棒。某种程度上，这场比赛帮助我和队员们走出了争冠失利的阴影。

如果非要给那个不顺的赛季再加一笔，无疑是紧随其后的"流血事件"了。那阵子我的行程非常紧密，先去柏林看多特蒙德对阵拜仁的德国杯决赛，然后去桑德兰打比赛，接着回到曼彻斯特，没过几天又去贝尔法斯特参加哈利·克雷格的纪念赛。没过多久，我又去格拉斯哥，打算出席一个典礼并发言，周六上午再飞到纽约。

在格拉斯哥我刮胡子的时候，发现流了一滴鼻血，然后就是一滴接着一滴，怎么也止不住。我只好去医院看病，医生做了处理后，告诉我坐飞机应该没问题，但又过了两天，我还是一直流鼻血，所以我只能取消纽约之行。医生周五、周六、周日连续三天都来给我治疗。那几天很难熬，但好在问题很快就解决了。

球员时期，我也流过鼻血，但基本都是被撞的。这次的情况比以往都要严重。后来医生告诉我,这是由于我在短时间内频繁坐飞机,因机舱内压力过大导致的。

对我来说这是个提醒当你把事情安排得太紧凑,意想不到的麻烦就会到来。

第二十三章　家　庭

我的妻子凯茜总会等我回家，哪怕我凌晨两三点才回来，也会在门口迎接我。

"你快点去睡吧。"当我们结束客场比赛回家的途中，我会给凯茜打电话。

"不，不。"她回答我，"我想等你回家。"47年来，她一直这样等我。

我之所以能全身心地投入足球工作中，是因为我知道家里已经被非常出色凯茜打理得井井有条。我真的佩服大卫·吉尔，因为他说动了凯茜为我在老特拉福德的雕像揭幕，我是根本没办法劝说她出现在媒体的镜头前。

凯茜最难能可贵的一点是她从来没有变过。她是母亲、祖母，也是一位家庭主妇，这就是她生活的全部。她没有多少朋友，这并不是说她不擅长社交，恰恰相反，她更享受和家人以及几个密友在一起的日子。她几乎从来不去现场看足球比赛。刚结婚的时候，我俩周末会和格拉斯哥的朋友们一起出去跳舞。和格拉斯哥的朋友在一起，她格外放松。但当我们搬到曼彻斯特后，她就很少外出，对各种应酬毫无兴趣，因此很多场合都是我独自出席。

当保守党政客前来游说拉票的时候，就体现出我家外面那扇大门的作用了。凯茜会隔着铁门，听那些保守党人宣扬自己的政治理念，然后说道："对不起，弗格森太太不在家，我只是清洁工。"不管怎样，她一直坚持着自己的处世之道。

32岁结束球员生涯之后，我在格拉斯哥经营几间小酒馆，同时还在圣米伦队执教。那时候我每天一大早就赶到球队所在的洛夫街，待到差不多11点的样子，然后去酒馆忙到下午2点半左右。在这之后，有的时候我会回家，也有时去洛夫街监督训练，结束后再去酒馆，然后回家。

当时孩子年纪尚小，很早就入睡了，经常一整天都看不见我的人影，所以他们几乎是凯茜一手带大的。等孩子相继成年后，他们和我的关系才亲密起来，但他们还是对母亲抱有更多的尊重和爱意。

前往阿伯丁执教对我的人生是个很好的转机，一方面是因为在那里我没有酒馆，有更多的时间享受一家五口的生活。除了比赛日，我每天都和家人在一起。达伦是小球童，马克有时候会和朋友们一起观看我们队的比赛。凯茜会负责照顾杰森，尽管当时杰森年纪还小，但他对足球却展现出极大的热情。

杰森十三四岁的时候开始踢比赛，后来还代表苏格兰男孩俱乐部出战过与威尔士队的比赛。他天赋还不错，只是有点大器晚成了，而且他很聪明，经常沉迷阅读。当我们搬到曼彻斯特，杰森留在阿伯丁继续攻读学业。他搬到曼彻斯特后，这小子还曾在曼联B队出场过几次。

达伦是个天赋异禀的左脚球员。马克也很出色，并且代表阿伯丁预备队踢过几场比赛，后来他去谢菲尔德理工学院上学，还获得了土地经济学学位。工作之后，他在金融城小有成就。我这三个孩子都非常出色，自立自强，这一点遗传了凯茜——聪明而又坚定。

很多人都说我像我父亲，但真正了解我的人都知道，我更像我的母亲。我母亲是坚定果敢的女人。我父亲也是这样，但他更内向一些。我母亲，和

第二十三章 家　庭

天下所有优秀母亲一样，是家里的"老大"，她担起了全家的重担。我的小家庭也是这样，家里所有的事情都是凯茜说了算，而我俩也对此达成了一致。

达伦14岁的时候，布莱恩·克拉夫打电话说诺丁汉森林队想签下他。布莱恩是个非常矛盾的人，他从来不接我的电话，每次都是他的助手罗恩·芬顿为他转接。我在阿伯丁执教的时候，曾经南下看过凯尔特人在欧联杯对阵诺丁汉森林的比赛，当时的场地很糟糕，球员只能在霜冻的硬地上踢比赛。我认识罗恩·芬顿，所以当我走到教练休息厅，他就对我说："亚历克斯，你见过我老大了吗？"

我没见过，但我很想和他认识一下。

芬顿为我引荐了布莱恩。布莱恩问我："你对这场比赛有什么看法？"

我的看法是，凯尔特人配得上这场胜利。然后我说，我认为森林队可以在客场击败他们。

"好了年轻人，你说得已经够多了。"布莱恩撂下这句话就径直离开了。一旁看热闹的阿奇·诺克斯狂笑不止。

最后达伦的交易没能成功，他和我们一起留在曼联，但让我头疼的是如何让达伦坐稳一线队的位置。后来达伦被出售了，凯茜一直无法原谅我做的这个决定。那年达伦在曼联首发登场了15场比赛，并随我们第一次获得联赛冠军。但在一场苏格兰U21青年队比赛中，他遭遇了严重的腘绳肌拉伤，导致他不得不伤停3个月。等到他2月伤愈归来，球队里已经没有他的位置了。当时布莱恩·罗布森稳居首发名单，尼尔·韦伯、米克·费兰和保罗·因斯也都对那个位置虎视眈眈。再加上罗伊·基恩以375万镑的转会费加盟曼联，达伦的一线队梦想彻底扼杀了。

达伦告诉我这样耗下去行不通，他想转会，但他也察觉到我陷入了一个两难的境地。商量过后，我们把他卖到狼队。当时的狼队动荡不安，可同时又是一支让人充满期待而又拥有雄厚粉丝基础的老牌劲旅。

我经常去观看达伦的比赛，他在狼队的球员中显得非常优秀。但自从狼队解雇了格拉汉姆·特纳，他们的教练更迭就非常频繁。格拉汉姆·泰勒、马克·麦克格赫、科林·李来了又走。当马克·麦克格赫来到球队之后，达伦就鲜有出场机会。

随后达伦被交易到鹿特丹斯巴达队，他的表现同样没有让我失望。不过球队在达伦一次度假期间换了主帅，而达伦显然不在新主帅的大名单内。后来达伦来到威尔士的雷克斯汉姆，并在那里退役。在他球员生涯的末期，巴里·弗莱从彼得伯勒联打来电话询问达伦的未来规划。最终达伦去彼得伯勒联当了主帅，带领球队高歌猛进，完成两连跳，从英乙一路升至英冠联赛。但由于此后的带队成绩一蹶不振，主席在给了达伦多次机会后，最终将他解雇。他接下来选择接过普雷斯顿的教鞭，但在那里他的表现堪称灾难。

达伦的足球理念就是攻势足球，球员得球后要么传球，要么持球向前推进。但这让排名靠后的球队很难做到，因为攻势足球需要球员有足够的信心，而这正是下游球队的球员普遍缺乏的东西。达伦在泥潭中挣扎的样子让我非常难过，也令我想到自己刚入行的那几年，当时，球队预算并不充裕，我还要在球队主席和球员之间周旋。在那段艰难的岁月里，我一直和达伦强调我们家族的座右铭："风雨过后见彩虹。"我对刚入行的年轻教练员的忠告只有一个，那就是做好准备，尽早上手，不要等到40岁才考教练证书。

我一直反对所谓的"教练速成通道"，这是对教练行业的不尊重。在荷兰和意大利，一个人需要通过四五年的学习才能获得执教资格。这是因为他们需要通过持续的高强度学习，来为执教后可能发生的种种情况做充分的准备。达伦在华威商学院花8000英镑就拿到了执教证书，英足总开设这种速成通道，是对那些正在花费时间和精力认真学习的准教练们的极大不尊重。

我不会因为自己缺席儿子们的童年而自责，因为即便如此，我和孩子们的关系依然很亲密，彼此间也无话不谈。直到现在，尽管各忙各地的事业，他们也会时常和我还有凯茜联系。相比之下，其实我不太了解马克的近况，因为他所在行业需要时刻保持警惕。他是商人，他的世界是由很多细节构成，可能在几秒钟内错过一次买入或卖出，就会引起整个市场产生动荡。

孩子们所有的成就都应该归功于凯茜，她总会出现在孩子们身边，也总陪伴在我身边，不管我什么时候推开家门，她都在门后等我。

第二十四章　鲁　尼

2004年8月的一天，我们刚与埃弗顿交完手，埃弗顿的老板比尔·肯赖特坐在我的办公室里掩面哭泣。除了我，大卫·莫耶斯和大卫·吉尔也在场。我们正琢磨怎么劝导肯赖特时，他抬起头，一边流泪一边说："我想给我妈妈打个电话。"

"他们要偷走我们的宝贝鲁尼，他们要偷我的孩子。"肯莱特对着电话一直重复这句话，然后他把电话递给我。

"你别想轻松就把这个孩子带走，他至少值5000万英镑！"电话那头一个女声传来。

太戏剧性了。我笑问："这是恶作剧吗？你们在跟我开玩笑吧？"但这是真实发生的事情，肯莱特原本是个很好相处的人，但他的感情起伏非常大，尤其当你提到埃弗顿，他有时会痛哭流涕。

大卫·莫耶斯一直瞪着我。有一瞬间我觉得他是装的，毕竟比尔是戏剧制作人出身。这时候，我应该去查一下韦恩·鲁尼的伤病记录。他还有没有我们不知道的毛病？埃弗顿抬高价格是不是一场骗局？还有一个很可笑的想法也涌上我的心头——鲁尼是不是只有一条腿？天啊，我很担心自己被卷进一场阴谋之中。

这场关于英格兰最具前途的天才小将的转会拖了很长时间。比尔知道鲁尼是无价之宝，而时任埃弗顿主帅的莫耶斯更现实。我理解他的想法，毕竟他要从整个球队的角度考虑问题。莫耶斯深知，卖掉鲁尼会给球队带来一笔不菲的收入，而埃弗顿并没有足够的财力对此说"不"。官方宣布的转会费最后定在了2500万英镑左右再加上附加条款，显然埃弗顿需要这笔资金。当比尔的眼泪流尽后，我们开始平静地谈判。2004年8月31日，夏季转会窗口关闭前7小时，鲁尼在转会文件上签字。

加盟球队的时候，鲁尼已经因伤远离赛场40多天，在这期间他只上了几节训练课，我们觉得在曼联对阵费内巴切的欧冠小组赛上让鲁尼亮相是个不错的选择。于是，在鲁尼加盟球队28天后，他第一次为曼联披挂上阵。令人震惊的是，他的处子秀上演帽子戏法，帮助球队6∶2大胜费内巴切。

虽然鲁尼取得梦幻般的首秀，但他的身体并没有完全康复，我们花了一些时间让他调整，因此在之后几周里，他的表现并没有像第一场那样抢眼。

鲁尼在那几周里的低迷没有让我对他失望。在我看来，他有极高的足球天分，假以时日，他一定能够完成从男孩到男人的转变，球风也会更加沉稳。他对待足球非常认真，也始终对胜利充满渴望。初到曼联的时候，他还需要成长，而在这个阶段，他需要不间断地训练。他对此毫无怨言，也不会主动找我请假。我告诉他，他需要高强度的训练才能在比赛中保持敏锐性。但每次他因伤缺阵之后体能都会变差。

鲁尼的块头很大，脚又长又宽，这也是他刚到曼联时总会跖骨受伤的原因。

我确定，我们的球探对鲁尼的判断非常准确——他无所畏惧。尽管鲁尼的左脚使用率比较少，但实际上他两只脚的能力非常均衡。签下一名24岁的球员时，我们会预计他在26岁时迎来巅峰期，但鲁尼来到曼联时还很年轻，并随着球队不断进步，因此我们确信他24岁时就会达到巅峰。起初，我认为

第二十四章 鲁 尼

按照鲁尼的体格，他可能很难像斯科尔斯或是吉格斯一样踢到35岁。但在2010年10月和他续约时，我开始希望他的足球生涯长一点，再长一点，而且我当时觉得他未来或许可以成为优秀的中场球员。

他在埃弗顿青训队的时候，我们的球探对鲁尼的评价可以总结为一句话，"在同龄人里，鲁尼能力太出众了，他像一个成年人和几个小屁孩踢球"。

鲁尼14岁的时候，我们的青训队就想签下他。那年5月的最后一周，理论上是允许球队从另一个青训队签约年轻人的，但鲁尼想留在埃弗顿。在他16岁正式签约埃弗顿之前，我们还想签下他，但他再次拒绝我们。埃弗顿是融在他血液里的球队。

我们青训队里的杰夫·沃森和吉姆·韦恩一直在关注鲁尼的动态，他们去看过鲁尼的比赛，然后被深深震撼到了。16岁的鲁尼曾在青年足总杯决赛埃弗顿对阵阿斯顿维拉的比赛中出场。

沃尔特·史密斯成为我的助手后，他对我说的第一句就是"把那个叫鲁尼的男孩签下来"。当时他说得斩钉截铁。他形容鲁尼是他这辈子见过的最棒的球员，这也佐证了我们一直以来对鲁尼的判断。没过多久，16岁的鲁尼代表埃弗顿一线队上场，并在对阵阿森纳的处子秀中打入了一粒非常漂亮的进球。

在埃弗顿队的韦恩，17岁就为英格兰代表队出场，是当时英格兰队队史上最年轻球员。他在英格兰对阵澳大利亚的比赛中完成国家队首秀。随后又被时任主帅的埃里克森征召，在欧洲杯预选赛对阵土耳其的关键比赛中上场。

鲁尼为英格兰打进第一粒进球时年仅17岁317天。也就是说，他转会曼联前，就已经是家喻户晓的球星。

在我的认知里，鲁尼应该是个自信而又坚定的人，但我第一次和他见面时，非常害羞的他，完全颠覆了我的预期。我认为一部分原因是高价转会费和极高的关注度让他背负了太大的压力，但很快他就变了一个人。在训练场上，所有人都震惊于他的凶狠。没错，是所有人，包括场上裁判，也包括队友。可怜的裁判们，不论是托尼·斯特鲁德维克、米克还是穆伦斯汀，都跑来对我说："你上场吹会儿比赛吧，也只有你能震住他了。"

我的回答则是"想都别想"。

有一天，罗伊·基恩心情不好，他把队友、对手、裁判骂了一个遍，甚至咒骂任何出现在他视线里的生物。吉姆那天在球队内部对抗赛中担任裁判，因此他对犯规的判罚比较温和。他甚至跑向我说："老天，我是真希望罗伊他们能赢啊。"

我憋着笑，回答道："你这裁判可真是太荒唐了。"

"可不是嘛，稍后我还要回更衣室呢，我哪儿来的胆子。"吉姆委屈地说道。在那一刻，我们甚至讨论过，是否要从外面雇几个临时裁判。

说回到鲁尼，我在更衣室里常拿他当反面典型批评，当时的我能看到他眼里仿佛在冒火，恐怕已经在心里打了我几百次。第二天，等他冷静下来后，他就会表现得很愧疚，愤怒褪去之后，他会想明白我说的是对的——因为我从来都没错过。他会问我说："老板，我下周还能上场吗？"

我有时候的确会拿鲁尼开玩笑："我不知道。"

在我接触的球员里，鲁尼不是学东西最快的，但他对足球和比赛有一种天然的直觉，这对他帮助很大，毕竟这是与生俱来。再加上他的勇气和无穷无尽的能量——对一些球员来说，这可能需要后天的努力训练，但鲁尼却是与生俱来。他能不知疲倦地一直奔跑，这是不可忽视的一点。在训练课上他无法快速理解我布置的战术，他更喜欢用自己熟悉的方式，从他的角度看待问题。

鲁尼加盟曼联的早些年，我没有给他太多的指导性意见，只是让他按照自己的想法踢球。他偶尔会做出一些很愚蠢的防守动作，甚至因此在球场上引发冲突或矛盾。但在赛场下，他不会让我过多地为他担心什么。我的困扰在于，曾经踢中锋的经历让我对球队里的前锋非常苛刻。恕我直言，他们在球场上的想法和判断，以及处理球的方式，甚至不如当年的我。在足球圈，主教练可以有一点点自负的心态，并且将其强加在球员身上。同样，很多球员认为，青出于蓝而胜于蓝，他们会成为更好的教练——等他们真的带队了，就能明白这有多难了。

如果我看到前锋没有按照我的思路进攻，我会很生气。这些球员是我的希望所在，看着这群前锋，我会想，你们就是我啊。我能在他们身上看到自己当年的影子。

我在罗伊·基恩、布莱恩·罗布森身上看到了昔日的自己，也在斯科尔斯、尼基·巴特和内维尔兄弟身上看到了一点我以前的影子。一支球队的表现可以折射出他们主帅的性格。曼联最大的特点就是从不轻言放弃，这是非常崇高的信仰，也是值得提倡的足球哲学。我本人就是如此，不管发生什么，都相信自己总能找到解决办法。

曼联队内永远不会风平浪静，总会有各式各样的戏剧事件发生。对此，我已习以为常。2010年夏天，当《世界新闻报》曝出鲁尼的私生活混乱丑闻后，一系列公关危机让他应接不暇。但我可以负责任地说，我并没有在办公室里召开紧急会议，也没有因此而寝食不安。

丑闻传出后的第二天早上，我并没有给鲁尼打电话。我很清楚他希望在此时接到我的电话，因为我可以帮他掌控大局。我也知道鲁尼想让我揽住他的肩膀给他安慰，但我没有那么做，因为我觉得这件事不该这样处理。

鲁尼17岁时也曾被小报曝出过类似丑闻，但那次因为他还很年轻，并没有被过多地口诛笔伐。可时隔7年再发生这种事，他已经是个成年人了。我感觉他的妻子科琳此时应该不知道如何是好，在我的印象里，她一直很沉稳。

我能明显感觉到正在南非征战世界杯的鲁尼一直顶着压力,他被很多事情困扰,我能从他的行为中看到这些烦躁和焦虑。虽然他因为之前赛季的高光表现,被选为英格兰职业足球运动员协会赛季最佳球员和英格兰记者协会赛季最佳球员,但在南非的他却没有什么好心情。"看到祖国球迷为我喝倒彩,真令我感到开心。"在开普敦0∶0战平阿尔及利亚的比赛后,鲁尼对着电视镜头发牢骚。那届世界杯,英格兰没能进入8强,而鲁尼也在出战的4场比赛里颗粒无收。

我需要让鲁尼的注意力回到足球上,我知道这样做的最好方法就是对他丑闻相关的一切事情都闭口不谈,甚至不安慰他,这样就不会让他总想起那些烦心事。9月客场对阵埃弗顿的比赛,我没有把他放入大名单,我这样做的目的是为了保护他不被太妃糖球迷围攻。得知这个安排后的鲁尼松了一口气,同时他也明白,我做这些都是为他好。作为主教练,我的工作是让所有人避免受到外界干扰,从而发挥出全部能量帮助球队获胜。

所有人都想成为圣人,但必须得承认,每个人都会犯错。而我不会对鲁尼在这件事情上进行任何说教。2010年8月14日,鲁尼告诉我们他不想和曼联续约。他的这个决定出乎我的意料,毕竟一直以来,球队的计划就是等他从南非回来后,双方坐下来一起聊聊续约的事情。

两边的谈判还在持续发酵,大卫·吉尔给我打电话,说鲁尼的经纪人保罗·斯特雷特福德表示鲁尼想离开。保罗的原话是,鲁尼觉得曼联没有追求。但在刚刚过去的2009/2010赛季,曼联获得联赛杯冠军,再往前一年,还拿了英超冠军,并且闯入了欧冠决赛。

吉尔说鲁尼想和我谈谈。在10月那次会面中,鲁尼支支吾吾,我甚至觉得他在背台词。总之鲁尼就认为俱乐部没有追求。

我反问鲁尼:"在过去的20年里,我们哪个赛季不是力争夺冠?在过去

第二十四章 鲁 尼

的三四年里，我们多少次闯进了欧冠决赛？"

我告诉他，说曼联没有追求，简直是胡说八道。

鲁尼反驳说，他知道曼联本想签下梅苏特·厄齐尔，最终却眼睁睁地看着他去了皇马。我直接对他说，球队买谁不买谁与他毫无关系，他需要做的就是好好踢球。做出正确的引援选择是我的工作。后来的事实也证明我并没有做错什么。

第二天，我们还有一场欧冠比赛。而在10月20日我们与布尔萨的比赛开场前两小时，鲁尼发表声明：

过去一周我与大卫·吉尔会面了，但他并没有对我的未来做出任何保证，也没有承诺我在球队的出场时间。于是，我告知他我不会续约。但昨天经过和弗格森爵士的交谈，我对他所说的话非常感兴趣，甚至部分内容让我期待。

如他所说，我和我的经纪人就续约事宜和俱乐部进行了几轮商讨。8月的会面中，我要求俱乐部能继续引入强援。

在过去的6年里，我有幸为曼联效力，并为俱乐部做出了自己的贡献，因此我本人对曼联俱乐部饱含尊重。

于我个人而言，最重要的莫过于赢得荣誉，曼联在弗格森爵士的率领下一直在为此而努力。基于此，我认为我要求俱乐部引入强援的想法是完全合情合理的。

抛开近期遇到的麻烦不谈，我一直对弗格森爵士心怀愧疚。他是一个伟大的教练，也是让我敬仰的导师。从我18岁自埃弗顿转投曼联至今，他一直在帮助和鼓励我进步。

从俱乐部的角度出发，我希望弗格森爵士能一直执教下去，因为他就是独一无二的天才主帅。

我不知道他发表这个声明的目的是什么，但我想他应该想在我和球迷之间搭建一座桥梁。我希望这意味着他改变了想法，想要留下来了。

与布尔萨的那场比赛结束后，所有记者都到了新闻发布会现场，这给了我一吐为快的机会，我要告诉他们鲁尼这么做不是很得体。

我对记者说道："正如我所说，英超三连冠是伟大的成就，并且我们曾有机会获得四连冠，可惜最终只差1分。这个结果不能使我们满意，目前球队和我也就此讨论应对措施。曼联会跨过这道难关的，我对此深信不疑。目前俱乐部的架构很完美，我们拥有优秀的员工、教练，也有一个聪明而又出色的首席执行官。曼联不会有任何问题，我们会像以前一样继续前进。"

我接着说道："我和鲁尼见面了，他一直重申他经纪人的意思——离队。我告诉他，他只需要记得一件事，那就是尊重这家俱乐部。我不想听到他说任何有损俱乐部声誉的话，他要尊重曼联。"媒体报道的内容令我感到非常失望，因为我和俱乐部并没有不作为，从鲁尼来到俱乐部的那一刻起，我们就一直在为他倾尽所有，努力让球队成为他第二个家。当他遇到任何困难和麻烦，俱乐部都会第一时间站在他身后。但我必须说明的是，我们对所有球员都一视同仁，并不单单是对韦恩·鲁尼特殊照顾。因为我们是曼联，这家俱乐部之所以能在悠长的历史中获得如此巨大的成功，靠的就是球员、教练和俱乐部之间无条件的信任和忠诚，从马特·巴斯比爵士在任时就一直如此了，这是曼联的立队之本。鲁尼接受了我们各方面的指导，当年的吉格斯、斯科尔斯和其他球员也不例外。我们会一直在球员身旁，鼓励他们。

在和格雷泽家族一起参加的会议中，我们讨论了俱乐部未来几年的发展目标，并决定续约鲁尼。毫无疑问，他会就此成为英格兰足球俱乐部历史上薪水最高的球员之一。第二天鲁尼当面向我表达了歉意。我告诉他："你应该向球迷道歉。"

其他曼联球员对鲁尼的转会风波反响不一，有些球员感到非常愤怒，也

第二十四章 鲁　尼

有人觉得无所谓。令我感到遗憾的是，鲁尼被很多人认定是唯利是图的人，人们都说鲁尼拿了高薪之后才老老实实把嘴闭上。表面看上去是这样，但我相信鲁尼的初衷不是为了钱。这场风波在球员和俱乐部高层那里很快过去了，但对于曼联球迷来说，他们对鲁尼充满了不信任感。

一旦鲁尼进了球，球迷们照样为他欢呼；当他低迷时，球迷就会翻旧账。球员时常会低估俱乐部在球迷心中的分量，在某些极端的情况下，球迷甚至会觉得他们才是俱乐部的所有者。有些人已经陪伴俱乐部走过了50多年，不论如何，他们都愿意为俱乐部奉献一切。所以也就不难理解，当一个球员心生去意，甚至对俱乐部颇有微词，死忠球迷为何会群起而攻之了。

曼联俱乐部很少出现球员出走的情况。很多球员为俱乐部奉献了自己完整的球员生涯，比如吉格斯、斯科尔斯等。所以当一个球员公开表明想离队，或者批评球队的引援政策时，球迷们对他的态度多半不会太友善。

2011年冬天，我不得不对鲁尼、强尼·埃文斯、达伦·吉布森泡夜店的行为做出纪律处罚。他们当时跑到绍斯波特的一家夜店庆祝我们节礼日5∶0大胜维甘竞技。第二天早上他们在训练场疲态尽显。训练期间，我走过去告知他们，我要扣他们一周的薪水，周六对阵布莱克浦的比赛也不会让他们上场。

鲁尼需要特别注意的是，尽管他天赋出众，但如果训练稍有懈怠，他的体能就会影响到竞技状态，他应该像吉格斯或者C罗那样自律，他需要对自己狠一点。2012年欧洲杯前，英格兰国家队给他放了一周的假，我认为这个决定很不明智，因为他可能会因此而松懈。在曼联，如果他伤缺几周，就可能需要四五场比赛重新适应节奏。在欧洲杯英格兰对阵乌克兰的首场比赛前，他已经一个多月没有触球了。

我从来不会对鲁尼心慈手软，但凡他的身体素质有一点下降，我就会惩罚他。手段很简单——不让他上场。多年来，不管多么大牌的球员，只要是因为训练懈怠而导致的体能出问题，我就不会让他出场比赛。我一直坚持这个原则，即便在我执教生涯的最后几年也是如此。

当然，鲁尼也会因为在某些比赛中的抢眼表现受到我的褒奖。不过，在我执教曼联的最后一年里，有几轮我没让他首发，还有几轮将他中途换下，我明显能感觉到他过人已经有些吃力了，突破仿佛也不再犀利。但他依然有能力为球队做出贡献，比如他在对阵阿斯顿维拉的比赛中为范佩西送上的那记助攻，范佩西的破门帮助我们提前锁定英超冠军；再比如对阵曼城时他的倒钩射门。这些高光时刻足以在鲁尼的履历上增光添色，也保证了他在队中的出勤率。但我渐渐觉得他的体能很难支撑他踢满90分钟，在球场上，他变得有些力不从心。

对阵阿斯顿维拉的比赛，我没让鲁尼打满全场，因为维拉的球员非常年轻，而且在比赛中总能对他造成冲击。在我们提前夺冠之后的第二天，他来办公室找我，告诉我他想走了，理由是他对现在的出场时间不满意，不想一直当替补。他的经纪人保罗·斯特雷特福德也向大卫·吉尔表达了相同的意思。

每个球员的想法都不尽相同。有些人愿意从一而终，也有人总是在寻找新鲜的挑战，比如范佩西从阿森纳转会来到曼联。鲁尼心中那股奋进之火不会熄灭，因此我让他去和大卫·莫耶斯谈谈，但我真心希望他能终老老特拉福德。

第二十五章　最后一个赛季

我们球队从不缺少天才，但我必须承认，罗宾·范佩西加盟很久之后，我们才意识到他到底有多优秀。即使是球队里最聪明的球员，如斯科尔斯和卡里克，也是日后才慢慢熟悉范佩西的跑位。发现他这个优点的契机，是球员训练中无法跟上他的跑动节奏。

在我担任曼联主帅的最后一个赛季里，范佩西无疑是球队的进攻利器，在他的帮助下，我们成为英超第一支在30场比赛中赢下25场的球队。这样的抢眼表现也让我们赢得了球队历史上第20个顶级联赛冠军。在还有4场比赛没打的情况下，我们提前从曼城手里抢回英超王座。范佩西是我经手的最后一笔重磅转会交易，他的进球精彩绝伦，我能在其中看出坎通纳的味道，这也为当时曼联的攻击线锦上添花。

如果说我的球队在2012/2013赛季开局阶段有什么缺点，那就是球员们太过享受触球的感觉，似乎每人都要传上一脚。但有了范佩西，我们意识到球队需要用一些快速传球撕裂对手的防线。而直到适应了这种踢法，我们才发现范佩西灵动的跑位和禁区杀手嗅觉的可怕之处。

值得庆幸的是，我们及时意识到这一点，并为此做出改变。如果鲁尼在中场获得球权，他能预测范佩西已经开始跑动、等待接球、闪出空间准备得球后射门。是的，范佩西总能出现在我希望他出现的位置。季前赛上，范佩西仅在阿森纳对阵科隆的比赛中登场21分钟，所以他没有完全调整好。即便所有球员都做好和他一起比赛的准备了，但我们仍然需要让他的身体状态尽快达到可以出场的要求。从他来到球队的那一刻，我就对他印象深刻。

范佩西刚来球队时，我就对他说："不要害怕指挥队友们，你在阿森纳是队长，现在你来到曼联，如果没人给你喂球，你凶他们就行。"实际上，范佩西比我想象的要安静一些，不过他的黄金左脚足以威慑任何守门员。很多人都问我为什么让范佩西开角球？通常情况下，中锋都应该待在禁区里等待其他球员开角球，但范佩西会出现在右侧角旗区。我这么安排的原因是，范佩西从右侧开出的角球质量很高。霍华德·威尔金森那个赛季曾对我说，他看到的一个研究表明，近些年定位球得分数量正在逐渐减少，但我们2011/2012赛季上半程通过角球取得的进球高达10个。

曼联的球员对范佩西的到来并没有表现出任何异样或不满，一个阿森纳球员来到自家地盘，他们欣然接受。而对我和我的团队而言，我们只希望每个新来的球员，包括范佩西在内，都能心系球队，尊重新东家的更衣室文化。我依然记得贝隆来到球队的那天，所有球员都从训练场跑过去和他握手致意，我的球员们永远这么热情。也许在大家的认知里，昔日强敌转投自己的球队，总会得到最高规格的礼遇，毕竟所有人都明白，足球界炙手可热的明星不可多得。

和处于足坛转会漩涡中的很多人一样，当我发现范佩西的合同快要到期的时候，我确信阿森纳会努力留住他。但到了2011/2012赛季的收官阶段，我渐渐察觉到，范佩西不会再留守北伦敦了。

范佩西的经纪人联系到我们，但在那之前，其实他们和曼城已经谈过了，不过我们得到的消息是，范佩西对曼联更感兴趣。最终曼城决定退出，于是我们只剩下尤文一个对手。据我所知，尤文给范佩西开出的薪水极其

第二十五章　最后一个赛季

诱人。

我觉得一个球员想离队无外乎两个原因：一是为了荣誉；二是为了钱。我能理解为什么范佩西想加盟尤文：一支传统强队，并且薪水丰厚。不过我们提出的条件，也足以展现我们的诚意和对他浓烈的兴趣。

后来，我们开始和阿森纳商讨范佩西转会费事宜。从4月开始，大卫·吉尔就不断与阿森纳CEO伊万·加齐迪斯电话沟通，但都被告知阿森纳坚信能和范佩西续约。僵持一段时间之后，吉尔建议我直接给温格打电话，毕竟他对所有球员转会有最终的决定权。打了电话我才知道范佩西是可以出售的。

温格的态度可以理解，他认为："如果可以把范佩西以3000万英镑的价格卖给曼城或尤文图斯，为什么还要卖给曼联呢？"我向他指出，范佩西并无意加盟曼城，而温格反驳说如果曼城开出令范佩西无法拒绝的报价，他是有可能改变心意的。

他说得没错。

和温格通话时，彼此都很平静，没有什么火药味，只是两个经验老到的教练在交流现实问题而已。我俩的分歧在于，温格想要至少3000万英镑的转会费。针对范佩西交易的拉锯战持续了好几周，在那期间我给温格打过两三次电话。

阿森纳方面已经确定范佩西不会续约了，虽然很残酷，但他们还是接受了这个现实，选择把范佩西卖到尤文或者曼联，显然阿森纳希望他去其他国家踢球，但范佩西只想加盟曼联。

我认为范佩西已经向温格表明心意，比起尤文图斯，他更倾向于曼联。我们的报价是2000万英镑，我也和温格强调过，我们绝对不会把报价提到2500万英镑。

温格对此难以置信，他不相信曼联为这样的实力球员拒绝支付2500万英镑的转会费。

我再次对此温格强调，我不会把报价提高到2500万英镑。温格问我的心理价位是多少，我说2200万英镑。我得到的答复是，阿森纳接受2250万英镑的转会费，外加浮动条款——如果在合同期内范佩西随曼联夺得英超冠军或欧冠冠军，曼联要再支付阿森纳150万英镑。

成交。

直觉告诉我，温格并不想把范佩西卖给曼城，毕竟曼城已经从他麾下买走了图雷、克里希、阿德巴约和纳斯里。也许温格厌恶曼城那种挥金如土的运营模式，而尽管我和温格常年都在博弈，但我觉得他尊重曼联的运营模式，后来他在和我的一次聊天中也承认了这一点。我不会忘记温格对范佩西的评价："你迟早会知道范佩西是一个多么特别的宝藏球员。"

我想到了坎通纳、C罗和吉格斯那种。但温格没骗我，范佩西的跑位能力和对时机的把握能力让其他人难以望其项背，同时他还拥有异常强健的体魄。

为了加盟曼联，范佩西接受了一个相对较低、却依然令人眼红的周薪，他坚信自己能在曼联获得成功。在他的加盟见面会上，他说在自己的心里有个小男孩一直冲他喊"加盟曼联！"后来他告诉我，每个荷兰孩子从小都有一个曼联梦。

范佩西知道16岁开始，我就关注他。当时他是费耶诺德冉冉升起的新星，而阿森纳却抢在曼联之前买下他。但他当时也强调过，每个荷兰小孩都想穿上曼联的球衣。

来到曼联后，范佩西被队里的年轻球员深深震撼到了。除了老将吉格斯和斯科尔斯，我们还拥有埃尔南德斯、达席尔瓦、埃文斯、琼斯、斯莫林和维尔贝克这些小将。当时31岁的卡里克正经历个人生涯最高光的赛季，对一些球员来说，当他们表现抢眼的时候，会意识到自己对球队起到了至关重要

第二十五章 最后一个赛季

的作用，从而督促自己变得更加优秀。卡里克就是如此。

范佩西深知自己加盟了一家成熟的俱乐部。曼城在前一个赛季的表现非常惊艳，但他们的运营谈不上成熟。曼城总会不时传出一些不和谐的声音，比如某人乱放烟花或者和教练吵架；特维斯在阿根廷迷上了高尔夫。在我看来，曼城之所以能在联赛中一举夺冠，主要是依靠亚亚·图雷、阿圭罗、孔帕尼和乔·哈特4位顶级球员。赛季前半段他们还有大卫·席尔瓦，圣诞之后不知为何他的表现逐渐平庸。

每位射手都会有进球荒，不论坎通纳还是安迪·科尔。而一旦有一段时间无法破门，他们可能会觉得自己再也无法进球了。2013年3月，范佩西就遭遇了进球荒，他踢得不好，也影响了后面的发挥。但当他在4月14日对阵斯托克城的比赛中破门后，他又变回了那个战无不胜的锋线杀手。

这么多年来，我见证过太多曼联队的经典进球。坎通纳有几个进球让人意犹未尽，但鲁尼对阵曼城时打入的无解倒钩进球才是我最爱的一个。那次他的处理方式是世界级的。我之所以说这粒进球无与伦比，是因为那可不是简单的6码线附近倒钩。当时鲁尼距离球门至少有14码，而他突然加速跑位，纳尼边路传中碰到曼城防守队员改变了皮球的行进路线，鲁尼必须临时调整姿势选择倒钩射门。那可真是最棒的一个进球，我为他付的转会费超值。

同样，范佩西在3∶0击败阿斯顿维拉的比赛中贡献的进球使我们提前获得英超冠军。那粒进球也很特别，范佩西接鲁尼长传后直接凌空抽射破门。一个平庸的射手要在训练中练100次，才能在正式比赛中完成一次这样的得分，但对范佩西来说，这不过是家常便饭。沉肩，触球，完美地把握时机，然后得分。这样的好戏他在阿森纳对阵埃弗顿的比赛中也上演过一次。不得不说，范佩西是我在那个赛季的完美引援之一，他打入26粒联赛进球，其中包括12个主场进球和14个客场进球。在这些进球中，有17粒来自于左脚射

279

门，8粒来自右脚，还有一个头球。这些进球帮助他获得了那个赛季的联赛金靴，这也是他连续第二年成为英超最佳射手。

与此同时，我们也在持续关注队中的年轻球员。尼克·鲍威尔从2011年11月就被我列入重点考察名单，最后在2012年7月签下他。克鲁队让身材瘦高的尼克去打左边锋，曼联的青训教练在他的名字旁做了标记，于是我们就开始定期考察他。球探吉姆·劳洛看过尼克的比赛，回来之后告诉我，这个孩子有天赋，但目前还不确定左边锋的位置是不是最适合他，因为他在那个位置上有一点懒散。

因此我让马丁看过两次尼克·鲍威尔的比赛。马丁的反馈是，尼克绝对是可塑之才，但尚需培养。后来，我的助教米克·费兰也考察过他几次。最终，轮到了我，我去看了克鲁对阵奥尔德肖特镇的比赛。在看台上看了5分钟后，我告诉米克："米克，他是好苗子，真的是好苗子。"让我眼前一亮的，是他的控球能力和广阔的视野。

在比赛中，我注意到尼克在被对方球员贴身防守时，用余光找到了队友的位置，随后一脚挑传十分精准，让前锋获得一次打门良机。另外，尼克还有一次头球破门。我随即告诉米克："我要给克鲁的教练达里奥·格拉迪打个电话。"

达里奥说："昨天我在球场看到你了。"

"那个叫鲍威尔的男孩，我太想要他了。"我回道，"你的心理价位是多少？"

达里奥告诉我："600万英镑。"

我觉得他在胡乱报价，而后来曼联和克鲁草拟一个合同，其中包括球员为曼联一线队和英格兰国家队出场后的奖金分成。直到赛季结束，备战升级附加赛的鲍威尔才知道此事。我坚信他以后一定能够代表英格兰队出场，能胜任任何位置，哪怕是中后场。他速度极快，而且左右脚技术均衡，也有远

第二十五章　最后一个赛季

射能力。2012年冬天他一度病魔缠身，而他的女朋友也经历了严重车祸。尽管如此，他在球场上仿佛还是那个没有感情的比赛机器。只要上场就能忘记生活中的所有不快。我相信他是个明日之星。

香川真司是2012年夏天曼联完成的另一笔成功引援。在他刚到德甲的第一个赛季我开始就关注他了，但我们想再等等，毕竟我需要确定他第一个赛季的高光是否只是昙花一现。香川真司的前东家多特蒙德所向披靡，我本以为他们能获得2013年的欧冠冠军。但最终他们决赛惜败拜仁慕尼黑。真正吸引我的是，香川真司用脑子踢球。2012年夏天，我和米克一起飞到柏林看德国杯决赛。我落座后，发现自己挨着多特蒙德市市长和他的妻子，而且市长先生还穿着多特蒙德队的训练衫。不远处是德国总理默克尔和德国国家队主帅勒夫。当我和默克尔打招呼的时候，心想："天啊，这趟没白来。"

是的，我本想低调地看完比赛，但现在全世界都知道我在这里了。

那个夏天，格雷泽家族非常想签下范佩西、莱万多夫斯基和香川真司。说实话，在曼联以前表现突出的几个阶段，我们的确手握着4名左右的优秀前锋。但如何让前锋们都感到被球队重视，是一个很大的问题，甚至还需要一些技巧和手段。莱万多夫斯基身体条件出众，而且跑位风骚，但多特蒙德拒绝出售他，所以我们没能将其签下。

2012年夏天，法比奥租借到女王公园巡游者队，虽然我们依旧有不少极具天分的年轻左后卫，但我们依然需要一个经验丰富的人担任埃弗拉的替补，因此，当时效力于荷甲维特斯俱乐部的亚历山大·布特纳进入了我们的视线。他善于拿球，也有射门得分的能力。这笔交易很划算，我们只花了250万欧元。布特纳是一个很有斗志，也很坚决的男孩。

2012/2013赛季上半段，曼联防守端表现不是很好，这和我设想的不一样。下半程，我意识到我们必须要加把劲儿了。另外，主力门将的人选一直没有确定，德赫亚的齿龈感染了，需要进行手术，他因此错过了几场比赛。

我临时启用了安德斯·林德加德，坦白说，他在门将位置上并没有犯什么大错。在和皇马以及西汉姆联的比赛中，林德加德发挥稳健。我告诉德赫亚，对于1号门将之争，我没有什么倾向性，必须一碗水端平。12月1日曼联以4∶3险胜雷丁，自那之后德赫亚回到首发，并且表现出色，尤其在2月1∶1战平皇马的比赛中，他的发挥异常神勇。

我一直对小豌豆哈维尔·埃尔南德斯期望极高，他最大的问题是体力。在以前的三个赛季结束后，他都没有获得充分休息，而是选择为国出征。墨西哥足协主席和他们的国奥队教练与我们开了个会，我给他们看了小豌豆的医疗档案。我们讨论的主要议题是小豌豆是否应该在世预赛和奥运会上出场。

小豌豆向我表态："比起世预赛，我更想踢奥运会，因为我有把握能获得金牌。"我觉得他在开玩笑。但他说："如果我们在1/4决赛里避开巴西就能夺冠。"

与此同时，我们在卡灵顿基地重金打造了一个顶尖医疗中心。除了手术，其他的诊疗都可以在这里完成。中心配有骨科医生和牙医，包括CT在内，先进设备应有尽有。这样做的好处是，除了大部分诊断都能在基地内完成外，球员的一些小伤小病也不会迅速成为街头巷尾谈论的话题了。过去，只要我们送球员去医院，关于他生病受伤的各种传闻便甚嚣尘上。所以说，投资建立高级的医疗中心百利而无一害。

2012/2013赛季最大的意外也值得一提。在2012年10月28日曼联客场对阵切尔西的比赛中，主裁马克·克拉滕伯格被指控涉嫌种族歧视切尔西球员，但最终英足总驳回指控。这场比赛应该细聊。首先在对阵迪马特奥的切尔西之前，我们必须想办法对付他们的中场三叉戟——胡安·马塔、奥斯卡和埃登·阿扎尔，这三位当时是切尔西中场的核心。在他们身后坐镇的是拉米雷斯和米克尔，也都非常难缠。最后我们决定在右路囤积重兵，压缩马塔的活动空间。

整场比赛跌宕起伏，临近终场时，最耐人寻味的一幕发生了。托雷斯被罚下场，迪马特奥的一位助教史蒂芬·霍兰德突然对我发难。我满脸困惑地看着他。第四官员麦克·迪恩对霍兰德的表现也不明就里。在我看来，上半场托雷斯铲倒克莱维利的时候，就该被红牌罚下了。

当埃尔南德斯打入制胜球，很多切尔西球迷站起来袭击了卡里克，他们把打火机和硬币，甚至还有半个椅子砸向我们。

那场比赛我们3∶2获胜，我至今仍然好奇切尔西指控克拉滕伯格，是不是为了掩盖最后的球迷骚乱事件。

比赛结束20分钟左右，我和教练组想去喝一杯酒，结果正好碰见切尔西主席布鲁斯·巴克和他们的CEO罗恩·古德利，还有迪马特奥两口子。各位可以试想一下当时房间里的氛围，得有多尴尬。我们站在走廊，考虑是不是应该假装没看到他们。

直到食物端上来了，酒也打开了，切尔西的高层们过来对我们说了句"好好享用吧"，然后就走了。

我的助教亲眼看到比赛后米克尔、约翰·特里、迪马特奥一起走进裁判休息室，不管是谁告诉米克尔，克拉滕伯格对他说了种族歧视的言论，在我看来都是想搞事情。对于切尔西来说，他们在赛后新闻发布会上直接指责这件事，也是非常大胆的行为。我猜测律师们也都会对此持观望态度，不敢轻易发声。

在那场比赛中，切尔西后卫伊万诺维奇是直接被红牌罚下的，没有争议。托雷斯前场突破时摔倒得有些刻意，但埃文斯的确碰到了他。不过，如果看看那一刻克拉滕伯格所处的位置，就能理解他为什么觉得托雷斯是假摔，并出示第二张黄牌了。托雷斯继续往前跑一步，然后才摔倒在地，虽然看上去托雷斯是假摔，但实际上运动员高速前进的时候，一个轻微的触碰都能让他们摔倒。我完全不理解霍兰德为什么会认为是我向克拉滕伯格施压，让他罚下托雷斯。几天后，迪马特奥公开宣称，我权力大到足以影响裁判执法。

我在职业生涯中多次与裁判发生冲突，球员时代我曾被罚下过8次。在苏格兰执教时，我被罚上看台三四次；而在英格兰，我因为顶撞裁判没少被罚款。我会因为种种原因陷入争议，但却从来没有用我的身份或地位扰乱裁判的执法。

在我的认知里，顶级联赛的顶尖裁判绝对不会对球员进行种族歧视。我给克拉滕伯格打电话，告诉他我对曼联涉及此事感到遗憾。英足总的人过来对我说，我们可能要接受讯问，不过还好曼联最后没被牵扯进来。和球员们飞回曼彻斯特之后，我才听说了切尔西对克拉滕伯格的指控。本来这件事只需要两天就能调查清楚，但英足总却用了很长时间才还克拉滕伯格清白。

从2013年1月开始，我们真正开始制霸英超联赛，并且一路压制着同城死敌曼城。对我个人来说，我一直如履薄冰，担心我们的表现一旦稍有差池，其他球队就会乘机赶上。直到我们击败了阿斯顿维拉提前夺冠，我一直悬着的心才放到肚子里。虽然我们夺冠只是时间问题，但是能在4月，在主场就提前结束这个赛季，还是令人非常开心的，我当时想着一定要出去狂欢。提前夺冠后，我和平常一样带领球队备战，此时的曼联展现了他们的职业风范。

那个赛季唯一的遗憾是我们在欧冠1/8决赛中惜败给皇家马德里。次回合比赛，土耳其裁判卡基尔因为一个毫无危险性的动作，匪夷所思地罚下了纳尼。客场的首回合比赛中，我们的表现非常抢眼，顶住对方三板斧后，我们本可以取得6球以上的大胜。次回合回到老特拉福德，我对于主场迎战穆里尼奥的球队没感到丝毫恐惧。我们的准备非常充分，比赛计划很完善，球员体能也没有任何问题。球员在比赛中迫使皇马门将做出了三四次关键扑救，而我们的门将德赫亚几乎一直在休息。

第56分钟，纳尼由于带球时与阿韦洛亚有轻微的肢体接触而被罚下，此后的10分钟时间我们惊魂未定，全队都对这个判罚感到震惊与不解。场上少一人的我们无法占据上风，尽管我们凭借拉莫斯的乌龙球一度保持领先，但很快莫德里奇的进球让皇马扳平比分，第69分钟C罗为皇马打进制胜一球。我们本可以在最后的10分钟里打进5个球，但运气没有站在我们这一边，整场比赛就是一部曼联的灾难片。

那天晚上我非常失望，于是缺席了赛后新闻发布会。我一直在想，如果我们能在欧冠中击败皇马该有多好。我有一百个理由赢下这场比赛，但我输了。第二回合中，我没有让鲁尼首发，因为我们需要一个能够斗得过阿隆索的球员。要是放在几年前，朴智星是非常理想的人选，皮尔洛在AC米兰时过人成功率高达75%，但当年我们和AC米兰比赛时，朴智星成功限制住了皮尔洛，那场比赛中皮尔洛的过人成功率锐减到25%。此时我们阵中能真正限制住阿隆索的球员非丹尼·维尔贝克莫属。是的，我们牺牲了能射门的鲁尼，以此换取对阿隆索的严防死守。

C罗在两回合比赛中的发挥都堪称完美。在马德里的第一回合比赛结束后，他来到曼联所在的客队更衣室，和球员们寒暄。你能从C罗身上感受到，他想念自己昔日的队友。老特拉福德的次回合比赛结束后，我正在看纳尼犯规的回放，C罗进来安慰我。明眼人都能看出来，纳尼的红牌非常荒谬。梅苏特·厄齐尔和我们的一个球员说，他们觉得自己赢得很幸运。C罗在打入制胜球后没有任何庆祝动作。他这样做是正确的，如果他真的庆祝了，我可能会上去掐他的脖子。当然，我必须声明的是，我和C罗之间没有任何过节，他是我心目中的好孩子。

我个人认为，我们之所以能从曼城手中抢回英超冠军，是因为他们的球员并没有意识到44年来球队首夺顶级联赛冠军是一件多么重要的事情。他们懈怠了，所以没能卫冕。显然，对曼城阵中的部分球员来说，能击败曼联夺得英超冠军就已经足够了。在这之后他们有些随遇而安。守江山是很难的，但曼城没有意识到这个问题。

我在1993年第一次率队捧起英超冠军奖杯后，我不希望我的队伍在第二个赛季失去动力。这种想法激励着我，让我更坚定地去改造队伍，增强阵容厚度。1993年，我曾经对队员们说过，"有些人在度假时，只想去距离格拉斯哥海岸25英里的索尔特科茨；有些人甚至连动都不想动，他们更乐意待在家里或看看周边公园的鸟和鸭子；而有的人则想去登月"。

"这一切只和他们的志向高低有关"。

第二十六章　回望与前行

退休行将一年之际，我发现自己正面对着一群哈佛商学院的优秀学生。40年来，我一直在更衣室里当着全队的面不停演讲，而现在我已经走出了自己的舒适区，也为能与完全不同的听众谈论管理学感到高兴。

能成为这样一家著名学术机构的一分子，你可以想象我有多么自豪。对我来说，这是一个巨大的挑战。在满是青年才俊的房间里，你需要保持头脑清醒，清楚地思考你传达的每条信息。刚开始在哈佛商学院工作时，我准备了一大堆材料，但很快我就意识到自己必须从中筛选出提升领导力最重要的元素，比如职业道德、决心、决策能力和观察能力。这些适用于任何一个处于领导位置的人，我能利用我在足球领域的许多管理经验来帮助学生理解他们即将涉足的行业。

授课和回答问题也帮助我回顾了自己在管理方面的点滴经历。此前因为忙于执教，我很少有时间回头看，而现在我经常这样做。在我记忆中闪耀的永远是那些伟大的球员，我简直不敢相信自己手下曾有过这么多天才球星。管理学中很重要的一点是要能识别那些可以帮助你实现目标的人，知人善任听起来很简单，但如果真有这么简单，那么每支球队都能成功。

我第一次去波士顿是2013年9月，也就是我卸任曼联主教练后的4个月，我与哈佛商学院校长德鲁·福斯特见面，讨论我以什么身份入主，最终荣幸被任命为高管教育项目的老师。这个职位的工作范围很广，可以让哈佛大学给我安排最适合我讲授知识和经验的课程。在我人生的这个阶段，这是一个绝佳的机会。

退休后的第一个夏天很精彩，我享受了假期、陪伴家人，还动了一次髋关节手术，而最精彩的莫过于游览苏格兰赫布里底群岛。和我一起出行的还有我的几个儿子、弟弟马丁、小舅子约翰和一些好朋友。

出发前，我们让船长一直等到安迪·穆雷赢得温网男单冠军才启航。在穆雷以戏剧性的方式赢下比赛后，我们打开香槟，驶离奥班。

71岁才来到赫布里底群岛让我感到有点羞愧，但这是我经历过的最愉快的旅行。我们参观了伊奥纳岛、斯凯岛和莫尔岛上的托博莫里码头，斯塔法岛上的芬戈尔洞令人难以置信。我迫不及待地想去伊奥纳，因为那里的修道院历史浸透在戈万文化中，你必须回到20世纪30年代的格拉斯哥才能找到戈万的故事源头。神学院的乔治·麦克劳德当时接任苏格兰教会大会的主席，继承了父亲和祖父的位置。在这之前，他是戈万教区的牧师，他的影响延续至今。当年，伊奥纳修道院几乎是一片废墟，需要尽快维修才能恢复到原来的状态。乔治绞尽脑汁、费尽口舌，设法从戈万的费尔菲尔德造船厂召集了一群工人，才完成修复这座大修道院的工作。所以你可以想象，我第一次来到伊奥纳岛有多兴奋，这次旅程也没有令我失望。参观大教堂的过程激动人心，戈万出身的我真诚地感觉到自己在这一切中也扮演了一个角色，而这些船厂工人的努力让我引以为傲。

旅行中的早上我会坐在甲板上欣赏迷人的风景。白天航行时又会遇到各种各样的野生动物，我不禁反问自己："为什么我以前没有这样出来旅游过呢？"

一天晚上，他们叫我去见船长。我很高兴，因为他在海上航行了40年，

第二十六章 回望与前行

有许许多多的有趣故事，没想到这次聊天却是一个陷阱。当我和船长聊天的时候，我的朋友们正在楼下更换海盗服。当我回到甲板上，迎接我的是一群戴着假发和眼罩的"海盗"。他们对我怒吼，挥舞着塑料剑，把我吓得心脏病差点儿发作。

第二天早上，我们在诺伊达特半岛下船前接到通知："这个岛上没有手机信号，请先告知亲人你在哪里。"事实上，这次旅程的大部分时间，手机都没有信号。这对治疗我退休综合征，是一剂良药。

在当地的酒吧，我们坐在室外晒太阳，没有任何人来打扰。没有人知道我是谁，太完美了。

启程之前，我的新书发布会已经演变成了一场巡回演出，在曼彻斯特、伦敦、格拉斯哥、阿伯丁和都柏林都有专场，还有普雷斯顿的克科姆文理学校。我喜欢在这些活动中接受采访，回顾我在足球场上的时光。球迷们的热情更让我心存感激。

在斯特雷福德的特易购大百货举行的图书签售会上，有些人排了6个小时，就为得到我的签名。前一天，我在去老特拉福德观看曼联与皇家社会比赛的路上，有人告诉我有个女人从早上就在那里排队，非要成为队列的第一人。我当即致电感谢她，并送上我的第一本签名书。我对人们的热情感到惊讶，一高兴就在签售会现场多待了几个小时，以回报他们的支持。

2014年年初我们去巴巴多斯玩了一周，庆祝一位朋友的50岁生日，这太美妙了。维冈竞技队的老板戴夫·惠兰十分慷慨，把我们安排在他那栋华丽的别墅里。在孤星餐厅举行的派对从中午12点开始，有些人玩到第二天凌晨4点才离开。

奥斯卡颁奖典礼是另一次愉快的经历。周五晚上，我们参加了英国大使馆组织的聚会，期间还遇到了菲洛梅娜·李。她是出色的女人，有一部电影讲述的就是她花50年时间寻找儿子的故事。另一个值得注意的地方是，英国领事馆大约有10名员工是苏格兰人,这让我很高兴。

在奥斯卡颁奖前夜的另一场派对上,我们见到了《为奴十二年》里的年轻女演员露皮·尼永奥和她的哥哥。她哥哥是曼联的超级球迷。我也很享受和塞雷娜·威廉姆斯聊天的过程。

最精彩的可能是见到瑞茜·威瑟斯彭。她的苏格兰祖辈约翰·威瑟斯彭从1768年开始担任新泽西州学院(即后来的普林斯顿大学)的第六任校长。这是苏格兰人对美国历史的又一贡献。我的朋友马丁·奥康纳不知从哪搞到了奥斯卡颁奖典礼的门票,也让我和妻子凯茜有机会一起参加颁奖典礼。典礼既壮观又非常有趣。这次旅行在我的愿望清单上名列前茅,最终也没有让我失望。

活动结束后,《名利场》杂志举办了盛大的晚宴:那是好莱坞的名人聚会。在那里,我认识了许多男女明星,包括塞缪尔·L·杰克逊。他是一个很棒的家伙,非常有趣。

这不是我平常所处的圈子,但对我和凯茜这样的电影发烧友来说,却是一段令人难忘的经历。我们经常看电影,所以这次旅程让我俩非常兴奋。

退休后,我的生活状态正在以各种各样的方式改变着。髋关节手术延迟了我作为观众和董事会成员重返俱乐部的时间。当我最终坐进球场包厢时,球迷们显然都觉得很新鲜。我承认自己开始时有点不知所措。我在曼联执教27年,而现在我却坐在董事包厢里。这个新职位一开始给我的感觉很奇怪。球迷们源源不断过来向我索要签名,他们好奇地看着我,我猜他们肯定想知道我在想什么。当然,也有很多人还不习惯看到我以非球队成员的身份站在那么高的看台上。

回到老特拉福德看的第一场比赛,我当时带着4个孙子、儿媳塔妮亚和小舅子约翰。整场比赛过程中,我没有流露出任何情绪。在担任曼联主教练的时候,我也经常是这样,尤其在执教生涯末期。现在,这反倒成了我在董事包厢里看球的正确行为方式。在老特拉福德的最初几年,我更加情绪化。但在职业生涯的大部分时间里,我都是面无表情的,除非球队有些时刻需要我刺激。

作为球队董事和俱乐部大使,我仍然是曼联的一员。再加上被任命为欧足联大使,我在足球领域的活跃度还在延续着。欧足联想让我主持他们的教练研讨会,我欣然答应下来。

我的第一个主教练会议,是在老特拉福德通过视频连线方式召开的。对此我感觉很奇怪,就好像我在另一个星球上讲话一样,但他们觉得进展很顺利。我参加的第一个欧足联研讨会是在布达佩斯举行的。那是一个有200名教练参加的会议。我在会上做了演讲并回答了一些提问。

我试着引导他们走上成功的执教道路。首先,你必须热爱足球,也愿意投入。你需要牺牲很多东西,回报则是当你预期达到时的那份满足感,特别是帮助年轻球员成长。我们都是为了这个。

在都灵和里斯本的教练会议,我们讨论了战术和现代足球的比赛方式。在过去的几年里这项运动发生了很多变化,特别是在反击方面。如果你回过头研究反击战术,就会发现不同。之前球队会用一两名速度快的球员进行反击,尤其在美洲国家。现在的球队反击时会有五六个球员同时参与。另一个变化是草皮状况,现在的草皮质量非常高,这也在一定程度上增加了比赛的观赏性。

我喜欢参加这些会议,分享知识和经验对我来说很重要,因为即将进入行业的年轻主教练需要一些建议和指导。要在这个行业生存并不容易,而且难度还在不停上升,英超球队的主教练一不小心就会失去工作。年轻主帅需要找到一种与老板和首席执行官沟通的方式,这部分比以往任何时候都重要,因为你现在面对的老板类型各异。而无论如何,你都不应该放弃自己的足球理念,以及对球队的控制权,但你需要找到一种恰当的沟通方式。

在英超联赛中，你可能会遇到来自美国、俄罗斯、中东或马来西亚的老板。我所代表的模式已经成为历史，你不会再看到任何人在同一个俱乐部执教27年。说到这里，温格和阿森纳的故事值得一提。

每个人都为温格带队赢得足总杯而高兴。我一度希望史蒂夫·布鲁斯能为赫尔城赢得这个冠军，因为布鲁斯曾经是我的球员。但也必须承认，你很难不对温格产生一种特殊的情感，因为他处于9年没有赢得冠军奖杯的压力之下。温格对自己的足球理念一直很执着，从来没有屈服变革的压力。他要求的标准和方法是一致的，也一直擅长购买和培养年轻球员。他从不害怕让年轻人上场比赛。这很大胆，因为年轻球员还没有完全成型。

谁能说温格不会打破我的纪录呢？我不敢确定，但他正在努力尝试。

利物浦主帅布伦丹·罗杰斯是另一个有趣的例子。在2013/2014赛季开始前，我心目中的英超前三名分别是曼联、切尔西和曼城。然而，利物浦表现出来的状态格外惊人，而且他们以正确的方式前进，大打攻势足球。即使是把利物浦视为死敌的曼联球迷，也不会嫉妒利物浦在积分榜上节节攀升。在我看来，他们绝对是年度最佳球队。斯图里奇带来了重大的变化，斯特林也不再是出道时的边锋。当他们把斯特林放在中锋身后，取得的效果不俗。每个人都期待苏亚雷斯继续高产，保持住他上一个赛季的水平，斯特林和斯图里奇则为球队锦上添花。另一个变化是杰拉德回撤到后腰位置，这是其他利物浦主帅从未采用过的战术。杰拉德在这个位置上表现得很好，并且度过了一个梦幻般的赛季。

托尼·普利斯打电话向我咨询关于是否能接受水晶宫帅位邀约的建议，当时水晶宫似乎注定要在保级战中失败。我向托尼指出，他可以让水晶宫在主场很难被击败，因为他们的主场有一批非常狂热的球迷，这是对他有利的一张底牌，那群死忠们在塞尔赫斯特公园球场有一种疯狂的能量。托尼知道球队只要能在跨年之际找回状态，就可以在赛季最后5个月里有质的提高，

第二十六章　回望与前行

即使球队处于联赛垫底位置也是如此，他在斯托克城时就知道这一点。

当托尼入主水晶宫时，球队12轮比赛只积7分，最后他们却以45分成功保级，非常令人震惊。2014年8月托尼离开水晶宫，那时新赛季刚开始不久，我认为他能争一争年度最佳教练，但布伦丹·罗杰斯最终当选，而托尼被评为英超赛季最佳教练，我猜这是因为托尼是在赛季后半段才接手球队。不管怎样，这两位主教练都很出色。

其他教练也有一些令人印象深刻的表现，例如伯恩利的肖恩·戴奇。肖恩给我打了几次电话。"好吧，你只能祈祷球队不要出问题。"我和他开玩笑。但我认真对他说道："只要你不断告诉，球员有多大的能量和活力，最终他们自己也会相信的。体能可以是生理因素也可以是心理因素。"我很高兴看到他在伯恩利一切顺利。

在场边观看联赛的赛季走势是一件很有趣的事情。我一直相信切尔西会赢得冠军。从2月到3月初，我确信他们会夺冠。穆里尼奥效应在我的脑海中挥之不去。他一直把自己的球队称为"不被看好的一方"，或者用他的原话说，是一匹"小马驹"。随着赛季的进行，情况变得越来越有趣。我需要目不转睛地盯着他的新闻发布会，我尽管非常了解他，也依然无法确定他说的话是在恶搞还是认真的，这家伙很会迷惑人。

当曼城在欧冠联赛中被淘汰时，我以为他们会在国内联赛中大放异彩，但有时候进入联赛杯决赛会让你在错误的时间耗尽精力。原本没有人认为利物浦能自1990年以来第一次赢得联赛冠军，但直到4月初在主场被切尔西击败之前，他们已经11连胜。曼城主教练曼努埃尔·佩莱格里尼在马拉加执教时就和我很熟，作为同行，我为他感到高兴。毫无疑问，曼城拥有最强大的阵容，但他们两次都以微弱优势赢得联赛冠军的事实不得不让人们产生一个问号，为什么会这样呢？是的，塞尔吉奥·阿圭罗和文森特·孔帕尼分别缺阵了一段时间，但是他们阵容厚实，却一直无法扩大领先优势令人感到意外。

切尔西的战术变化很值得注意。他们8月26日做客老特拉福德球场时使用了无锋阵，对此我感到意外，或许穆里尼奥不太信任他手下的前锋。也许这不是他想要排出的阵容，但他很务实，永远把不输球放在首位。客战利物浦，他排出由阿斯皮利奎塔、卡拉斯、伊万诺维奇和阿什利·科尔组成的一条令人感到陌生的四人防线，但这条后防线却发挥神勇。在比赛开场10分钟后我就想，"切尔西会赢的"。苏亚雷斯那场比赛被对手压制，平时那种灵动的表现从他身上消失了。切尔西的布阵方式决定了这次爆冷。

我给西汉姆联主帅山姆·阿勒代斯打过几次电话，当时山姆在厄普顿公园球场饱受球迷批评。我希望在我有生之年有人能向我解释一下什么叫做"西汉姆足球"。这究竟是什么？他们上一次夺冠是在1980年的足总杯。西汉姆联的踢球方式从未让我害怕过，他们总是在保级，或许偶尔非常幸运地击败了我们。1995年5月，他们1∶1粉碎了我们夺冠的希望，那场比赛他们几乎没有离开过自己的禁区。所以这所谓的"西汉姆足球"到底是什么？

我不得不同情阿勒代斯，他无法带领球队一直赢下去。西汉姆联队的球迷有一种先入为主的观念，认为自家教练是一个只会让球员开大脚把皮球踢向前场的。可事实是，他曾带领一支由非常平庸的球员组成的球队保级成功。这就是管理学，他激发出那些球员最好的状态。

我不会仅仅因为我在生活其他方面忙得不可开交，就远离我以前的伙伴。事实上，哈佛商学院的活动向我展示了这一切是如何联系在一起的，那些学生和学者让我激情不减。

我在哈佛的新角色始于2014年春天，当时我参加了一个会议，与会者包括来自组织行为学和领导力学系的7位教授。他们基于我的经验对我进行了一些测试，并评估我以后还能具体做些什么。那次会议棒极了，他们让我感到自己受欢迎、被重视。

第二十六章　回望与前行

一群年轻高管报名参加了为期8周的高级商业管理培训，我给他们授课，还在来自45个国家的68名学生面前接受了安妮塔·埃尔伯斯教授的采访。除了与几位重要人物的一系列会面外，我最后一次露面是为了支持一门新课程"娱乐、媒体和体育商业"。

这门课主要研究我执教生涯的早期案例研究。前一个小时，我和学生坐在一起讨论案例。然后是课间休息，之后的80分钟我在教室中间回答他们的问题。

在课程的前半部分，我在黑板上画了一张图，上面有球员、工作人员、媒体记者、首席执行官等，所有人都与我有联系。我向大家解释了其中的每段关系，几乎涵盖了我曼联执教的全部元素。我手里拿着黑板擦，擦掉了其中大部分内容，并告诉学生们，这些根本不重要。新闻发布会——一周一次，包括赛后采访。经纪人——当一个球员想挣钱的时候，往往会听一听经纪人的意见。以此类推，直到黑板上只剩下工作的核心，那就是我的球员，我的教练组和你的首席执行官，因为我每天都在和他们打交道。至于被擦掉的事情，见招拆招就行了。

在执教曼联的末期，我决定把更多的权力下放。现在看来，这也是一个明智的选择，而且时机很好，让我能好好享受自己在球队的最后10年，并去追求真正重要的东西——胜利，这才是理解我的能量和精力从何而来的关键。年轻的时候，我可以在前一天晚上出去疯玩，第二天早上6点按时起床训练。但随着年龄的增长，再这么做就变得不切实际了。我必须找到更合理的方式来分配我的能量和精力，并接受这种变化。食物、睡眠，都与这一切息息相关。与生俱来的充沛活力是一笔巨大的财富，但它们终有一天会开始消退。

人总会变老，虽然我不愿承认，但事实是我在俱乐部的最后10年已经六七十岁，我所有的注意力都集中在对俱乐部的控制上，我需要让球队保持在一个正常水平上，怀有必胜的信念。通过下放权力，我做到了这一点。同时，我对各种想法和理念都持开放态度，因为我知道我和年轻人处在一个不同的时代。他们的球场不再满是泥泞，再不用穿挤脚的球鞋。很多东西都在进步，不是全部，但大部分是。我从不让媒体影响自己，也不会把精力花在维护媒体关系上。如今，很多主教练挖空心思应对记者，是因为他们总想给媒体提供一些东西。

我的原则是：曼联永远不会惧怕媒体。是的，我们必须沟通，但不是每分钟都沟通，也没必要和他们谈每个故事、每个球员，很多东西是需要保密的。比如不能太公开的球员伤情——你为什么要透露这些信息从而帮助你的对手？我能很好地掌控这部分，并把精力放在更重要的事情上。商业活动，哪怕只是一场晚宴，都要花费你大量的时间和精力，进入生涯末期，我对参加这类活动慎之又慎。

对我来说，工作永远是第一位的。我不仅幸运地拥有许多出色的球员，我还幸运地拥有许多出色的同事，很多人和我一起共事20多年。他们是我最强大的后盾，值得我永远感激。

但是，我已经进入人生的下一个阶段，我认为自己可以在足球之外创造一些有价值的东西。事实证明我想得没错，退休无法扼杀我的好奇心，还有我的战斗精神。

第二十七章　过渡中的曼联

即便是最周密的计划，也可能出现令人意想不到的变数，没有一个足球主教练能完全掌控球队的整个轨迹。我们都是这个行业的一分子，在这个行业里，情况可能会突然发生变化，让人措手不及。重要的是我们要维护自己的尊严，重新开始，新的机会也将随之而来。

在足球管理领域，失去一份重要的工作并不会影响我未来取得成功。2014年4月，大卫·莫耶斯离开曼联时，我坚信他未来的职业生涯会无比美好。更重要的是，曾执教过曼联会让我的简历更加出彩——这是对我才华的最好证明。

大卫执掌曼联教鞭不到一年就下课，这令人很难过，但包括我在内，有无数教练被解雇后都取得了不错的成就，我能想到的近期最佳代表就是安切洛蒂。离开切尔西之后，他带领巴黎圣日耳曼赢得了法甲冠军，又在2013/2014赛季带领皇家马德里赢得了欧冠冠军。

不能把被解雇看成是足球生涯的终点。大卫·莫耶斯未来的路还很长。再举个例子，看看罗恩·阿特金森在曼联下课后表现有多棒。你的职业生涯不会在你离开某家俱乐部的那一刻就结束，不管这家俱乐部有多牛。大卫将在他未来的教练生涯中做得很好。

有一点需要说明，那就是关于我的继任者的任命，俱乐部有一个明确的程序。肯定不会有人真相信格雷泽家族会允许一个人拍板曼联新主帅人选吧？决定退休后，我们在纽约与格雷泽家族会面，开始了挑选新主帅的工作。就和所有大型机构的流程一样，我们先圈定最佳人选，分析邀请他们执教的可行性，并再按照程序走流程。

人们似乎总觉得曼联主帅的选择没有走正常程序，这纯粹是无稽之谈。人们之所以有这种感觉，是因为我们的工作进展一点也没有泄露给媒体，整个选帅过程被小心翼翼地放在俱乐部内部讨论。

保密是最重要的，能为我们摆脱外部压力。当我们宣布最终决定时，没有人预料到结果。相反，我即将退休的消息在正式宣布的前一天就被媒体披露，这让我在把决定告知球员和同事时情况复杂了很多。在任命莫耶斯这件事情上，我们执行得很漂亮：安静、果断而专业。在有条不紊的选拔结束后，大卫·莫耶斯被任命为曼联主教练，董事会统一了口径和态度。

我们对于得到他感到非常兴奋，当时大多数媒体都认为这是一次很棒的任命，符合曼联的传统和价值观。

在执教埃弗顿的11个赛季里，大卫一直努力工作，表现出了不俗的执教能力。诚然，在漫长的埃弗顿执教生涯里，他从未赢得过一座冠军奖杯，这一事实总被人们拿来批评他，但这种现象具有误导性。他麾下的埃弗顿在很多方面不能算作一支为了赢得奖杯而打造的球队，无论在财政上还是在场地大小上，他们都不足以争夺冠军。所以，大卫克服了很多困难和障碍才打造出一套又一套出色的埃弗顿阵容，并沿着这条路取得了不错的成绩。

在我们最初关于调整教练组成员调动的交流中，大卫表示他会带两三个人。他已经告诉我，他将亲自负责球员训练，而这意味着雷内·穆伦斯汀失业。我建议他留下米克·费兰，因为费兰会给他很大的帮助。费兰熟悉俱乐部的情况，能帮大卫尽快融入球队，并且他非常忠诚，是个不折不扣的曼联

第二十七章 过渡中的曼联

人。但大卫最终没有留下费兰，并不是对他有什么意见，大卫只想用熟人。

也许，大卫觉得在曼联这样一家庞大的俱乐部里，他必须确保自己能得到全方位的支持。其实我觉得俱乐部现有体系已经足够完善了，重要岗位已经有优秀的人才。而大卫并不是唯一偏爱使用自己团队的人，你经常会看到类似事情。如今的主教练们经常带着六七名教练组成员来到俱乐部，这是现代足球的工作模式。

人事变动并不是大卫没有在曼联取得成功的原因。从埃弗顿到曼联是一个巨大的飞跃，正如他在新闻发布会上承认的那样，他没有意识到曼联作为一支豪门的体量有多大，他从一开始就很坦诚。

此前的26年间，曼联全队上下都习惯每天早晨迎接我走进训练场，适应不同执教风格和理念的主帅需要思想上的转变。如此巨大的变化会影响任何一家机构的运营，哪个行业都是如此。

大卫谈了很多关于改变和实现改变需要多长时间的事情。一个新教练想要把自己的思想和理念印刻在球队上是很自然的。但这个平衡很难实现，因为媒体和公众想要听到伟大的构想和宏伟的计划。

那个赛季，曼联的赛程对大卫来说也很残酷。他的第一场比赛是8月26日主场对阵切尔西，最终双方0∶0握手言和。第二场是客场对阵利物浦，曼联0∶1输掉了比赛。随后第五轮，曼联客场挑战曼城1∶4落败。

一场关于我现场观赛是否影响比赛的争论很快就开始了，就好像我会给大卫的工作投下阴影一样。每个人都知道，我退休后就将成为曼联俱乐部的董事和大使。当时没有人觉得"这对新主帅来说会是一个麻烦"。主教练坐在教练席上，而不是看台上，所以我不明白为什么有人会认为我影响了球员的发挥。

我曾在采访中多次强调，我执教曼联的时代已经结束。退休的决定没有给我造成任何矛盾心理，我已经准备向前看，尝试生活中的新事物。

球员不可能在比赛时突然抬头看着董事包厢，心里想着："老大，我们该做什么？"我从来都不是媒体记者的好朋友，所以他们总会捕风捉影地瞎联系。我甚至看到有报道称曼联正在逐渐脱离所谓"独裁"的陈旧体制。

我前文谈到了权力下放的重要性，因为曼联的规模越来越大，需要大家各司其职。特别在我执教曼联的最后10年，权力下放成为促进我们成功的一个重要手段。

用"陈旧"形容我留在曼联的工作结构是荒谬的。你看过我们的新训练场吗？我们2000年把训练基地从克里夫搬到了卡灵顿，新场地在当时是一个世界顶尖水准的训练基地。但是时代在变化，你必须与时俱进。两年前卡灵顿基地增设了一个医疗中心和一个运动科学研究机构，这为一支足球队提供了他们可能需要的一切。我们的训练中心是我在曼联时的骄傲。

新帅人选确定后，我对他敬而远之，就像任何一位前任主帅所做的那样。卡灵顿基地，成了我的禁区。对我来说，心里也没有故地重游的冲动。我也没有再走进曼联更衣室，而在比赛后，高管原本经常会到更衣室转一转。

除了这些，难道我要就此消失吗？我是俱乐部的董事。我想观看曼联的比赛，想支持曼联，大卫从来没有因为我的出现而受到干扰，他很高兴能在球场见到我。媒体和公众认为这在无形中会给他增加压力，这是他们凭空捏造的问题。作为曼联主教练，必须要有坚强的性格和宽阔的胸怀，要面对太多难题，肩负着极大的压力和责任。况且没人见过我大喊大叫，或是从座位上跳起来，事实证明，我完全适应了我的新角色。

无论大卫什么时候给我打电话，我都会倾力相助，我希望他成功。在老特拉福德球场的告别演讲中，我对球迷们说过，支持球队的新主帅很重要。我期待大卫能取得成功，所以当他向我请教的时候，我总会尽可能地给他提供建议。在主场对阵曼城的比赛结束后，我们聊得很深入。对话全程只有大

第二十七章 过渡中的曼联

卫和我两个人,那是一次私密的谈话,没有人知道我们讨论的内容。

随着球队成绩越来越差,每场失利对他来说都是一次沉重打击,我可以从他的举止中看出这一点。1月份我们签下了胡安·马塔,这提振了所有人的士气,但我能感受到大卫的执教环境正在被挤压,留给他的运作空间越来越小。1989年,我们经历了一段黑暗时期,当时我就有这种感觉,觉得自己仿佛要被压垮了。

这些不甚理想的比赛结果时刻折磨着大卫。1月5日我们在主场被斯旺西击败,从足总杯中出局,之后又在联赛杯半决赛输给桑德兰。我原本还希望联赛杯能给大卫信心,让他以此为契机带领球队取得突破。

我能看得出来,球队的比赛节奏比以前慢了一大截,但每个主教练都有自己喜欢的风格。曼联球员已经习惯了快速的比赛节奏,如果因为任何原因导致节奏变慢了,我会在中场休息时大骂他们一顿。我会说,这不是我们,这不是曼联。我们有许多杰出的运动员,他们能跑,速度快,协调性好,快节奏也从不妨碍我们取得好成绩。在前场充满活力和决心,这就是我们的方式,也是我的风格、我的天性。快节奏结合球员们高超的球技,形成了一对强有力的团队。

尽管我在执教生涯中一直坚持着这样的风格,但我从未固守同一种打法,也不会把这视作我们唯一的踢球方式。因为偏离快速和活力风格的人并不是异类。我们见过很多不同的战术体系,我对这些体系都很尊重,除非是那些明明有出色阵容却要用消极方式比赛的战术。

糟糕的战绩一直在对大卫的工作起着消极影响。2月25日客场对阵奥林匹亚科斯的比赛又成了他的一次挫折,因为球队表现糟糕,最终0∶2输了,后来我们回到主场以3∶0大胜晋级。这次逆转使我们得到了和拜仁慕尼黑交手的机会,拜仁在老特拉福德1∶1和我们握手言和,然后在德国主场3∶1取胜。

在慕尼黑，埃弗拉在比赛第57分钟打进了一记精彩进球，突然之间球员似乎看到了胜利的希望。但拜仁两分钟后就凭借曼朱基奇的进球还以颜色，然后穆勒和罗本又各进一球。那真是一个沉重的打击。其实拜仁当时踢得并不是很好。在老特拉福德的首回合比赛，他们获得了很多控球权，但我们创造了绝佳的进球机会，维尔贝克已经过掉了门将，却没有将球打进。

3月，我们的状态进一步下滑，在主场先后0∶3不敌利物浦和曼城。在对阵利物浦的上半场，我感觉两队创造的机会不相上下，但在第34分钟，利物浦获得了三个点球中的第一个，直接改变了比赛走势。在下半场，当取得2∶0领先的时候，利物浦展示了他们的最强状态，并且有可能大比分击败我们。你很难接受利物浦力压曼联的结果，那个赛季对曼联球迷来说是艰难而痛苦的，对我来说也一样，因为我知道球队中有很多优秀的球员，他们没有表现出自己应有的状态，这也让大卫承受了更大的压力。最终，一系列失败加速了他在曼联的陨落。

没有人能否认那个赛季是多么的令人失望，以致让一个人失去工作。在4月20日0∶2输给埃弗顿后，格雷泽家族认为他们必须做出改变。

我必须要澄清一些误会。

有球员找我抱怨过吗？当然没有。这样的说法完全是一派胡言。费迪南德来找过我，问我对他的未来有什么建议。当时埃弗拉的合同快到期了，他也不确定自己何去何从。我告诉他先专注于世界杯，然后再考虑以后的事。他俩都没有和我讨论球队事务，我可不想和大卫的球员谈论这些。那是他的球员，不是我的。

媒体分析曼联状态下降的原因时反复提及阵容的构成。他们似乎一致认为，球队阵容的年龄老化，这又是一派胡言。上个赛季曼联以11分的优势获得英超冠军，当时球队的阵容就包括这群年龄25岁以下的球员——埃文斯、德赫亚、琼斯、斯莫林、埃尔南德斯、克莱维利、香川真司、拉斐尔和维尔

第二十七章　过渡中的曼联

贝克。他们都是国脚级别的球员，也是联赛冠军成员。此外，我们还有林加德、鲍威尔和贾努扎伊准备进入一线队。

费迪南德、埃弗拉、维迪奇、卡里克、吉格斯和斯科尔斯是30多岁的老将。那个赛季切尔西是夺冠热门，他们的阵容中同样有6名球员超过30岁，但我没有听到任何关于他们阵容老化的批评和抱怨。切尔西的阵容结构被视为是最合理的理所当然，觉得经验丰富的老将，加上活力十足的年轻球员，二者形成了强大的合力。

32岁就想挂靴的日子已经一去不复返了，运动科学的发展和球场草皮的改进，都是现代运动员能踢到30多岁的原因。上赛季桑德兰队的韦斯·布朗和约翰·奥谢在赛季后程的表现证明了经验的重要性，利物浦也刚刚签下32岁的里基·兰伯特，如果不确定球员在35岁仍能保持住现在的状态，他们为什么要做这笔交易？

关于我在一场主场比赛中被曼联球迷辱骂的传闻也是谣言，我既没有看到也没有听到任何针对我的异议。我自始至终没有遇到任何敌对情绪，我还与坐在我前后排的人核实过，没有人听到任何不雅的言辞。没有人能证实这些报道的真实性，我也从来不认为自己会被曼联球迷辱骂。

大卫被解雇的时候，我正在阿伯丁。媒体表示在周日晚上输给埃弗顿之后，曼联高层在一家酒店召开紧急会议。我想知道这次会议是在哪家酒店开的，因为我并不在场。博比·查尔顿爵士、大卫·吉尔和另一位董事会成员迈克·埃德尔森也不在。周一，在飞回曼彻斯特的航班上，一个小伙子坐在我旁边，手里拿着一份报纸，"大卫·莫耶斯将被解雇"的标题非常扎眼。

与此同时，大卫·莫耶斯给我发来短信。我不知道该对他说什么，因为我不确定当时情况。埃德·伍德沃德不久前刚和俱乐部高管们交流过俱乐部眼下的态度，并征集每个人的意见，然后他就去和格雷泽家族处理这件事。

回到曼彻斯特后，我和埃德谈了谈，方才得知俱乐部已经做出最后的决定。我知道埃德想在第二天亲口告诉大卫·莫耶斯这一消息，而大卫在老特拉福德的最后时刻也悄然来临。大卫离队后，吉格斯担任球队的临时主教练，同时俱乐部会尽快敲定下一任主帅人选，路易斯·范加尔很快就出现在视野之内。范加尔接受了这份工作，他就是我所说的那种主教练——忠诚且投入的工作狂，足球就是他的生命。无论他在哪里执教，每个球员都能从他身上学到东西。他很强势，很专注，就像在世界杯上带领荷兰队展现出来的那样。2014年世界杯是一届极具观赏性的盛会，这届赛事也佐证了我之前的观点，即现在的球队都应该会攻会守。我喜欢范加尔，我们之间的关系一直很好。

如果让我用一个词来形容范加尔，那就是"可怕"。他渴望踢出华丽足球，喜欢看球员比赛和训练，并参与到各年龄段球队的工作当中，特别是对年轻球员的培养。他在阿贾克斯的经历证明他偏爱年轻球员，他绝对是曼联帅位的出色人选。

在新帅上任后公布的一系列决策中，我很高兴能看到吉格斯被任命为助理教练，这是范加尔做出的一个很棒的决定。

范加尔可以帮助吉格斯熟悉教练工作，与此同时，吉格斯也可以帮范加尔了解曼联的内部运作方式。吉格斯终于结束了他伟大的球员生涯。当我回顾他赢得的那些奖杯、代表曼联登场的963场比赛和为球队打进的168粒进球时，仍然会惊叹于他怪兽级别的身体素质。我无法理解他是如何在这么多年里一直保持那种高水平。在他身上，我相信完美世界有存在。

吉格斯对身边的球员有着巨大影响，就像当年的坎通纳一样。比赛结束后，全队都会围在他身边。他很善于提供建议。在范加尔的带领下他会做得很好。

上赛季曼联经历了一段艰难时期，但是球迷的支持从未动摇。曼联的球迷棒极了。我对大卫的下课感到失望，但对任何人来说，接我的班都是个大

第二十七章 过渡中的曼联

难题。我们期待曼联在范加尔的领导下取得进步和成功。

回顾我在老特拉福德的时光，如果要我找出什么是最重要的，那就是我执教过的那些伟大球员。我希望他们一切顺利，未来每个人都能找到各自的新生活，无论是否与足球相关。曼联将延续一支伟大足球俱乐部的风范和传统，所有那些与曼联有过交集的人将会因为这份经历而变得更加坚强和睿智。

我对此坚信不疑，因为我就是最好的例子。

附录1　生涯记录

职业球员生涯

1958—1960　女王公园

出场：31次

进球：15个

1960—1964　圣约翰斯通

出场：47次

进球：21个

1964—1967　邓弗姆林竞技

出场：131次

进球：88个

1967年3月15日代表苏格兰联赛全明星队在汉普顿公园球场迎战英格兰联赛全明星队，以0∶3告负。

1967年5月13日至6月15日代表苏格兰队出战夏季挑战赛：7次出场取得10个进球，对手是以色列、中国香港、澳大利亚（3场比赛）、奥克兰选拔队和温哥华全明星队。

1967—1969 格拉斯哥流浪者

出场：66次

进球：35个

1967年9月6日代表苏格兰联赛全明星队在贝尔法斯特对阵爱尔兰联赛全明星队，取得一个进球，帮助本方2∶0取胜。

1969—1973 福尔柯克

出场：122次

进球：49个

1973—1974 艾尔联

出场：22次

进球：10个

总计

出场：415次

进球：218个

（只计算苏格兰联赛、苏格兰杯、苏格兰联赛杯和欧洲赛事）

执教生涯

1974年6月—10月 东斯特灵

1974年10月—1978年5月 圣米伦

1975/1976赛季甲级联赛第4名；1976/1977赛季甲级联赛冠军；1977/1978赛季超级联赛第8名。

1986 阿伯丁

1978/1979赛季
苏格兰超级联赛

	场次	胜	平	负	进球	失球	积分
主场	18	9	4	5	38	16	22
客场	18	4	10	4	21	20	18
总计	36	13	14	9	59	36	40

联赛排名：第4名
苏格兰杯：半决赛
苏格兰联赛杯：亚军
欧洲优胜者杯：第2轮

1979/1980赛季
苏格兰超级联赛

	场次	胜	平	负	进球	失球	积分
主场	18	10	4	4	30	18	24
客场	18	9	6	3	38	18	24
总计	36	19	10	7	68	36	48

联赛排名：冠军
苏格兰杯：半决赛
苏格兰联赛杯：亚军
欧洲联盟杯：第1轮

1980/1981赛季
苏格兰超级联赛

	场次	胜	平	负	进球	失球	积分
主场	18	11	4	3	39	16	26
客场	18	8	7	3	22	10	23
总计	36	19	11	6	61	26	49

联赛排名：亚军

苏格兰杯：第4轮

苏格兰联赛杯：第4轮

欧洲冠军杯：第2轮

德赖伯勒杯：冠军

1981/1982赛季
苏格兰超级联赛

	场次	胜	平	负	进球	失球	积分
主场	18	12	4	2	36	15	28
客场	18	11	3	4	35	14	25
总计	36	23	7	6	71	29	53

联赛排名：亚军

苏格兰杯：冠军

苏格兰联赛杯：半决赛

欧洲联盟杯：1/4决赛

1982/1983赛季
苏格兰超级联赛

	场次	胜	平	负	进球	失球	积分
主场	18	14	0	4	46	12	28
客场	18	11	5	2	30	12	27
总计	36	25	5	6	76	24	55

联赛排名：第3名

苏格兰杯：冠军

苏格兰联赛杯：1/4决赛

欧洲优胜者杯：冠军

1983/1984赛季

苏格兰超级联赛

	场次	胜	平	负	进球	失球	积分
主场	18	14	3	1	46	12	31
客场	18	11	4	3	32	9	26
总计	36	25	7	4	78	21	57

联赛排名：冠军

苏格兰杯：冠军

苏格兰联赛杯：半决赛

欧洲优胜者杯：半决赛

欧洲超级杯：冠军

1984/1985赛季

苏格兰超级联赛

	场次	胜	平	负	进球	失球	积分
主场	18	13	4	1	49	13	30
客场	18	14	1	3	40	13	29
总计	36	27	5	4	89	26	59

联赛排名：冠军
苏格兰杯：半决赛
苏格兰联赛杯：第2轮
欧洲冠军杯：第1轮

1985/1986赛季
苏格兰超级联赛

	场次	胜	平	负	进球	失球	积分
主场	18	11	4	3	38	15	26
客场	18	5	8	5	24	16	18
总计	36	16	12	8	62	31	44

联赛排名：第4名
苏格兰杯：冠军
苏格兰联赛杯：冠军
欧洲冠军杯：1/4决赛

1986/1987赛季（1986年8月至11月1日）
苏格兰超级联赛

	场次	胜	平	负	进球	失球
主场	7	4	2	1	12	3
客场	8	3	3	2	13	11
总计	15	7	5	3	25	14

苏格兰联赛杯：第4轮
欧洲优胜者杯：第1轮

小结

	场次	胜	平	负	进球	失球
联赛	303	174	76	53	589	243
苏格兰杯	42	30	8	4	89	30
联赛杯	63	42	9	12	148	45
欧洲赛事	47	23	12	12	78	51
德赖伯勒杯	4	3	0	1	10	5
总计	459	272	105	82	914	374

弗格森在阿伯丁的欧战记录

1978/1979赛季欧洲优胜者杯

第1轮对阵马历克（保加利亚）（客）2∶3，（主）3∶0，总比分5∶3
第2轮对阵杜塞尔多夫（联邦德国）（客）0∶3，（主）2∶0，总比分2∶3

1979/1980赛季欧洲联盟杯

第1轮对阵法兰克福（联邦德国）（主）1∶1，（客）0∶1，总比分1∶2

1980/1981赛季欧洲冠军杯

第1轮对阵维也纳（奥地利）（主）1∶0，（客）0∶0，总比分1∶0
第2轮对阵利物浦（主）0∶1，（客）0∶4，总比分0∶5

1981/1982赛季欧洲联盟杯

第1轮对阵伊普斯维奇（客）1∶1，（主）3∶1，总比分4∶2
第2轮对阵皮特什蒂（罗马尼亚）（主）3∶0，（客）2∶2，总比分5∶2
第3轮对阵汉堡（联邦德国）（主）3∶2，（客）1∶3，总比分4∶5

1982/1983赛季欧洲优胜者杯

预赛对阵锡永（瑞士）（主）7∶0，（客）4∶1，总比分11∶1

第1轮对阵地拉纳迪纳摩（阿尔巴尼亚）（主）1∶0，（客）0∶0，总比分1∶0

第2轮对阵波兹南莱克（波兰）（主）2∶0，（客）1∶0，总比分3∶0

1/4决赛对阵拜仁慕尼黑（联邦德国）（客）0∶0，（主）3∶2，总比分3∶2

半决赛对阵沃特斯奇（比利时）（主）5∶1，（客）0∶1，总比分5∶2

决赛（在瑞典哥德堡）对阵皇家马德里（西班牙）2∶1（加时）

1983/1984赛季欧洲超级杯

对阵汉堡（联邦德国）（客）0∶0，（主）2∶0，总比分2∶0

欧洲优胜者杯

第1轮对阵阿克拉内斯（冰岛）（客）2∶1，（主）1∶1，总比分3∶2

第2轮对阵贝弗伦皇家体育（比利时）（客）0∶0，（主）4∶1，总比分4∶1

1/4决赛对阵乌伊佩斯特（匈牙利）（客）0∶2，（主）3∶0（加时），总比分3∶2

半决赛对阵波尔图（葡萄牙）（客）0∶1，（主）0∶1，总比分0∶2

1984/1985赛季欧洲冠军杯

第1轮对阵柏林迪纳摩（民主德国）（主）2∶1，（客）1∶2，总比分3∶3（点球4∶5被淘汰）

1985/1986赛季欧洲冠军杯

第1轮对阵阿克拉内斯（冰岛）（客）3∶1，（主）4∶1，总比分7∶2

第2轮对阵塞尔维特（瑞士）（客）0∶0，（主）1∶0，总比分1∶0

1/4决赛对阵哥德堡（瑞典）（主）2∶2，（客）0∶0，总比分2∶2（依客场进球规则被淘汰）

1986/1987赛季欧洲优胜者杯

第1轮对阵锡永（瑞士）（主）2∶1，（客）0∶3，总比分2∶4

荣誉

欧洲优胜者杯

冠军：1983年

苏格兰超级联赛

冠军：1980年　1984年　1985年

苏格兰杯

冠军：1982年　1983年　1984年　1986年

苏格兰联赛杯

冠军：1985/1986赛季

欧洲超级杯

冠军：1983年

德赖伯勒杯

冠军：1980年

1985年10月至1986年6月执教苏格兰国家队

国家队战绩

	场次	胜	平	负	进球	失球
主场	3	2	1	0	5	0
客场	7	1	3	3	3	5
总计	10	3	4	3	8	5

比分

1985年10月	民主德国（友谊赛，主场）	0∶0
1985年11月	澳大利亚（世界杯附加赛，主场）	2∶0
1985年12月	澳大利亚（世界杯附加赛，客场）	0∶0
1986年1月	以色列（友谊赛，客场）	1∶0
1986年3月	罗马尼亚（友谊赛，主场）	3∶0
1986年4月	英格兰（劳斯杯，客场）	1∶2
1986年4月	荷兰（友谊赛，客场）	0∶0
1986年6月	丹麦（世界杯，墨西哥城）	0∶1
1986年6月	联邦德国（世界杯，克雷塔罗）	1∶2
1986年6月	乌拉圭（世界杯，墨西哥城）	0∶0

1986—2013曼联

1986/1987赛季
英格兰足球甲级联赛
弗格森上任前曼联战绩

	场次	胜	平	负	进球	失球	积分
主场	7	3	1	3	12	8	10
客场	6	0	3	3	4	8	3
总计	13	3	4	6	16	16	13

联赛杯：第3轮

附录1 生涯记录

弗格森上任后曼联战绩

	场次	胜	平	负	进球	失球	积分
主场	14	10	2	2	26	10	32
客场	15	1	8	6	10	19	11
总计	29	11	10	8	36	29	43
赛季总计	42	14	14	14	52	45	56

联赛排名：第11名

足总杯：第4轮

1987/1988赛季

英格兰足球甲级联赛

	场次	胜	平	负	进球	失球	积分
主场	20	14	5	1	41	17	47
客场	20	9	7	4	30	21	34
总计	40	23	12	5	71	38	81

联赛排名：亚军

足总杯：第5轮

联赛杯：第5轮

1988/1989赛季

英格兰足球甲级联赛

	场次	胜	平	负	进球	失球	积分
主场	19	10	5	4	27	13	35
客场	19	3	7	9	18	22	16
总计	38	13	12	13	45	35	51

联赛排名：第11名

足总杯：第6轮

联赛杯：第3轮

1989/1990赛季
英格兰足球甲级联赛

	场次	胜	平	负	进球	失球	积分
主场	19	8	6	5	26	14	30
客场	19	5	3	11	20	33	18
总计	38	13	9	16	46	47	48

联赛排名：第13名

足总杯：冠军

联赛杯：第3轮

1990/1991赛季
英格兰足球甲级联赛

	场次	胜	平	负	进球	失球	积分
主场	19	11	4	4	34	17	37
客场	19	5	8	6	24	28	23
总计	38	16	12	10	58	45	59*

*被扣除1分

联赛排名：第6名

足总杯：第5轮

联赛杯：亚军

欧洲优胜者杯：冠军

慈善盾：并列冠军

1991/1992赛季
英格兰足球甲级联赛

	场次	胜	平	负	进球	失球	积分
主场	21	12	7	2	34	13	43
客场	21	9	8	4	29	20	35
总计	42	21	15	6	63	33	78

联赛排名：亚军

足总杯：第4轮

联赛杯：冠军

欧洲优胜者杯：第2轮

欧洲超级杯：冠军

1992/1993赛季
英格兰足球超级联赛

	场次	胜	平	负	进球	失球	积分
主场	21	14	5	2	39	14	47
客场	21	10	7	4	28	17	37
总计	42	24	12	6	67	31	84

联赛排名：冠军

足总杯：第5轮

联赛杯：第3轮

欧洲联盟杯：第1轮

1992/1993赛季英格兰足球超级联赛积分榜

	场次	主场 胜	平	负	进球	失球	客场 胜	平	负	进球	失球	积分
1.曼联	42	14	5	2	39	14	10	7	4	28	17	84
2.阿斯顿维拉	42	13	5	3	36	16	8	6	7	21	24	74
3.诺维奇	42	13	6	2	31	19	8	3	10	30	46	72
4.布莱克本	42	13	4	4	38	18	7	7	7	30	28	71
5.女王公园巡游者	42	11	5	5	41	32	6	7	8	22	23	63
6.利物浦	42	13	4	4	41	18	3	7	11	21	37	59
7.谢菲尔德星期三	42	9	8	4	34	26	6	6	9	21	25	59
8.托特纳姆热刺	42	11	5	5	40	25	5	6	10	20	41	59
9.曼城	42	7	8	6	30	25	8	4	9	26	26	57
10.阿森纳	42	8	6	7	25	20	7	5	9	15	18	56
11.切尔西	42	9	7	5	29	22	5	7	9	22	32	56
12.温布尔登	42	9	4	8	32	23	5	8	8	24	32	54
13.埃弗顿	42	7	6	8	26	27	8	2	11	27	28	53
14.谢菲联	42	10	6	5	33	19	4	4	13	21	34	52
15.考文垂	42	7	4	10	29	28	6	9	6	23	29	52
16.伊普斯维奇	42	8	9	4	29	22	4	7	10	21	33	52
17.利兹联	42	12	8	1	40	17	0	7	14	17	45	51
18.南安普顿	42	10	6	5	30	21	3	5	13	24	40	50
19.奥尔德姆	42	10	6	5	43	30	3	4	14	20	44	49
20.水晶宫	42	6	9	6	27	25	5	7	9	21	36	49
21.米德尔斯堡	42	8	5	8	33	27	3	6	12	21	48	44
22.诺丁汉森林	42	6	4	11	17	25	4	6	11	24	37	40

1993/1994赛季

英格兰足球超级联赛

	场次	胜	平	负	进球	失球	积分
主场	21	14	6	1	39	13	48
客场	21	13	5	3	41	25	44
总计	42	27	11	4	80	38	92

联赛排名：冠军

足总杯：冠军

联赛杯：亚军

欧洲冠军杯：第2轮

慈善盾：冠军

1993/1994赛季英格兰足球超级联赛积分榜

	场次	主场 胜	平	负	进球	失球	客场 胜	平	负	进球	失球	积分
1.曼联	42	14	6	1	39	13	13	5	3	41	25	92
2.布莱克本	42	14	5	2	31	11	11	4	6	32	25	84
3.纽卡斯尔	42	14	4	3	51	14	9	4	8	31	27	77
4.阿森纳	42	10	8	3	25	15	8	9	4	28	13	71
5.利兹联	42	13	6	2	37	18	5	10	6	28	21	70
6.温布尔登	42	12	5	4	35	21	6	6	9	21	32	65
7.谢菲尔德星期三	42	10	7	4	48	24	6	9	6	28	30	64
8.利物浦	42	12	4	5	33	23	5	5	11	26	32	60
9.女王公园巡游者	42	8	7	6	32	29	8	5	8	30	32	60
10.阿斯顿维拉	42	8	8	8	23	18	7	7	7	23	32	57

（续表）

	场次	主场					客场					积分
		胜	平	负	进球	失球	胜	平	负	进球	失球	
11.考文垂	42	9	7	5	23	17	5	7	9	20	28	56
12.诺维奇	42	4	9	8	26	29	8	8	5	39	32	53
13.西汉姆	42	6	7	8	26	31	7	6	8	21	27	53
14.切尔西	42	11	5	5	31	20	2	7	12	18	33	51
15.托特纳姆热刺	42	4	8	9	29	33	7	4	10	25	26	45
16.曼城	42	6	10	5	24	22	3	8	10	14	27	45
17.埃弗顿	42	8	4	9	26	30	4	4	13	16	33	44
18.南安普顿	42	9	2	10	30	31	3	5	13	19	35	43
19.伊普斯维奇	42	5	8	8	21	32	4	8	9	14	26	43
20.谢菲联	42	6	10	5	24	23	2	8	11	18	37	42
21.奥尔德姆	42	5	8	8	24	33	4	5	12	18	35	40
22.斯文登	42	4	7	10	25	45	1	8	12	22	55	30

1994/1995赛季
英格兰足球超级联赛

	场次	胜	平	负	进球	失球	积分
主场	21	16	4	1	42	4	52
客场	21	10	6	5	35	24	36
总计	42	26	10	6	77	28	88

联赛排名：亚军

足总杯：亚军

联赛杯：第3轮

欧冠联赛：第一阶段小组赛

慈善盾：冠军

1995/1996赛季
英格兰足球超级联赛

	场次	胜	平	负	进球	失球	积分
主场	19	15	4	0	36	9	49
客场	19	10	3	6	37	26	33
总计	38	25	7	6	73	35	82

联赛排名：冠军

足总杯：冠军

联赛杯：第2轮

欧洲联盟杯：第1轮

1995/1996赛季英格兰足球超级联赛积分榜

	场次	主场胜	主场平	主场负	主场进球	主场失球	客场胜	客场平	客场负	客场进球	客场失球	积分
1.曼联	38	15	4	0	36	9	10	3	6	37	26	82
2.纽卡斯尔	38	17	1	1	38	9	7	5	7	28	28	78
3.利物浦	38	14	4	1	46	13	6	7	6	24	21	71
4.阿斯顿维拉	38	11	5	3	32	15	7	4	8	20	20	63
5.阿森纳	38	10	7	2	30	16	7	5	7	19	16	63
6.埃弗顿	38	10	5	4	35	19	7	5	7	29	25	61
7.布莱克本	38	14	2	3	44	19	4	5	10	17	28	61
8.托特纳姆热刺	38	9	5	5	26	19	7	8	4	24	19	61
9.诺丁汉森林	38	11	6	2	29	17	4	7	8	21	37	58

（续表）

	场次	主场					客场					积分
		胜	平	负	进球	失球	胜	平	负	进球	失球	
10.西汉姆	38	9	5	5	25	21	5	4	10	18	31	51
11.切尔西	38	7	7	5	30	22	5	7	7	16	22	50
12.米德尔斯堡	38	8	3	8	27	27	3	7	9	8	23	43
13.利兹联	38	8	3	8	21	21	4	4	11	19	36	43
14.温布尔登	38	5	6	8	27	33	5	5	9	28	37	41
15.谢菲尔德星期三	38	7	5	7	30	31	3	5	11	18	30	40
16.考文垂	38	6	7	6	21	23	2	7	10	21	37	38
17.南安普顿	38	7	7	5	21	18	2	4	13	13	34	38
18.曼城	38	7	7	5	21	19	2	4	13	12	39	38
19.女王公园巡游者	38	6	5	8	25	26	3	1	15	13	31	33
20.博尔顿	38	5	4	10	16	31	3	1	15	23	40	29

1996/1997 赛季
英格兰足球超级联赛

	场次	胜	平	负	进球	失球	积分
主场	19	12	5	2	38	17	41
客场	19	9	7	3	38	27	34
总计	38	21	12	5	76	44	75

联赛排名：冠军

足总杯：第4轮

联赛杯：第4轮欧冠联赛：半决赛

慈善盾：冠军

附录1　生涯记录

1996/1997赛季英格兰足球超级联赛积分榜

	场次	主场 胜	平	负	进球	失球	客场 胜	平	负	进球	失球	积分
1.曼联	38	12	5	2	38	17	9	7	3	38	27	75
2.纽卡斯尔	38	13	3	3	54	20	6	8	5	19	20	68
3.阿森纳	38	10	5	4	36	18	9	6	4	26	14	68
4.利物浦	38	10	6	3	38	19	9	5	5	24	18	68
5.阿斯顿维拉	38	11	5	3	27	13	6	5	8	20	21	61
6.切尔西	38	9	8	2	33	22	7	3	9	25	33	59
7.谢菲尔德星期三	38	8	10	1	25	16	6	5	8	25	35	57
8.温布尔登	38	9	6	4	28	21	6	5	8	21	25	56
9.莱斯特城	38	7	5	7	22	26	5	6	8	24	28	47
10.托特纳姆热刺	38	8	4	7	19	17	5	3	11	25	34	46
11.利兹联	38	7	7	5	15	13	4	6	9	13	25	46
12.德比郡	38	8	6	5	25	22	3	7	9	20	36	46
13.布莱克本	38	8	4	7	28	23	1	11	7	14	20	42
14.西汉姆	38	7	6	6	27	25	3	6	10	12	23	42
15.埃弗顿	38	7	4	8	24	22	3	8	8	20	35	42
16.南安普顿	38	6	7	6	32	24	4	4	11	18	32	41
17.考文垂	38	4	8	7	19	23	5	6	8	19	31	41
18.桑德兰	38	7	6	6	20	18	3	4	12	15	35	40
19.米德尔斯堡*	38	8	5	6	34	25	2	7	10	17	35	39
20.诺丁汉森林	38	3	9	7	15	27	3	7	9	16	32	34

*被扣3分

1997/1998赛季
英格兰足球超级联赛

	场次	胜	平	负	进球	失球	积分
主场	19	13	4	2	42	9	43
客场	19	10	4	5	31	17	34
总计	38	23	8	7	73	26	77

联赛排名：亚军
足总杯：第5轮
联赛杯：第3轮
欧冠联赛：1/4决赛
慈善盾：冠军

1998/1999赛季
英格兰足球超级联赛

	场次	胜	平	负	进球	失球	积分
主场	19	14	4	1	45	18	46
客场	19	8	9	2	35	19	33
总计	38	22	13	3	80	37	79

联赛排名：冠军
足总杯：冠军
联赛杯：第5轮
欧冠联赛：冠军

1998/1999赛季英格兰足球超级联赛积分榜

	场次	主场 胜	主场 平	主场 负	主场 进球	主场 失球	客场 胜	客场 平	客场 负	客场 进球	客场 失球	积分
1.曼联	38	14	4	1	45	18	8	9	2	35	19	79
2.阿森纳	38	14	5	0	34	5	8	7	4	25	12	78
3.切尔西	38	12	6	1	29	13	8	9	2	28	17	75
4.利兹联	38	12	5	2	32	9	6	8	5	30	25	67
5.西汉姆	38	11	3	5	32	26	5	6	8	14	27	57
6.阿斯顿维拉	38	10	3	6	33	28	5	7	7	18	18	55
7.利物浦	38	10	5	4	44	24	5	4	10	24	25	54
8.德比郡	38	8	7	4	22	19	5	6	8	18	26	52
9.米德尔斯堡	38	7	9	3	25	18	5	6	8	23	36	51
10.莱斯特城	38	7	6	6	25	25	5	7	7	15	21	49
11.托特纳姆热刺	38	7	7	5	28	26	4	7	8	19	24	47
12.谢菲尔德星期三	38	7	5	7	20	15	6	2	11	21	27	46
13.纽卡斯尔	38	7	6	6	26	25	4	7	8	22	29	46
14.埃弗顿	38	6	8	5	22	12	5	2	12	20	35	43
15.考文垂	38	8	6	5	26	21	3	3	13	13	30	42
16.温布尔登	38	7	7	5	22	21	3	5	11	18	42	42
17.南安普顿	38	9	4	6	29	26	2	4	13	8	38	41
18.查尔顿	38	4	7	8	20	20	4	5	10	21	36	36
19.布莱克本	38	6	5	8	21	24	1	9	9	17	28	35
20.诺丁汉森林	38	3	7	9	18	31	4	2	13	17	38	30

1999/2000赛季
英格兰足球超级联赛

	场次	胜	平	负	进球	失球	积分
主场	19	15	4	0	59	16	49
客场	19	13	3	3	38	29	42
总计	38	28	7	3	97	45	91

联赛排名：冠军

足总杯：未参赛

联赛杯：第3轮

欧冠联赛：1/4决赛

洲际杯：冠军

世俱杯：第1轮小组赛第3

1999/2000赛季英格兰足球超级联赛积分榜

	场次	主场胜	主场平	主场负	主场进球	主场失球	客场胜	客场平	客场负	客场进球	客场失球	积分
1.曼联	38	15	4	0	59	16	13	3	3	38	29	91
2.阿森纳	38	14	3	2	42	17	8	4	7	31	26	73
3.利兹联	38	12	2	5	29	18	9	4	6	29	25	69
4.利物浦	38	11	4	4	28	13	8	6	5	23	17	67
5.切尔西	38	12	5	2	35	12	6	6	7	18	22	65
6.阿斯顿维拉	38	8	8	3	23	12	7	5	7	23	23	58
7.桑德兰	38	10	6	3	28	17	6	4	9	29	39	58
8.莱斯特城	38	10	3	6	31	24	6	4	9	24	31	55
9.西汉姆	38	11	5	3	32	23	4	5	10	20	30	55

（续表）

	场次	主场					客场					积分
		胜	平	负	进球	失球	胜	平	负	进球	失球	
10.托特纳姆热刺	38	10	3	6	40	26	5	5	9	17	23	53
11.纽卡斯尔	38	10	5	4	42	20	4	5	10	21	34	52
12.米德尔斯堡	38	8	5	6	23	26	6	5	8	23	26	52
13.埃弗顿	38	7	9	3	36	21	5	5	9	23	28	50
14.考文垂	38	12	1	6	38	22	0	7	12	9	32	44
15.南安普顿	38	8	4	7	26	22	4	4	11	19	40	44
16.德比郡	38	6	3	10	22	25	3	8	8	22	32	38
17.布拉德福德	38	6	8	5	26	29	3	1	15	12	39	36
18.温布尔登	38	6	7	6	30	28	1	5	13	16	46	33
19.谢菲尔德星期三	38	6	3	10	21	23	2	4	13	17	47	31
20.沃特福德	38	5	4	10	24	31	1	2	16	11	46	24

2000/2001赛季

英格兰足球超级联赛

	场次	胜	平	负	进球	失球	积分
主场	19	15	2	2	49	12	47
客场	19	9	6	4	30	19	33
总计	38	24	8	6	79	31	80

联赛排名：冠军

足总杯：第4轮

联赛杯：第4轮

欧冠联赛：1/4决赛

2000/2001赛季英格兰足球超级联赛积分榜

	场次	主场 胜	主场 平	主场 负	主场 进球	主场 失球	客场 胜	客场 平	客场 负	客场 进球	客场 失球	积分
1.曼联	38	15	2	2	49	12	9	6	4	30	19	80
2.阿森纳	38	15	3	1	45	13	5	7	7	18	25	70
3.利物浦	38	13	4	2	40	14	7	5	7	31	25	69
4.利兹联	38	11	3	5	36	21	9	5	5	28	22	68
5.伊普斯维奇	38	11	5	3	31	15	9	1	9	26	27	66
6.切尔西	38	13	3	3	44	20	4	7	8	24	25	61
7.桑德兰	38	9	7	3	24	16	6	5	8	22	25	57
8.阿斯顿维拉	38	8	8	3	27	20	5	7	7	19	23	54
9.查尔顿	38	11	5	3	31	19	3	5	11	19	38	52
10.南安普顿	38	11	2	6	27	22	3	8	8	13	26	52
11.纽卡斯尔	38	10	4	5	26	17	4	5	10	18	33	51
12.托特纳姆热刺	38	11	6	2	31	16	2	4	13	16	38	49
13.莱斯特城	38	10	4	5	28	23	4	2	13	11	28	48
14.米德尔斯堡	38	4	7	8	18	23	5	8	6	26	21	42
15.西汉姆	38	6	6	7	24	20	4	6	9	21	30	42
16.埃弗顿	38	6	8	5	29	27	5	1	13	16	32	42
17.德比郡	38	8	7	4	23	24	2	5	12	14	35	42
18.曼城	38	4	3	12	20	31	4	7	8	21	34	34
19.考文垂	38	4	7	8	14	23	4	3	12	22	40	34
20.布拉德福德	38	4	7	8	20	29	1	4	14	10	41	26

2001/2002赛季

英格兰足球超级联赛

	场次	胜	平	负	进球	失球	积分
主场	19	11	2	6	40	17	35
客场	19	13	3	3	47	28	42
总计	38	24	5	9	87	45	77

联赛排名：第3名
足总杯：第4轮
联赛杯：第3轮
欧冠联赛：半决赛

2002/2003赛季

英格兰足球超级联赛

	场次	胜	平	负	进球	失球	积分
主场	19	16	2	1	42	12	50
客场	19	9	6	4	32	22	33
总计	38	25	8	5	74	34	83

联赛排名：冠军
足总杯：第5轮
联赛杯：决赛
欧冠联赛：1/4决赛

2002/2003英格兰足球超级联赛

	场次	主场 胜	主场 平	主场 负	主场 进球	主场 失球	客场 胜	客场 平	客场 负	客场 进球	客场 失球	积分
1.曼联	38	16	2	1	42	12	9	6	4	32	22	83
2.阿森纳	38	15	2	2	47	20	8	7	4	38	22	78
3.纽卡斯尔	38	15	2	2	36	17	6	4	9	27	31	69
4.切尔西	38	12	5	2	41	15	7	5	7	27	23	67
5.利物浦	38	9	8	2	30	16	9	2	8	31	25	64
6.布莱克本	38	9	7	3	24	15	7	5	7	28	28	60
7.埃弗顿	38	11	5	3	28	19	6	3	10	20	30	59
8.南安普顿	38	9	8	2	25	16	4	5	10	18	30	52
9.曼城	38	9	2	8	28	26	6	4	9	19	28	51
10.托特纳姆热刺	38	9	4	6	30	29	5	4	10	21	33	50
11.米德尔斯堡	38	10	7	2	36	21	3	3	13	12	23	49
12.查尔顿竞技	38	8	3	8	26	30	6	4	9	19	26	49
13.伯明翰	38	8	5	6	25	23	5	4	10	16	26	48
14.富勒姆	38	11	3	5	26	18	2	6	11	15	32	48
15.利兹联	38	7	3	9	25	26	7	2	10	33	31	47
16.阿斯顿维拉	38	11	2	6	25	14	1	7	11	17	33	45
17.博尔顿	38	7	8	4	27	24	3	6	10	14	27	44
18.西汉姆	38	5	7	7	21	24	5	5	9	21	35	42
19.西布朗	38	3	5	11	17	34	3	3	13	12	31	26
20.桑德兰	38	3	2	14	11	31	1	5	13	10	34	19

2003/2004赛季
英格兰足球超级联赛

	场次	胜	平	负	进球	失球	积分
主场	19	12	4	3	37	15	42
客场	19	11	2	6	27	20	35
总计	38	23	6	9	64	35	75

联赛排名：第3名
足总杯：冠军
联赛杯：第4轮
欧冠联赛：淘汰赛第1轮
社区盾：冠军

2004/2005赛季
英格兰足球超级联赛

	场次	胜	平	负	进球	失球	积分
主场	19	12	6	1	31	12	42
客场	19	10	5	4	27	14	35
总计	38	22	11	5	58	26	77

联赛排名：第3名
足总杯：决赛
联赛杯：半决赛
欧冠联赛：淘汰赛第1轮

2005/2006赛季
英格兰足球超级联赛

	场次	胜	平	负	进球	失球	积分
主场	19	13	5	1	37	8	44
客场	19	12	3	4	35	26	39
总计	38	25	8	5	72	34	83

联赛排名：亚军
足总杯：第5轮
联赛杯：冠军
欧冠联赛：小组赛

2006/2007赛季
英格兰足球超级联赛

	场次	胜	平	负	进球	失球	积分
主场	19	15	2	2	46	12	47
客场	19	13	3	3	37	15	42
总计	38	28	5	5	83	27	89

联赛排名：冠军
足总杯：决赛
联赛杯：第4轮
欧冠联赛：半决赛

2006/2007赛季英格兰足球超级联赛积分榜

	场次	主场 胜	主场 平	主场 负	主场 进球	主场 失球	客场 胜	客场 平	客场 负	客场 进球	客场 失球	积分
1.曼联	38	15	2	2	46	12	13	3	3	37	15	89
2.切尔西	38	12	7	0	37	11	12	4	3	27	13	83
3.利物浦	38	14	4	1	39	7	6	4	9	18	20	68
4.阿森纳	38	12	6	1	43	16	7	5	7	20	19	68
5.托特纳姆热刺	38	12	3	4	34	22	5	6	8	23	32	60
6.埃弗顿	38	11	4	4	33	17	4	9	6	19	19	58
7.博尔顿	38	9	5	5	26	20	7	3	9	21	32	56
8.雷丁	38	11	2	6	29	20	5	5	9	23	27	55
9.朴茨茅斯	38	11	5	3	28	15	3	7	9	17	27	54
10.布莱克本	38	9	3	7	31	25	6	4	9	21	29	52
11.阿斯顿维拉	38	7	8	4	20	14	4	9	6	23	27	50
12.米德尔斯堡	38	10	3	6	31	24	2	7	10	13	25	46
13.纽卡斯尔	38	7	7	5	23	20	4	3	12	15	27	43
14.曼城	38	5	6	8	10	16	6	3	10	19	28	42
15.西汉姆	38	8	2	9	24	26	4	3	12	11	33	41
16.富勒姆	38	7	7	5	18	18	1	8	10	20	42	39
17.维冈	38	5	4	10	18	30	5	4	10	19	29	38
18.谢菲联	38	7	6	6	24	21	3	2	14	8	34	38
19.查尔顿	38	7	5	7	19	20	1	5	13	15	40	34
20.沃特福德	38	3	9	7	19	25	2	4	13	10	34	28

2007/2008赛季
英格兰足球超级联赛

	场次	胜	平	负	进球	失球	积分
主场	19	17	1	1	47	7	52
客场	19	10	5	4	33	15	35
总计	38	27	6	5	80	22	87

联赛排名：冠军
足总杯：第6轮
联赛杯：第3轮
欧冠联赛：冠军
社区盾：冠军

2007/2008赛季英格兰足球超级联赛积分榜

	场次	主场 胜	平	负	进球	失球	客场 胜	平	负	进球	失球	积分
1.曼联	38	17	1	1	47	7	10	5	4	33	15	87
2.切尔西	38	12	7	0	36	13	13	3	3	29	13	85
3.阿森纳	38	14	5	0	37	11	10	6	3	37	20	83
4.利物浦	38	12	6	1	43	13	9	7	3	24	15	76
5.埃弗顿	38	11	4	4	34	17	8	4	7	21	16	65
6.阿斯顿维拉	38	10	3	6	34	22	6	9	4	37	29	60
7.布莱克本	38	8	7	4	26	19	7	6	6	24	29	58
8.朴茨茅斯	38	7	8	4	24	14	9	1	9	24	26	57
9.曼城	38	11	4	4	28	20	4	6	9	17	33	55
10.西汉姆	38	7	7	5	24	24	6	3	10	18	26	49

（续表）

	场次	主场					客场					积分
		胜	平	负	进球	失球	胜	平	负	进球	失球	
11.托特纳姆热刺	38	8	5	6	46	34	3	8	8	20	27	46
12.纽卡斯尔	38	8	5	6	25	26	3	5	11	20	39	43
13.米德尔斯堡	38	7	5	7	27	23	3	7	9	16	30	42
14.维冈竞技	38	8	5	6	21	17	2	5	12	13	34	40
15.桑德兰	38	9	3	7	23	21	2	3	14	13	38	39
16.博尔顿	38	7	5	7	23	18	2	5	12	13	36	37
17.富勒姆	38	5	5	9	22	31	3	7	9	16	29	36
18.雷丁	38	8	2	9	19	25	2	4	13	22	41	36
19.伯明翰	38	6	8	5	30	23	2	3	14	16	39	35
20.德比郡	38	1	5	13	12	43	0	3	16	8	46	11

2008/2009赛季
英格兰足球超级联赛

	场次	胜	平	负	进球	失球	积分
主场	19	16	2	1	43	13	50
客场	19	12	4	3	25	11	40
总计	38	28	6	4	68	24	90

联赛排名：冠军

足总杯：半决赛

联赛杯：冠军

欧冠联赛：决赛

世俱杯：冠军

社区盾：冠军

2008/2009赛季英格兰足球超级联赛积分榜

	场次	主场 胜	主场 平	主场 负	主场 进球	主场 失球	客场 胜	客场 平	客场 负	客场 进球	客场 失球	积分
1.曼联	38	16	2	1	43	13	12	4	3	25	11	90
2.利物浦	38	12	7	0	41	13	13	4	2	36	14	86
3.切尔西	38	11	6	2	33	12	14	2	3	35	12	83
4.阿森纳	38	11	5	3	31	16	9	7	3	37	21	72
5.埃弗顿	38	8	6	5	31	20	9	6	4	24	17	63
6.阿斯顿维拉	38	7	9	3	27	21	10	2	7	27	27	62
7.富勒姆	38	11	3	5	28	16	3	8	8	11	18	53
8.托特纳姆热刺	38	10	5	4	21	10	4	4	11	24	35	51
9.西汉姆	38	9	2	8	23	22	5	7	7	19	23	51
10.曼城	38	13	0	6	40	18	2	5	12	18	32	50
11.维冈竞技	38	8	5	6	17	18	4	4	11	17	27	45
12.斯托克城	38	10	5	4	22	15	2	4	13	16	40	45
13.博尔顿	38	7	5	7	21	21	4	3	12	20	32	41
14.朴茨茅斯	38	8	3	8	26	29	2	8	9	12	28	41
15.布莱克本	38	6	7	6	22	23	4	4	11	18	37	41
16.桑德兰	38	6	3	10	21	25	3	6	10	13	29	36
17.赫尔城	38	3	5	11	18	36	5	6	8	21	28	35
18.纽卡斯尔	38	5	7	7	24	29	2	6	11	16	30	34
19.米德尔斯堡	38	5	9	5	17	20	2	2	15	11	37	32
20.西布朗	38	7	3	9	26	33	1	5	13	10	34	32

2019/2010赛季
英格兰足球超级联赛

	场次	胜	平	负	进球	失球	积分
主场	19	16	1	2	52	12	49
客场	19	11	3	5	34	16	36
总计	38	27	4	7	86	28	85

联赛排名：亚军
足总杯：第3轮
联赛杯：冠军
欧冠联赛：1/4决赛

2010/2011赛季
英格兰足球超级联赛

	场次	胜	平	负	进球	失球	积分
主场	19	18	1	0	49	12	55
客场	19	5	10	4	29	25	25
总计	38	23	11	4	78	37	80

联赛排名：冠军
足总杯：半决赛
联赛杯：第5轮
欧冠联赛：决赛
社区盾：冠军

2010/2011赛季英格兰足球超级联赛积分榜

	场次	主场 胜	主场 平	主场 负	主场 进球	主场 失球	客场 胜	客场 平	客场 负	客场 进球	客场 失球	积分
1.曼联	38	18	1	0	49	12	5	10	4	29	25	80
2.切尔西	38	14	3	2	39	13	7	5	7	30	20	71
3.曼城	38	13	4	2	34	12	8	4	7	26	21	71
4.阿森纳	38	11	4	4	33	15	8	7	4	39	28	68
5.托特纳姆热刺	38	9	9	1	30	19	7	5	7	25	27	62
6.利物浦	38	12	4	3	37	14	5	3	11	22	30	58
7.埃弗顿	38	9	7	3	31	23	4	8	7	20	22	54
8.富勒姆	38	8	7	4	30	23	3	9	7	19	20	49
9.阿斯顿维拉	38	8	7	4	26	19	4	5	10	22	40	48
10.桑德兰	38	7	5	7	25	27	5	6	8	20	29	47
11.西布朗	38	8	6	5	30	30	4	5	10	26	41	47
12.纽卡斯尔	38	6	8	5	41	27	5	5	9	15	30	46
13.斯托克城	38	10	4	5	31	18	3	3	13	15	30	46
14.博尔顿	38	10	5	4	34	24	2	5	12	18	32	46
15.布莱克本	38	7	7	5	22	16	4	3	12	24	43	43
16.维冈竞技	38	5	8	6	22	34	4	7	8	18	27	42
17.狼队	38	8	4	7	30	30	3	3	13	16	36	40
18.伯明翰	38	6	8	5	19	22	2	7	10	18	36	39
19.布莱克浦	38	5	5	9	30	37	5	4	10	25	41	39
20.西汉姆	38	5	5	9	24	31	2	7	10	19	39	33

2011/2012赛季
英格兰足球超级联赛

	场次	胜	平	负	进球	失球	积分
主场	19	15	2	2	52	19	47
客场	19	13	3	3	37	14	42
总计	38	28	5	5	89	33	89

联赛排名：亚军

足总杯：第4轮

联赛杯：第5轮

欧冠联赛：小组赛

欧罗巴联赛：淘汰赛第2轮

社区盾：冠军

2012/2013赛季
英格兰足球超级联赛

	场次	胜	平	负	进球	失球	积分
主场	19	16	0	3	45	19	48
客场	19	12	5	2	41	24	41
总计	38	28	5	5	86	43	89

联赛排名：冠军

足总杯：第6轮

联赛杯：第4轮

欧冠联赛：淘汰赛第1轮

2012/2013赛季英格兰足球超级联赛积分榜

	场次	主场 胜	主场 平	主场 负	主场 进球	主场 失球	客场 胜	客场 平	客场 负	客场 进球	客场 失球	积分
1.曼联	38	16	0	3	45	19	12	5	2	41	24	89
2.曼城	38	14	3	2	41	15	9	6	4	25	19	78
3.切尔西	38	12	5	2	41	16	10	4	5	34	23	75
4.阿森纳	38	11	5	3	47	23	10	5	4	25	14	73
5.托特纳姆热刺	38	11	5	3	29	18	10	4	5	37	28	72
6.埃弗顿	38	12	6	1	33	17	4	9	6	22	23	63
7.利物浦	38	9	6	4	33	16	7	7	5	38	27	61
8.西布朗	38	9	4	6	32	25	5	3	11	21	32	49
9.斯旺西	38	6	8	5	28	26	5	5	9	19	25	46
10.西汉姆	38	9	6	4	34	22	3	4	12	11	31	46
11.诺维奇	38	8	7	4	25	20	2	7	10	16	38	44
12.富勒姆	38	7	3	9	28	30	4	7	8	22	30	43
13.斯托克城	38	7	7	5	21	22	2	8	9	13	23	42
14.南安普顿	38	6	7	6	26	24	3	7	9	23	36	41
15.阿斯顿维拉	38	5	5	9	23	28	5	6	8	24	41	41
16.纽卡斯尔	38	9	1	9	24	31	2	7	10	21	37	41
17.桑德兰	38	5	8	6	20	19	4	4	11	21	35	39
18.维冈竞技	38	4	6	9	26	39	5	3	11	21	34	36
19.雷丁	38	4	8	7	23	33	2	2	15	20	40	28
20.女王公园巡游者	38	2	8	9	13	28	2	5	12	17	32	25

小结

主场	场次	胜	平	负	进球	失球	积分
联赛	517	370	95	52	1098	354	1205
足总杯	53	38	9	6	105	35	
欧洲赛事	109	70	27	12	238	95	
联赛杯	44	36	3	5	95	40	
超级杯	1	1	0	0	1	0	
总计	724	515	134	75	1537	524	

客场	场次	胜	平	负	进球	失球	积分
联赛	518	255	143	120	848	576	908
足总杯	67	42	13	12	125	58	
欧洲赛事	114	49	33	32	142	108	
联赛杯	53	26	7	20	83	67	
世俱杯	5	3	1	1	10	7	
洲际杯	1	1	0	0	1	0	
超级杯	2	0	0	2	1	3	
社区盾	16	4	7	5	22	22	
总计	776	380	204	192	1232	841	
主客场合计	1500	895	338	267	2769	1365	2113

世俱杯：全名为国际足联世界俱乐部杯（FIFA Club World Cup）
洲际杯：全名为欧洲/南美洲杯，亦称丰田杯（Intercontinental Cup）
超级杯：欧洲超级杯（UEFA Super Cup）
在中立场地举行的比赛计入客场

弗格森在曼联的洲际比赛记录

1999/2000赛季
洲际杯

（在日本东京）对阵帕尔梅拉斯（巴西）1：0

国际足联世界俱乐部冠军杯

小组赛阶段（在巴西里约热内卢）对阵内卡萨俱乐部（墨西哥）1：1，对阵瓦斯科达伽玛（巴西）1：3，对阵南墨尔本（澳大利亚）2：0（以小组第3结束比赛）

2008/2009赛季
国际足联世界俱乐部杯

半决赛（在日本横滨）对阵大阪钢巴（日本）5：3决赛（在横滨）对阵基多大学（厄瓜多尔）1：0

弗格森在曼联的欧战记录

1990/1991赛季
欧洲优胜者杯

第1轮对阵佩奇（匈牙利）（主）2：0，（客）1：0，总比分3：0
第2轮对阵雷克斯汉姆（主）3：0，（客）2：0，总比分5：0
1/4决赛对阵蒙彼利埃（法国）（主）1：1，（客）2：0，总比分3：1半决赛对阵华沙（波兰）（客）3：1，（主）1：1，总比分4：2决赛（荷兰鹿特丹）对阵巴塞罗那（西班牙）2：1

1991/1992赛季
欧洲超级杯

对阵贝尔格莱德红星（南斯拉夫）（主）1：0

欧洲优胜者杯

第1轮对阵雅典娜（希腊）（客）0∶0，（主）2∶0（加时），总比分2∶0

第2轮对阵马德里竞技（西班牙）（客）0∶3，（主）1∶1，总比分1∶4

1992/1993赛季

欧洲联盟杯

第1轮对阵莫斯科鱼雷（俄罗斯）（主）0∶0，（客）0∶0，总比分0∶0（点球3∶4告负）

1993/1994赛季

欧洲冠军联赛

第1轮对阵布达佩斯捍卫者（匈牙利）（客）3∶2，（主）2∶1，总比分5∶3

第2轮对阵加拉塔萨雷（土耳其）（主）3∶3，（客）0∶0，总比分3∶3（因客场进球规则告负）

1994/1995赛季

欧洲冠军联赛

小组赛阶段对阵哥德堡（瑞典）（主）4∶2，对阵加拉塔萨雷（土耳其）（客）0∶0，对阵巴塞罗那（西班牙）（主）2∶2，对阵巴塞罗那（客）0∶4，对阵哥德堡（客）1∶3，对阵加拉塔萨雷（主）4∶0（以小组第3结束比赛）

1995/1996赛季

欧洲联盟杯

第2轮对阵罗托伏尔加格勒（俄罗斯）（客）0∶0，（主）2∶2，总比分2∶2（因客场进球规则告负）

1996/1997赛季

欧洲冠军联赛

小组赛阶段对阵尤文图斯（意大利）（客）0∶1，对阵维也纳快速（奥地利）（主）2∶0，对阵费内巴切（土耳其）（客）2∶0，对阵费内巴切（主）0∶1，对阵尤文图斯（主）0∶1，对阵维也纳快速（客）2∶0（以小组第2出线）

1/4决赛对阵波尔图（葡萄牙）（主）4∶0，（客）0∶0，总比分4∶0

半决赛对阵多特蒙德（德国）（客）0∶1，（主）0∶1，总比分0∶2

1997/1998赛季

欧洲冠军联赛

小组赛阶段对阵科希策（斯洛伐克）（客）3∶0，对阵尤文图斯（意大利）（主）3∶2，对阵费耶诺德（荷兰）（主）2∶1，对阵费耶诺德（客）3∶1，对阵科希策（主）3∶0，对阵尤文图斯（客）0∶1（以小组第2出线）

1/4决赛对阵摩纳哥（法国）（客）0∶0，（主）1∶1，总比分1∶1（因客场进球规则告负）

1998/1999赛季

欧洲冠军联赛

资格赛第2轮对阵罗兹（波兰）（主）2∶0，（客）0∶0，总比分2∶0

小组赛阶段对阵巴塞罗那（西班牙）（主）3∶3，对阵拜仁慕尼黑（德国）（客）2∶2，对阵布隆德比（丹麦）（客）6∶2，对阵布隆德比（主）5∶0，对阵巴塞罗那（客）3∶3，对阵拜仁慕尼黑（主）1∶1（以小组第2出线）1/4决赛对阵国际米兰（意大利）（主）2∶0，（客）1∶1，总比分3∶1

半决赛对阵尤文图斯（意大利）（主）1∶1，（客）3∶2，总比分4∶3

决赛（在西班牙巴塞罗那）对阵拜仁慕尼黑2∶1

1999/2000赛季

欧洲超级杯

（在法国摩纳哥）对阵拉齐奥（意大利）0∶1

欧洲冠军联赛

第1阶段小组赛对阵萨格勒布（克罗地亚）（主）0:0，对阵格拉茨风暴（奥地利）（客）3:0，对阵马赛（法国）（主）2:1，对阵马赛（客）0:1，对阵萨格勒布（客）2:1，对阵格拉茨风暴（主）2:1（以小组第一出线）

第2阶段小组赛对阵佛罗伦萨（意大利）（客）0:2，对阵巴伦西亚（西班牙）（主）3:0，对阵波尔多（法国）（主）2:0，对阵波尔多（客）2:1，对阵佛罗伦萨（主）3:1，对阵巴伦西亚（客）0:0（以小组第一出线）

1/4决赛对阵皇家马德里（西班牙）（客）0:0，（主）2:3，总比分2:3

2000/2001赛季

欧洲冠军联赛

第1阶段小组赛对阵安德莱赫特（比利时）（主）5:1，对阵基辅迪纳摩（乌克兰）（客）0:0，对阵埃因霍温（荷兰）（客）1:3，对阵埃因霍温（主）3:1，对阵安德莱赫特（客）1:2，对阵基辅迪纳摩（主）1:0（以小组第二出线）

第2阶段小组赛对阵帕纳辛纳科斯（希腊）（主）3:1，对阵格拉茨风暴（奥地利）（客）2:0，对阵巴伦西亚（西班牙）（客）0:0，对阵巴伦西亚（主）1:1，对阵帕纳辛纳科斯（客）1:1，对阵格拉茨风暴（主）3:0（以小组第二出线）

1/4决赛对阵拜仁慕尼黑（德国）（主）0:1，（客）1:2，总比分1:3

2001/2002赛季

欧洲冠军联赛

第1阶段小组赛对阵里尔（法国）（主）1:0，对阵拉科鲁尼亚（西班牙）（客）1:2，对阵奥林匹亚科斯（希腊）（客）2:0，对阵拉科鲁尼亚（主）2:3，对阵奥林匹亚科斯（主）3:0，对阵里尔（客）1:1（以小组第2出线）

第2阶段小组赛对阵拜仁慕尼黑（德国）（客）1:1，对阵博阿维斯塔（葡萄牙）（主）3:0，对阵南特（法国）（客）1:1，对阵南特（主）5:1，对阵拜仁慕尼黑（主）0:0，对阵博阿维斯塔（客）3:0（以小组第一出线）

1/4决赛对阵拉科鲁尼亚（客）2:0，（主）3:2，总比分5:2

半决赛对阵勒沃库森（德国）（主）2：2，（客）1：1，总比分3：3（因客场进球规则告负）

2002/2003赛季

欧洲冠军联赛

资格赛第3轮对阵佐洛埃格塞格（匈牙利）（客）0：1，（主）5：0，总比分5：1

第1阶段小组赛对阵马卡比海法（以色列）（主）5：2，对阵勒沃库森（德国）（客）2：1，对阵奥林匹亚克斯（主）4：0，对阵奥林匹亚克斯（客）3：2，对阵马卡比海法（客）0：3，对阵勒沃库森（主）2：0（以小组第1出线）

第2阶段小组赛对阵巴塞尔（瑞士）（客）3：1，对阵拉科鲁尼亚（西班牙）（主）2：0，对阵尤文图斯（意大利）（主）2：1，对阵尤文图斯（客）3：0，对阵巴塞尔（主）1：1，对阵拉科鲁尼亚（客）0：2（以小组第1出线）

1/4决赛对阵皇家马德里（西班牙）（客）1：3，（主）4：3，总比分5：6

2003/2004赛季

欧洲冠军联赛

小组赛对阵帕纳辛纳科斯（希腊）（主）5：0，对阵斯图加特（德国）（客）1：2，对阵流浪者（客）1：0，对阵流浪者（主）3：0，对阵帕纳辛纳科斯（客）1：0，对阵斯图加特（主）2：0（以小组第1出线）

1/4决赛对阵波尔图（葡萄牙）（客）1：2，（主）1：1，总比分2：3

2004/2005赛季

欧洲冠军联赛

资格赛第3轮对阵布加勒斯特迪纳摩（罗马尼亚）（客）2：1，（主）3：0，总比分5：1

小组赛对阵里昂（法国）（客）2：2，对阵费内巴切（土耳其）（主）6：2，对阵布拉格斯巴达（捷克）（客）0：0，对阵布拉格斯巴达（主）4：1，对阵里昂（主）2：1，对阵费内巴切（客）0：3（以小组第二出线）

淘汰赛第1轮对阵AC米兰（意大利）（主）0∶1，（客）0∶1，总比分0∶2

2005/2006赛季
欧洲冠军联赛

资格赛第3轮对阵德布勒森（匈牙利）（主）3∶0，（客）3∶0，总比分6∶0

小组赛对阵比利亚雷亚尔（西班牙）（客）0∶0，对阵本菲卡（葡萄牙）（主）2∶1，对阵里尔（法国）（主）0∶0，对阵里尔（客）0∶1，对阵比利亚雷亚尔（主）0∶0，对阵本菲卡（客）1∶2（以小组第四出局）

2006/2007赛季
欧洲冠军联赛

小组赛对阵凯尔特人（主）3∶2，对阵本菲卡（葡萄牙）（客）1∶0，对阵哥本哈根（丹麦）（主）3∶0，对阵哥本哈根（客）0∶1，对阵凯尔特人（客）0∶1，对阵本菲卡（主）3∶1（以小组第一出线）

淘汰赛第1轮对阵里尔（法国）（客）1∶0，（主）1∶0，总比分2∶0

1/4决赛对阵罗马（意大利）（客）1∶2，（主）7∶1，总比分8∶3

半决赛对阵AC米兰（意大利）（主）3∶2，（客）0∶3，总比分3∶5

2007/2008赛季
欧洲冠军联赛

小组赛对阵里斯本竞技（葡萄牙）（客）1∶0，对阵罗马（意大利）（主）1∶0，对阵基辅迪纳摩（乌克兰）（客）4∶2，对阵基辅迪纳摩（主）4∶0，对阵里斯本竞技（主）2∶1，对阵罗马（客）1∶1（以小组第一出线）

淘汰赛第1轮对阵里昂（法国）（客）1∶1，（主）1∶0，总比分2∶1

1/4决赛对阵罗马（意大利）（客）2∶0，（主）1∶0，总比分3∶0

半决赛对阵巴塞罗那（西班牙）（客）0∶0，（主）1∶0，总比分1∶0

决赛（在俄罗斯莫斯科）对阵切尔西1∶1（点球战6∶5胜出）

2008/2009赛季
欧洲冠军联赛

小组赛对阵比利亚雷亚尔（西班牙）（主）0：0，对阵奥尔堡（丹麦）（客）3：0，对阵凯尔特人（主）3：0，对阵凯尔特人（客）1：1，对阵比利亚雷亚尔（客）0：0，对阵奥尔堡（主）2：2（以小组第一出线）

淘汰赛第1轮对阵国际米兰（意大利）（客）0：0，（主）2：0，总比分2：0

1/4决赛对阵波尔图（葡萄牙）（主）2：2，（客）1：0，总比分3：2

半决赛对阵阿森纳（主）1：0，（客）3：1，总比分4：1

决赛（在意大利罗马）对阵巴塞罗那（西班牙）0：2

2009/2010赛季
欧洲冠军联赛

小组赛对阵贝西克塔斯（土耳其）（客）1：0，对阵沃尔夫斯堡（德国）（主）2：1，对阵莫斯科中央陆军（俄罗斯）（客）1：0，对阵莫斯科中央陆军（主）3：3，对阵贝西克塔斯（主）0：1，对阵沃尔夫斯堡（客）3：1（以小组第一出线）

淘汰赛第1轮对阵AC米兰（意大利）（客）3：2，（主）4：0，总比分7：2

1/4决赛对阵拜仁慕尼黑（德国）（客）1：2，（主）3：2，总比分4：4（因客场进球规则告负）

2010/2011赛季
欧洲冠军联赛

小组赛对阵流浪者（主）0：0，对阵巴伦西亚（西班牙）（客）1：0，对阵布尔萨体育（土耳其）（主）1：0，对阵布尔萨体育（客）3：0，对阵流浪者（客）1：0，对阵巴伦西亚（主）1：1（以小组第一出线）

淘汰赛第1轮对阵马赛（法国）（客）0：0，（主）2：1，总比分2：1

1/4决赛对阵切尔西（客）1：0，（主）2：1，总比分3：1

半决赛对阵沙尔克0：4（德国）（客）2：0，（主）4：1，总比分6：1

决赛（在温布利）对阵巴塞罗那（西班牙）1：3

2011/2012赛季

欧洲冠军联赛

小组赛对阵本菲卡（葡萄牙）（客）1：1，对阵巴塞尔（瑞士）（主）3：3，对阵加拉茨钢铁（罗马尼亚）（客）2：0，对阵加拉茨钢铁（主）2：0，对阵本菲卡（主）2：2，对阵巴塞尔（客）1：2（以小组第3参加欧罗巴联赛）

欧罗巴联赛

32强对阵阿贾克斯（荷兰）（客）2：0，（主）1：2，总比分3：2
16强对阵毕尔巴鄂竞技（西班牙）（主）2：3，（客）1：2，总比分，3：5

2012/2013赛季

欧洲冠军联赛

小组赛对阵加拉塔萨雷（土耳其）（主）1：0，对阵克卢日（罗马尼亚）（客）2：1，对阵布拉加（葡萄牙）（主）3：2，对阵布拉加（客）3：1，对阵加拉塔萨雷（客）0：1，对阵克卢日（主）0：1（以小组第一出线）

16强对阵皇家马德里（西班牙）（客）1：1，（主）1：2，总比分2：3

荣誉

欧洲冠军杯/欧洲冠军联赛

冠军：1999年　2008年
亚军：2009年　2011年

欧洲优胜者杯

冠军：1991年

英格兰超级联赛

冠军：1993年　1994年　1996年　1997年　1999年　2000年　2001年　2003年　2007年　2008年　2009年　2011年　2013年
亚军：1995年　1998年　2006年　2010年　2012年

英格兰足总杯

冠军：1990年　1994年　1996年　1999年　2004年
亚军：1995年　2005年　2007年

英格兰联赛杯

冠军：1992年　2006年　2009年　2010年
亚军：1991年　1994年　2003年

洲际杯

冠军：1999年

世俱杯

冠军：2008年

欧洲超级杯

冠军：1991年

英格兰慈善盾/社区盾

冠军：1993年　1994年　1996年　1997年　2003年　2007年　2008年　2010年　2011年
并列冠军（和利物浦）：1990年

附录2　弗格森麾下的曼联球员

以下所列为截止到2012/2013赛季，曾在亚历克斯·弗格森麾下代表曼联出战过成年组比赛的所有球员姓名。

亚瑟·阿尔比斯顿（Albiston, Arthur）

本·阿莫斯（Amos, Ben）

安德森（Anderson）

维夫·安德森（Anderson, Viv）

迈克尔·艾普顿（Appleton, Michael）

加里·拜利（Bailey, Gary）

菲尔·巴德斯利（Bardsley, Phil）

迈克尔·巴恩斯（Barnes, Michael）

彼得-巴恩斯（Barnes, Peter）

法比安·巴特兹（Barthez, Fabien）

罗素·比尔德莫尔（Beardsmore, Russell）

贝贝（Bébé）

大卫·贝克汉姆（Backham, David）

大卫·贝里昂（Bellion, David）

迪米塔尔·贝尔巴托夫（Berbatov, Dimitar）

亨宁·伯格（Berg, Henning）

克莱顿·布莱克摩尔（Blackmore, Clayton）

劳伦特·布兰克（Blanc, Laurent）

亚历克斯·弗格森 我的自传

杰斯普·布隆姆奎斯特（Blomqvist, Jesper）
马克·博斯尼奇（Bosnich, Mark）
罗比·布莱迪（Brady, Robbie）
德里克·布莱西（Brazil, Derek）
韦斯·布朗（Brown, Wes）
史蒂夫·布鲁斯（Bruce, Steve）
尼基·巴特（Butt, Nicky）
亚历山大·布特纳（Buttner, Alexander）
弗雷泽·坎贝尔（Campbell, Fraizer）
埃里克·坎通纳（Cantona, Eric）
迈克尔·卡里克（Carrick, Michael）
罗伊·卡罗尔（Carroll, Roy）
克里斯·卡斯珀（Casper, Chris）
卢克·查德威克（Chadwick, Luke）
詹姆斯·切斯特（Chester, James）
迈克尔·克莱格（Clegg, Michael）
汤姆·克莱维利（Cleverley, Tom）
安迪·科尔（Cole, Andy）
拉内尔·科尔（Cole, Larnell）
特里·库克（Cooke, Terry）
约尔迪·克鲁伊夫（Cruyff, Jordi）
尼克·库尔金（Culkin, Nick）
约翰·柯蒂斯（Curtis, John）
彼得·达文波特（Davenport, Peter）
西蒙·戴维斯（Davies, Simon）
吉米·戴维斯（Davis, Jimmy）
马默·比莱姆·迪乌夫（Diouf, Mame Biram）
埃里克·杰姆巴—杰姆巴（Djemba-Djemba, Eric）
博扬·德约季奇（Djordjic, Bojan）
梅尔·多纳吉（Donaghy, Mai）
董方卓（Dong, Fangzhuo）
迪昂·达布林（Dublin, Dion）

附录 2　弗格森麾下的曼联球员

迈克·杜克斯伯里（Duxbury, Mike）
克里斯·伊格尔斯（Eagles, Chris）
西尔万·伊班克斯-布莱克（Ebanks-Blake, Sylvan）
亚当·埃克斯利（Eckersley, Adam）
理查德·埃克斯利（Eckersley, Richard）
强尼·埃文斯（Evans, Jonny）
帕特里斯·埃弗拉（Evra, Patrice）
里奥·费迪南德（Ferdinand, Rio）
达伦·弗格森（Ferguson, Darren）
达伦·弗莱彻（Fletcher, Darren）
迭戈·弗兰（Forlán, Diego）
昆顿·福琼（Fortune, Quinton）
本·福斯特（Foster, Ben）
埃斯基尔·弗莱尔斯（Fryers, Zeki）
比利·加顿（Garton, Billy）
大卫·德赫亚（Gea, David de）
柯林·吉布森（Gibson, Colin）
达伦·吉布森（Gibson, Darren）
特里·吉布森（Gibson, Terry）
瑞恩·吉格斯（Giggs, Ryan）
托尼·吉尔（Gill, Tony）
基斯·吉莱斯皮（Gillespie, Keith）
安迪·格拉姆（Goram, Andy）
雷蒙德·范德胡（Gouw, Raimond van der）
丹尼尔·格拉汉姆（Graham, Deiniol）
大卫·格雷（Gray, David）
乔纳森·格里宁（Greening, Jonathan）
欧文·哈格里夫斯（Hargreaves, Owen）
大卫·希利（Healy, David）
加布里埃尔·海因策（Heinze, Gabriel）
哈维尔·埃尔南德斯（Hernandez, Javier）
丹尼·希金博瑟姆（Higginbotham, Danny）

格里姆·霍格（Hogg, Graeme）
蒂姆·霍华德（Howard, Tim）
马克·休斯（Hughes, Mark）
保罗·因斯（Ince, Paul）
丹尼斯·埃尔文（Irwin, Denis）
罗尼·约翰森（Johnsen, Ronny）
艾迪，约翰逊（Johnson, Eddie）
大卫·琼斯（Jones, David）
菲尔·琼斯（Jones, Phil）
里奇·琼斯（Jones, Ritchie）
香川真司（Kagawa, Shinji）
安德烈.坎切尔斯基（Kanchelskis, Andrei）
迈克尔·基恩（Keane, Michael）
罗伊·基恩（Keane, Roy）
威尔·基恩（Keane, Will）
约书亚·金（King, Joshua）
克莱伯森（Kleberson）
托马斯-库兹萨克（Kuszczak, Tomasz）
里奇·德拉特（Laet, Ritchie de）
亨里克·拉尔森（Larsson, Henrik）
基兰·李（Lee, Kieran）
吉姆·莱顿（Leighton, Jim）
安德斯·林德加德（Lindegaard, Anders）
马克·林奇（Lynch, Mark）
布莱恩·麦克莱尔（McClair, Brian）
帕特里克·麦吉本（McGibbon, Patrick）
保罗·麦克格拉斯（McGrath, Paul）
费德里科·马凯达（Macheda, Federico）
柯林-麦基（McKee, Colin）
吉列诺·迈拉纳（Maiorana, Giuliano）
曼努乔（Manucho）
菲尔·马什（Marsh, Phil）

附录 2　弗格森麾下的曼联球员

李·A.马丁（Martin, Lee A.）
李·R.马丁（Martin, Lee R.）
大卫·梅（May, David）
利亚姆·米勒（Miller, Liam）
拉尔夫·米尔恩（Milne, Ralph）
凯文·莫兰（Moran, Kevin）
拉威尔·莫里森（Morrison, Ravel）
雷米·摩西（Moses, Remi）
菲利普·穆利尼（Mulryne, Philip）
纳尼（Nani）
丹尼尔·纳迪埃洛（Nardiello, Daniel）
加里·内维尔（Neville, Gary）
菲尔·内维尔（Neville, Phil）
埃里克·内夫兰德（Nevland, Erik）
路德·范尼斯特鲁伊（Nistelrooy, Ruud van）
亚历克斯·诺特曼（Notman, Alex）
加布里埃尔·奥贝坦（Obertan, Gabriel）
利亚姆·奥布莱恩（O'Brien, Liam）
约翰·奥凯恩（O'Kane, John）
杰斯帕·奥尔森（Olsen, Jesper）
约翰·奥谢（O'Shea, John）
迈克尔·欧文（Owen, Michael）
加里·帕里斯特（Pallister, Gary）
朴智星（Park, Ji-Sung）
保罗·帕克（Parker, Paul）
罗宾·范佩西（Persie, Robin van）
迈克·费兰（Phelan, Mick）
凯文·皮尔金顿（Pilkington, Kevin）
杰拉德·皮克（Piqué, Gérard）
卡雷尔·波波斯基（Poborský, Karel）
保罗·博格巴（Pogba, Paul）
罗德里格·波塞邦（Possebon, Rodrigo）

尼克·鲍威尔（Powell, Nick）
威廉·普鲁尼尔（Prunier, William）
丹尼·皮尤（Pugh, Danny）
保罗·拉楚布卡（Rachubka, Paul）
里卡多（Ricardo）
基兰·理查德森（Richardson, Kieran）
马克·罗宾斯（Robins, Mark）
布莱恩·罗布森（Robson, Bryan）
李·罗查（Roche, Lee）
克里斯蒂亚诺·罗纳尔多（Ronaldo, Christiano）
韦恩·鲁尼（Rooney, Wayne）
朱塞佩·罗西（Rossi, Giuseppe）
路易·萨哈（Saha, Louis）
埃德温·范德萨（Sar, Edwin van der）
彼得·舒梅切尔（Schmeichel, Peter）
保罗·斯科尔斯（Scholes, Paul）
莱斯·希利（Sealey, Les）
李·夏普（Sharpe, Lee）
瑞恩·肖克罗斯（Shawcross, Ryan）
泰迪·谢林汉姆（Sheringham, Teddy）
法比奥·达席尔瓦（Silva, Fabio da）
拉斐尔·达席尔瓦（Silva, Rafael da）
米凯尔·西尔维斯特（Silvestre, Mikael）
丹尼·辛普森（Simpson, Danny）
约翰·西维贝克（Sivebaek, John）
克里斯·斯莫林（Smalling, Chris）
阿兰·史密斯（Smith, Alan）
奥莱·冈纳尔·索尔斯克亚（Solskjaer, Ole Gunnar）
乔纳森·斯佩克特（Spector, Jonathan）
雅普·斯塔姆（Stam, Jaap）
弗兰克·史塔波顿（Stapleton, Frank）
迈克尔·斯图尔特（Stewart, Michael）

附录 2　弗格森麾下的曼联球员

戈登·斯特拉坎（Strachan, Gordon）
马西莫·泰比（Taibi, Massimo）
卡洛斯·特维斯（Tévez, Carlos）
本·索恩利（Thornley, Ben）
保罗·蒂尔尼（Tierney, Paul）
麦德斯·蒂姆（Timm, Mads）
格里莫·汤姆林森（Tomlinson, Graeme）
佐兰·托西奇（Tosic, Zoran）
瑞恩·通尼克里夫（Tunnicliffe, Ryan）
克里斯·特纳（Turner, Chris）
迈克尔·特威斯（Twiss, Michael）
安东尼奥·瓦伦西亚（Valencia, Antonio）
马尼克·维尔米尔（Vermijl, Marnick）
胡安·塞巴斯蒂安·贝隆（Verón, Juan Sebastián）
内马尼亚·维迪奇（Vidić, Nemanja）
丹尼·华莱士（Wallace, Danny）
罗尼·沃尔沃克（Wallwork, Ronnie）
加里·沃尔什（Walsh, Gary）
尼尔·韦伯（Webb, Neil）
丹尼·韦伯（Webber, Danny）
丹尼·维尔贝克（Welback, Danny）
理查·维尔伦斯（Wellens, Richie）
诺曼·怀特塞德（Whiteside, Norman）
尼尔·威特沃斯（Whitworth, Neil）
伊安·威金森（Wikinson, Ian）
大卫·威尔森（Wilson, David）
马克·威尔森（Wilson, Mark）
尼基·伍德（Wood, Nicky）
斯科特·伍顿（Wootton, Scott）
保罗·拉腾（Wratten, Paul）
德怀特·约克（Yorke, Dwight）
阿什利·杨（Young, Ashley）

359